Printed in the United States
By Bookmasters

التخطيط الإستراتيجي الناجح
لمؤسسات التعليم
"دليل عملي"

بطاقة فهرسة

فهرسة أثناء النشر إعداد الهيئة العامة لدار الكتب والوثائق القومية

إدارة الشئون الفنية

مصطفى، عزة جلال

التخطيط الإستراتيجي الناجح لمؤسسات التعليم: دليل عملي/د. عزة جلال مصطفى.

ط١ - القاهرة: دار النشر للجامعات، ٢٠١٠.

٢٤٠ص، ٢٤سم.

تدمك : ١ - ٣٣٣ - ٣١٦ -٩٧٧- ٩٧٨

١-   التخطيط التربوي .

أ- العنوان .

٣٧١,٢٠٧

تاريخ الإصـدار: ١٤٣٠هـ - ٢٠١٠م

حقـوق الطبــع: محفوظة للناشر

رقـم الإيـداع: ٢٤٠٧١ /٢٠٠٩

الترقـيـم الـدولي: ISBN: 978 – 977 – 316 – 333 – 1

الكـــــود: ٢/ ٣٠٤

تحــــذير: لا يجوز نسخ أو استعمال أي جزء من هذا الكتاب بأي شكل من الأشكال أو بأية وسيلة من الوسائل (المعروفة منها حتى الآن أو ما يستجد مستقبلا) سواء بالتصوير أو بالتسجيل على أشرطة أو أقراص أو حفظ المعلومات واسترجاعها دون إذن كتابي من الناشر.

دار النشر للجامعات

ص.ب ١٣٠ محمد فريد) القاهرة ١١٥١٨

ت: ٢٦٣٤٧٩٧٦ – ٢٦٣٢١٧٥٣ ف: ٢٦٤٤٠٠٩٤

E-mail: darannshr@link.net

التخطيط الإستراتيجي الناجح لمؤسسات التعليم
"دليل عملي"

د. عزة جلال مصطفى
المركز القومي للبحوث التربوية والتنمية

بسم الـله الرحمن الرحيم

﴿ يرفع الـله الذين آمنوا منكم والذين أوتوا العلم درجات و الـله بما تعملون خبير ﴿١١﴾ ﴾

[المجادلة]

تقديم

يعد التخطيط الإستراتيجي أحد الأدوات الإدارية التي يتمكن من خلالها مدير المدرسة من التبصر بالمستقبل وقيادة منظمته نحو إنجاز وتحقيق الرؤية المستقبلية الموضوعة، في ظل توافر الإمكانيات المادية والبشرية والفنية والمعنوية والتي تساعد على تحقيق هذه الرؤية، وكذلك في ظل التبصر بالمتغيرات سواء كانت المحلية أو العالمية، التي يمكن أن تعوق تنفيذ هذه الرؤية، وترجع إمكانية إنجاح هذه الرؤية بنسبة كبيرة إلى تحليل النظام والذي يعتمد عليه التخطيط الإستراتيجي كخطوة أساسية يمكن من خلالها استكشاف إمكانيات البيئة الداخلية والخارجية، سواء كانت البيئة القريبة وهي المحيطة بالمدرسة، والتي تتمثل في العملاء والمنافسين وجميع الكيانات والمؤسسات التي ترتبط بشكل مباشر أو غير مباشر بالمدرسة، أو البيئة البعيدة والتي تتمثل في التغيرات السياسية والاقتصادية والاجتماعية والتكنولوجية.

ومن هنا جاء هذا الكتاب ليوضح بشكل إجرائي كيف يمكن تطبيق التخطيط الإستراتيجي على مستوى منظمات التعليم قبل الجامعي من خلال تطبيقه على مدارس التعليم الثانوي باعتبارها محل أنظار جميع الدول العربية، وذلك من خلال فصول الكتاب الأربع، والتي تبدأ **بالفصل الأول** والذي يقدم إطارا مفاهيميا يوضح مفهوم التخطيط الإستراتيجي وخطواته ومتطلباته. أما **الفصل الثاني** فيتعرض لاستكشاف البيئة الداخلية من عناصر بشرية ومادية ومعنوية. أما **الفصل الثالث** فيتعرض لعناصر البيئة القريبة من منافسين وعملاء ومنظمات وكيانات ذات صلة مباشرة وغير مباشرة بالمدرسة، وكذلك البيئة البعيدة والتي تتمثل في التغيرات السياسية والاقتصادية والاجتماعية والتكنولوجية ومدى تأثر المدرسة بها وتأثيرها عليها. أما الفصل الأخير وهو **الفصل الرابع** فيقدم نموذجا إجرائيا مصغرا لخطة إستراتيجية يمكن أن يحتذي بها عند تطبيق التخطيط الإستراتيجي المدرسي، كما أنها سوف تساعد متخذي القرارات على تعديل بعض التشريعات والقرارات الوزارية الخاصة بالمدارس مما يمكن الإدارة المدرسية - بمشاركة المجتمع الخارجي - من إعداد خطة إستراتيجية يمكن من خلالها الاستفادة من كافة الإمكانيات والموارد سواء كانت الداخلية أو الخارجية، وقيادة منظماتها نحو التغيير

والتجديد المنشود، حيث إن المنظمة التي لا تغير وتجدد من نفسها فسوف يحكم عليها بالفشل وبالتالي الفناء، والثبات وهو طبيعة مغايرة لتغيرات العصر.

وقد جاء توضيح ذلك في أربعة فصول كالآتي:

الفصـل الأول: التخطيط الإستراتيجي المدرسي.

الفصـــل الثاني: استكشاف واقع البيئة الداخلية.

الفصل الثالث: استكشاف واقع البيئة الخارجية.

الفصل الرابـع: رؤية إستراتجية مقترحة لتدعيم جهود التطوير والتجديد المدرسي.

وأدعو الـلـه سبحانه وتعالى أن أكون قد وفقت فيما قصدت،،،،

د. عـزة جلال مصطفى

الفصل الأول
التخطيط الإستراتيجي المدرسي

الفصل الأول
التخطيط الإستراتيجي المدرسي

يلقي هذا الفصل الضوء على التخطيط الإستراتيجي والذي يعد أحد الاتجاهات الحديثة التي تقود المنظمة التعليمية إلى تحقيق أقصى استفادة ممكنة من كافة إمكانياتها الداخلية والخارجية لتنفيذ الرؤية الإستراتيجية الموضوعة، ولذلك فإن هذا الفصل سوف يتعرض المحاور التالية:

المحور الأول: التخطيط الإستراتيجي المدرسي:

وسوف يتناول هذا المحور العناصر التالية:

أولا : مفهوم التخطيط الإستراتيجي.

ثانيا: أهداف تطبيق التخطيط الإستراتيجي.

ثالثا: خطوات التخطيط الإستراتيجي.

رابعا: دواعي تطبيق التخطيط الإستراتيجي.

المحور الثاني: متطلبات إنجاح التخطيط الإستراتيجي المتعلقة ببيئة المدرسة الداخلية:

حيث إن التخطيط الإستراتيجي يستلزم توافر العديد من المتطلبات في بيئة المدرسة الداخلية والتي تتمثل فيما يلي:

أولا: العناصر البشرية.

ثانيا: العناصر المادية.

ثالثا: العناصر المعنوية.

المحور الثالث: متطلبات إنجاح التخطيط الإستراتيجي المدرسي:

وتتمثل في الشراكة بجميع أشكالها، وتتعدد الأطراف المعنية التي تقوم بعملية الشراكة.

* * *

المحور الأول: التخطيط الإستراتيجي المدرسي

أولا: مفهوم التخطيط الإستراتيجي.

ظهر مفهوم التخطيط الإستراتيجي في بادئ الأمر في المنظمات العسكرية، ثم انتقل تطبيق هذا المفهوم داخل المنظمات الاقتصادية ومنظمات الأعمال الربحية وغير الربحية، ثم تم تطبيقه أخيرا داخل المنظمات التعليمية منذ العقد الأخير من الألفية السابقة.

ويعد التخطيط الإستراتيجي أحد الأدوات الإدارية التي تسهل إنجاز الأهداف المحددة مسبقا خلال الأفعال المحددة، وتتضمن هذه العملية وضع الرؤية التي توضح إلى أين نريد أن تذهب المنظمة، مع عمل خطة يوضح فيها كيفية التنفيذ من أجل تحقيق هذه الخطة، حيث يمثل التخطيط الإستراتيجي نظرة نظامية للأمام من أجل تحقيق النتائج ذات المغزى والقابلة للقياس وملموسة [(١)].

ويرى آخرون أن التخطيط الإستراتيجي يمثل عملية طويلة المدى موجهة نحو المستقبل تتميز بالتقييم المستمر، واتخاذ قرارات يخطط فيها طريق واضح يربط الحاضر بالمستقبل[(٢)].

ويرى البعض الآخر أن التخطيط الإستراتيجي يمكن تعريفه من خلال النقاط التالية [(٣)]:

١-التخطيط للنتائج: Planning for results

حيث يعد التخطيط الإستراتيجي عملية موجهة للمستقبل تستهدف تشخيص البيئة الداخلية والخارجية للمنظمة، ووضع الأهداف وبناء الإستراتيجية والتي تكون جزء

ا أساسيا من إدارة الجودة.

٢- تخطيط للتغيير: Planning for change

فالتخطيط الإستراتيجي ديناميكي وفعال ولذلك فهو ملائم ومحفز للتغيير.

---

(1) Lyle Sumek Associates ,Executive Summary: Strategic Plan 2006 – 2011/Mayor, City Council and Executive Team/West Sacramento, (Lyle Sumek Associates, Inc: California,:2006) , p1

(2) Strategic Planning Guidelines, http://www.orau.gov/pbm/links/sp-guide.pdf,P.4.

(3) MANAGEWARE A Practical Guide to Managing for Results Strategic Planning,Planning for Results, http://doa.louisiana.gov/opb/pub/MW_Intro.pdf.

٣-تخطيط نبوئي: visionary

فهو نبوئي وليس واقعي فقط، حيث إنه يرسم صورة للمستقبل تجمع بين المرغوب فيه والقابل للإنجاز.

٤-متكيف: Adaptable

حيث إنه يأخذ نظرة بعيدة المدى، يجدد فيها ويعيد النظر من أجل مراقبة الممارسات والتدخل في الوقت المناسب من أجل إجراء التعديلات، وذلك لمواجهة المتغيرات من خلال الاستفادة من نقاط القوة وتقليل نقاط الضعف واغتنام الفرص وتقليل التهديدات (SWOT).

٥-يمارس إدارة جيدة: Exercising good management

يتضمن الجهد الذي يساعد على تشكيل وتوجيه ما الذي سوف تصبح عليه المنظمة، وما الذي تفعله، ولماذا تفعل ذلك.

وينفذ التخطيط الإستراتيجي من خلال خطة إستراتيجية تحدد إجرائيا بشكل دقيق قدرات وبيئة المنظمة والذي يعطي في النهاية الفرصة لتحديد الأولويات الرئيسية، حيث تحدد الخطة الإستراتيجية ما هي المنظمة وما الذي تنوي أن تكون عليه؟ وما هي طبيعة الخدمات التي تقدمها، أي أن الخطة الإستراتيجية تخاطب القضايا المهامة، والتي تكون أكثر عمومية وأهمية، كما أنها تركز بشكل أساسي على النتائج وتحقيقها من خلال إشراك وشراكة جميع العاملين في المنظمة على كافة المستويات مع مساهمة جميع العناصر الخارجية المؤثرة على المنظمة(١).

وطالما كان هناك اهتمام المنظمات التعليمية في الآونة الأخيرة بالتخطيط الإستراتيجي، فلابد أن نوضح مدى الاختلاف بين التخطيط الإستراتيجي والتخطيط طويل المدى والذي كان المخططون في الماضي يفضلونه، فالتخطيط طويل المدى ينفذ من خلال خطة زمنية طويلة الأجل قد تصل إلى عشرين عاما، وذلك لضمان تنفيذ النشاطات المستقبلية، حيث يفترض التخطيط طويل الأجل استقرار بيئة المنظمة التي تم عمل خطة لها، كما أنه يشترك في تنفيذه المستويات الإدارية الدنيا فقط " المستويات التنفيذية"، حيث يتطلب التخطيط طويل الأجل بيئة مستقرة مع التركيز والاهتمام بالوضع الحالي(٢).

(1) George Matyjewicz, Strategic Planning, http://www.gapent.com.

(2) ***Gwang-Chol Chang***, Strategic Planning in Education:Some Concepts and Steps, (Georgia: UNESCO,2006),P.4.

في حين أن التخطيط الإستراتيجي يخمن أن النظام يجب أن يكون متجاوبا في بيئة ديناميكية ومتغيرة، كما أنه تخطيط شمولي شامل لجميع المستويات الإدارية في تنفيذه، لذلك فإنه يساعد على تبصر المستقبل من خلال الرؤية التي يضعها ومن خلال التحليلات التي يستخدمها للبيئة الداخلية والخارجية وأخذه في الحسبان دائما التغيرات المحيطة في بيئة المنظمة سواء المحلية أو العالمية، ولذلك فإنه تخطيط يتسم بالمرونة والفاعلية [١].

وحتى لا يتداخل مصطلح التخطيط الإستراتيجي كعملية مع الإدارة الإستراتيجية والتي تعد جزء من التخطيط الإستراتيجي حيث إنها في هذه الحالة تعبر عن الأفراد الذين ينفذون عملية التخطيط الإستراتيجي، حيث إن مهامهم تنحصر في القيام بالتحليل النقدي للنظام وصياغة الخطة الموضوعة، وتخطيط العمل، والتنفيذ، وتقييمها، مع أخذ الخبرة من خلال التقييم المستمر والمراقبة والقيام بتقييم التغذية الراجعة من أجل تعديل البرنامج الحالي أو من أجل الحلقة التالية في صياغة السياسات وتخطيط العمل، ويمكن توضيح حلقة الإدارة الإستراتيجية من خلال الرسم التالي [٢]:

شكل رقم (١) يوضح حلقة الإدارة الإستراتيجية

تقييم الخطة الموضوعة
المراقبة والمراجعة
التغذية الراجعة
حلقة الإدارة الإستراتيجية
التنفيد
التحليل
سياسات التشغيل
التخطيط
التقييم المستمر

وأيا كان تعريف التخطيط الإستراتيجي والذي تعددت تعريفاته فإن التخطيط الإستراتيجي يحدد وضع المنظمة الحالي من خلال التحليل البيئي **environmental scanning** ، وتريد أن تكون من خلال تطوير الأهداف الرئيسية والفرق بين الخطوة الأولى والثانية يؤدي إلى ما يسمى بتحليل الفجوات **gap analysis**، وكيف تصل إلى

---

(1) STRATEGIC PLANNING OVERVIEW, Various components from Alliance for Non Profit Management,2008,P4,http://www.allianceonline.org.

(2) ***Gwang-Chol Chang***, Op. Cit, p.6.

هناك من خلال خطط الفعل action plans ، وسوف يتضح ذلك بالتفصيل من خلال خطوات التخطيط الإستراتيجي والتي سوف نتعرض لها في السطور التالية.

ثانيا: أهداف تطبيق التخطيط الإستراتيجي:

يتمثل الهدف من تطبيق وتنفيذ التخطيط الإستراتيجي داخل المنظمات بصفة عامة وداخل المنظمات التعليمية بصفة خاصة فيما يلي [1]:

١- إكساب الإدارة القدرة على اتخاذ القرارات الصعبة.

٢- توفير قاعدة يمكن من خلالها ترتيب الأولويات بطريقة عقلانية وعلمية لمواجهة القضايا الرئيسية الحالية والمستقبلية.

٣- جعل إدارة المنظمة أكثر استجابة لاحتياجاتها.

٤- جلب القضايا المركزة والجوهرية إلى صناع القرار للنقاش والمراجعة.

٥- القيام المستمر بتحليل بيئة العمل الداخلية والخارجية، والتي تضمن التحديد الدقيق للأولويات وربط هذه الأولويات بالميزانية، مما يضمن وضع نظام مالي دقيق يستجيب لهذه الأولويات، بهدف الوصول إلى أفضل استخدام واستثمار للموارد المتاحة في هذه البيئة.

٦- تأسيس سياسة لتنسيق العمل تهتم باستثمار جهود جميع القطاعات سواء الخاصة أو العامة والاستفادة منها، مع شراكة الوكالات والمنظمات سواء كانت المحلية أو العالمية.

ويتضح مما سبق أن الهدف من تطبيق وتنفيذ التخطيط الإستراتيجي داخل المنظمات التعليمية سوف يساعدها على التحديد الدقيق للأولويات والتي تتعلق بالأهداف الرئيسية للمنظمات التعليمية، والتي تتمحور حول تحسين المخرجات التعليمية وجعلها أكثر تكيفا وملاءمة لسوق العمل الحالي والمستقبلي، كما أن تنفيذ هذا النمط من التخطيط سوف يربط جميع المنظمات المحلية والعالمية بشراكة فاعلة مع المنظمات التعليمية، مما يجعلها

(1) California State Department OF Finance, Strategic Planning ,(California:California State Department OF Finance, 2000), P.9.

أكثر قدرة على تحقيق النتائج المرغوبة، بالإضافة إلى أن تطبيق هذا النمط من التخطيط سوف يجعل المنظمات التعليمية أكثر استجابة للتغيرات الحادثة في البيئة الداخلية والخارجية للمنظمة والذي يمكن متخذي القرارات من إجراء التعديلات الملائمة في الوقت المناسب.

ثالثا: خطوات التخطيط الإستراتيجي:

يعد التخطيط الإستراتيجي عملية نظامية تمر بالعديد من الخطوات والتي تتمثل فيما يلي(١):

١-التحليل البيئي: environmental analysis

ويشمل تحليل البيئة الداخلية للوقوف على كافة الإمكانيات والموارد البشرية والمادية والفنية والمعنوية الموجودة بهذه البيئة، إلى جانب تحليل البيئة الخارجية، والتي تنقسم إلى البيئة البعيدة؛ وتتمثل في كافة التغيرات السياسية والاقتصادية والتكنولوجية والسياسية وهي ما تعرف بـ PEST. والبيئة القريبة؛ وتتمثل في العملاء والمنافسين والمنظمات المحلية والدولية؛ وذلك للوقوف على مدى تأثير هذه التغيرات على المنظمة في الحاضر والمستقبل، وكذلك التعرف على إمكانيات وموارد منظمات الخارجية، والتي ترتبط بشكل مباشر أو غير مباشر بالمنظمة الحالية محل الدراسة، وبنتيجة هذه التحليلات يتم التوصل إلى تحليل الفجوات gap analysis؛ حيث تعد الفجوة عن الاختلافات والفروق التي تنتج بين الوضع الحالي والوضع المأمول، ويساعدنا هذا التحليل في الوقوف على نقاط القوة والضعف في البيئة الداخلية ونقاط الفرص والتهديدات في البيئة الخارجية، مما يساعد الإدارة على التحديد الدقيق للقضايا الإستراتيجية التي تواجهها.

٢- رسالة المنظمة: Mission Statement

وتشكل هدف وقيم المنظمة التي تسعى نحو تحقيقها في المدى الطويل، ويمكن أن تظل رسالة المنظمة ثابتة عبر تاريخها.

---

(١) في هذا الصدد يرجى مراجعة ما يلي:

- *MANAGEWARE A Practical Guide to Managing for Results, Strategic Planing Planning for Results*, P.29, http://doa.louisiana.gov/opb/pub/MW_Intro.pdf.
- The Board of Trustees of Kern Community College District, Strategic Plan,2006,pp.1-18. http://www.kccd.edu/Chancellor/Strategic%20Planning/Strategic%20Plan/Approved%20Strategic%20Plan%20Dated%209-7-06.pdf

٣-رؤية المنظمة: Vision Statement

وهي تعبر عن الحلم الجميل المستقبلي الذي تسعى المنظمة إلى تحقيقه، ويجب أن يكون هـذا الحلم مشروطا أي يمكن للمنظمة تحقيقه من خلال إمكانياتها ومواردها المتاحة، وتعد الرؤيـة ترجمـة إجرائية للرسالة.

٤-أهداف المنظمة العامة والإجرائية: Goals and Objectives

يتم في هذه الخطوة تحديد أهداف المنظمة العامة General Goals Of Organization ، وهي تعبر عن أهداف طويلـة المـدى تسـعى المنظمة إلى تحقيقها، وبعد ذلـك يتم وضـع مجموعـة مـن الأهداف الإجرائية objectives ، وهي تمثل الأهداف قصيرة المدى التي تترجم إجرائيـا الأهـداف العامـة الموضوعة؛ حيث إن تحقيق هذه الأهداف لا يمكن أن يـتم إلا مـن خـلال تفصيلها ووضعها في صـور أهداف إجرائية قصيرة الأجل.

٥-رسم الإستراتيجيات / خطط الفعل: Action Plans / Strategies

حيث تمثل الإستراتيجيات أو خطط الفعل الإطار الإجرائي الذي يرسم الخطوط العريضـة لكيفيـة تحقيق الرؤية الموضوعة.

٦-بدء مرحلة التنفيذ: implementation

ويتم من خلال هذه المرحلة تطبيق خطط الفعل الموضوعة مع ملاحظة ان هذه الخطط يمكن أن يتم تعديلها بناء علـى التغيرات التـي تحـدث في بيئـة المنظمـة الداخليـة أو الخارجيـة؛ حيـث إن التخطيط الإستراتيجي هو تخطيط يتسم بالمرونة والديناميكية.

٧-التقييم والمحاسبية: Evaluation &Accountability

وهو يعد خطوة مهمة يتم في ضوئها معرفة الانحرافات لسرعة الاستجابة لهـا ومعالجتهـا بشكل سريع، ونلاحظ أن هذه الخطوة سوف يترتب عليها المحاسبية على مـدى تحقيـق الهـدف مـن عدمـه، والكيفية التي تم بها استثمار واستغلال الموارد المتاحة.

ويمكن توضيح هذه الخطوات من خلال الشكل التالي:

شكل رقم (٢) يوضح خطوات التخطيط الإستراتيجي

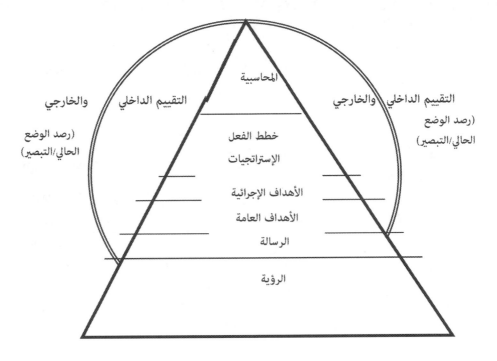

المحاسبية
التقييم الداخلي
والخارجي
(رصد الوضع
الحالي/التبصير)
التقييم الداخلي
والخارجي
(رصد الوضع
الحالي/التبصير)
خطط الفعل
الإستراتجيات
الأهداف الإجرائية
الأهداف العامة
الرسالة
الرؤية

رابعا: دواعي تطبيق التخطيط الإستراتيجي داخل المنظمات التعليمية:

ارتبط تطبيق التخطيط الإستراتيجي داخل المنظمات التعليمية بالعديد من الدواعي والتي ارتبط بعضها بالتجديدات والاتجاهات العالمية الحديثة في المجال التربوي، ودواعي تتعلق بالمنظمات التعليمية والخلل ونقاط الضعف والقصور التي تعاني منها، ولذلك فإن هذه النقطة سوف يتم تناولها من خلال هذين العنصرين:

أ - دواعي تتعلق بالاتجاهات الحديثة في المجال التربوي.

ب- دواعي تتعلق ببعض نقاط ضعف وقصور المنظمات التعليمية.

أ - دواعي تتعلق بالاتجاهات الحديثة في المجال التربوي.

ارتبط التخطيط الإستراتيجي في الآونة الأخيرة بسعي الكثير من المنظمات التعليمية لتبني بعض الاتجاهات الإدارية الحديثة، والتي تمد المدرسة بمزيد من الاستقلالية، والتي تجعلها المسئول الأول عن المخرج التعليمي بهذه المرحلة، مما دفعها نحو تحقيق مجتمع معرفي بداخلها يحقق هذا الهدف، وذلك من خلال استثمار كافة العناصر المتوافرة لديها في

بيئتها الداخلية والخارجية، وعنونة هـذه المتطلبـات في رؤيـة مسـتقبلية موضـوعة عـلى أسـس علمية، ومن هنا فسوف توضح السطور التالية هذه الدواعي والتي تتمثل في الآتي:

(١) تبني العديد من الدول المتقدمة وبعض الدول النامية بعض الاتجاهات الإدارية الحديثة، والتي تتيح للمدرسة وإدارتها المزيد من السلطات: حيث سـعت المؤسسـات التعليميـة في الكثـير مـن الدول المتقدمة وبعض الدول النامية إلى إعطاء المنظمات التعليمية المزيد من الاستقلالية عـلى ضوء تبني بعض الاتجاهات الحديثة مثل اتجـاه الحكم الذاتي Self-Government، والذي ظهـر في أواخر العقد الماضي وبداية العقد الحالي في بعض الدول مثل أستراليا – نيوزيلنـدا – أمريكـا، وتقوم فلسفة هذا الاتجاه على أن المدرسة هي [١]:

- الوحدة الأولى للتحسينات المستمرة.

- المسئول الأساسي عن تحقيق المستوى الأكاديمي والمهني المرغوب فيه لطلاب المرحلـة الثانويـة، ويدعمها في ذلك المجتمع الخارجي.

- لها سلطة كبيرة تمكنها من التحكم في: الموارد- تنمية البرامج المدرسية – عمل الميزانيـة؛ حيـث يتم نقل سلطة عمل الميزانية إلى المدارس.

- لها الحرية في تعيين المعلمين ورفع الأجور واستقطاب المعلمـين بنصـف الأجـر عنـد الضرورة، لتنمية برامج التنمية المهنية داخل المدرسة.

- مجلس الإدارة المدرسي يلعب دورا مهما في تحديد مهام المدرسة.

- الإدارة التعليمية تقوم بإمدادها بحكم أوسع وإستراتيجية إدارية تساعد على تبادل السلطة مع المسئولين.

ومما سبق نجد أن تطبيق المدرسة هذا الاتجاه سوف يزيد من استقلاليتها، وسوف تظهـر هـذه الاستقلالية في تطبيق العديد من الإستراتيجيات المتداخلة التي تضمن جودة العمل، والاستجابة الكبيرة لاحتياجات المدرسة وآمال وتوقعات أولياء الأمور، ووضع رؤيـة جديـدة للمدرسـة تحقـق توقعـات الطلاب، كما يساعد تطبيق هذا الاتجاه المدرسة الثانوية على ما يلي:

(1) Edward B. Fiske and Helen F. Ladd, When School Compete, (Washington: Brokings Institution Press, 2000), Pp. 67-73.

- الكفاية الذاتية من الموارد المتاحة والعمل على زيادة هذه الموارد.
- إتاحة الفرصة لتطبيق أساليب جديدة في التعليم تكون بعيدة عن برامج التعليم النظامية، وتعد القوى البشرية الموجودة داخل المدرسة لمسئوليات جديدة.
- التحسينات التعليمية على المدى الطويل والتي تساعد المدرسة على مواجهة التحديات الحالية والمستقبلية.
- تحويل سلطة صنع الميزانية إلى المدرسة مع التدريب الجيد على إعداد الميزانية.
- الدعم الكافي من الإدارة التعليمية للرؤية الموضوعة من خلال قيام أعضائها بأدوار جديدة (مسهلين- مدربين- منظمين- استشاريين) [١].
- تعزيز جوانب القوة التي تتميز بها والاستجابة للاحتياجات وآمال وتطلعات أولياء الأمور بإمدادهم بمزيد من الاختيارات والتنوع.
- الاتصال الدائم بين المدرسة والطلاب لتلبية احتياجاتهم وتقديم أفضل خدمة تعليمية تتلاءم مع قدراتهم الفردية واهتماماتهم واحتياجاتهم.
- اتخاذ القرارات الإدارية والمالية والتخطيط الأفضل للمستقبل [٢].

ويتضح مما سبق أنه بتطبيق هذا الاتجاه الحديث أصبحت المدرسة تتمتع بدرجة عالية من اللامركزية، أعطت حكما أوسع للمدارس ساعدها ومكنها من القيام بالتجديد الذاتي.

(٢) اتجاه المدارس لبناء منظمات تعلم بداخلها: حيث اتجهت العديد من المدارس إلى بناء منظمات تعلم، وذلك لبناء مجتمع معرفي، وهي في سعيها لتحقيق ذلك تهتم بما يلي:

- توفير الأساس التقني الذي يساعد على تنفيذ الخطة الموضوعة، وإمداد جميع العاملين من إدارة مدرسية ومعلمين بالدعم والتدريب الكافي، بالإضافة إلى المساعدة في جمع وتحليل وتفسير البيانات.
- قيادة مبادرات التحسين المدرسية من خلال قيام مدير المدرسة بالآتي:

---

(1) Beter Easton, Decentralization, Self –Government And Local Capacity Building 1998. (http://www.adeanet.org/wgnfe/publications/padlos/decen.html).

(2)**The Department For Education And Employment** , Self Government For Schools , (N.C: The Department For Education And Employment:,1996),P.1 (http://www.aechive.officialdocuments.co.uk/document/dfee/sgfs/delfgov.htm).

* إشراك كافة الأطراف المعنية لإنجاح هذه المبادرات.

* التركيز على تكامل هذه المبادرات.

* إعطاء الوقت الكافي لتنفيذ هذه المبادرات.

- إنجاز العمل من خلال الفرق المدرسية التي تتعاون مع بعضها البعض لتحقيق الأهداف المرجوة [(١)].

- تعزيز مستويات مرتفعة من توقعات الطلاب الأكاديمية والاجتماعية.

- التأكيد على أن جميع الطلاب لديهم القدرة على التحدي والاندماج في فرص التعليم.

- تخليق فرص لجميع الطلاب تنمي إحساسهم بالمجتمع من خلال الكبار والنظار الموجودين في المدرسة، مما ينمي عندهم الشعور بأنه يمكن التأثير على حياتهم اليومية في المدرسة [(٢)].

وبذلك نجد أن المدرسة في سعيها لتحقيق ذلك ينصب اهتمامها بالدرجة الأولى على العناصر البشرية الموجودة بداخلها، وأن نجاحها يتوقف على مدى وجود قائد مبدع لديه القدرة على تخليق البيئة الملائمة والداعمة لهذا المجتمع، والتي تدفع بالعناصر البشرية إلى تحقيق ما يلي:

- التنمية الذاتية: والتي تتحقق من خلال استخدام أعضاء الإدارة المدرسية والمعلمين والطلاب أساليب مبتكرة في التعلم لا تساعد فقط على تنمية مهاراتهم ولكن على تنمية الوعي والفهم والطموحات لديهم [(٣)].

- المعرفة الذاتية: والتي تعد الأساس الحقيقي لقوة الفرد الداخلية، ويتم اكتسابها من خلال مشاركته الآخرين الآراء والأفكار والاستفادة منهم، والتي تساعده على تكوين حصيلة من المعرفة تمكنه من وضع رؤية واضحة لما يقوم به.

---

(1) **Jan fisher**, Components and Conditions of a School Self-Renewal, 1999,(http://www. teacher. net/cgi_bin/banner/redirect.cgi)?

(2) **Schaps Eric**, "Building Community From Within", Principal, Vol. 80, No.1, Sept. 2000, P. 14.

(3) **John W. Gardner**, Self- Renewal, 2001 (http://www. spritwalk reader self-renewal/~jahn w. gardner. htm).

- الدافعية الذاتية: إن الأفراد الذين لديهم رغبة حقيقية في التجديد يجب أن يتميزوا بدافعية كبيرة تساعدهم على التنمية المستمرة، حيث تمثل الدافعية جزء من القوة والطاقة الكامنة لدى الفرد، كما أن المناخ والبيئة المحيطة به تلعب دورا كبيرا في زيادة هذه الدافعية لديه [١].

ويتضح مما سبق أن المنظمات التعليمية في سعيها لتحقيق وبناء مجتمع/منظمة التعلم المرغوب فيه، فإنها تحفز المعلمين والطلاب على استخدام أساليب وطرق غير تقليدية للتعلم تحقق لهم التنمية الذاتية، كما أنها تهيئ المناخ والبيئة الداعمة لتبادل الأفكار والآراء وأساليب التعلم الجديدة لتحقيق المعرفة الذاتية، والتي تهيئ لهم في الوقت نفسه الدافعية والاستقلالية التي تحفزهم على المخاطرة والاستفادة من الممارسات الفاشلة وغير الفاشلة .

(٣) **اتجاه العديد من المدارس نحو وضع رؤية مستقبلية تحقق النتائج المرجوة:** حيث تسعى الإدارة المدرسية عند تطبيق التخطيط الإستراتيجي بداخلها إلى تبني رؤية واضحة تقوم على أسس منهجية وعلمية،تتطلب قيام الإدارة المدرسية بما يلي:

- إنشاء وتكوين قاعدة مجتمعية من أجل تنمية الرؤية المشتركة.
- تنمية شراكة قوية بين قطاع الأعمال- الحكومة- وكالات الخدمات والمدارس.
- تحسين العلاقات بين المدارس الثانوية ومراكز التعليم الفني[٢].
- تشكيل فرق عمل داخل المدرسة تعرف باسم لجان التحسين، تشتمل على أعضاء من المجتمع المدرسي، وتكون مهمتها وضع وإعداد الخطة الإجرائية Action plan، وهي في سبيل تحقيق ذلك تقوم بما يلي:

* عمل زيارات مدرسية وجلسات حوار وذلك لتحديد الاحتياجات المطلوبة للتجديد.
* عمل اتصال مع الإدارة التعليمية الموجود بها المقاطعة المدرسية، حيث تتطلب هذه الأبحاث مشاركة الإدارة التعليمية وتدعيمها للإستراتيجيات المقترحة التي

---

(1) **John W. Gardner**, Self-Renewal:The Innovative Society, (N.C: w.w. Norton & Company, 1995) (http:// www.anybook 4less.com/detail/039331295x. html).

(2) **High School On The Move** :Seven Steps Of High School Renewal,(http://www.state. vt.us/edu/new/pdf/doc/hsom/hsom-02. pdf.)

ترغب المدرسة في تبنيها، وحتى يكون من السهل نشر النتائج التي تم التوصل إليها من المدرسة إلى المدارس الأخرى الموجودة في نفس المقاطعة(١).

* إقامة جلسات للتحاور والتشاور مع فرق العمل: من أجل تقييم إستراتيجيات التعلم المعنية، وتقييم النجاحات، والوقوف على تحديات الإبداع ثم تطوير الخطة الموضوعة حتى تسير في نفس الاتجاه.

* الاجتماع شهريا: لتقييم الاحتياجات وتحديد مصادر القوة والضعف الموجودة داخل المدرسة والتي تكون أساس التحسينات المستمرة بها(٢).

وبذلك نجد أن التخطيط الإستراتيجي يبنى على رؤية واضحة ومحددة - والتي تعد أحد خطواته الرئيسية - تسعى الإدارة المدرسية لإنجاحها من خلال المجتمع المدرسي وجميع المعنيين، كما أنه يتطلب كذلك تكوين فرق داخل المدرسة مخصصة لعمل بحوث إجرائية يمكن من خلالها وضع الخطة الإجرائية التي تحقق الرؤية الموضوعة.

أ- دواعي تتعلق ببعض نقاط ضعف وقصور المنظمات التعليمية:

تواجه العديد من المنظمات التعليمية في معظم بلدان العالم العديد من جوانب القصور التي تجعلها عاجزة عن تحقيق المستوى الأكاديمي المرغوب فيه للطلاب، وإتاحة الفرص المهنية اللازمة لهم، وتتمثل بعض هذه الجوانب فيما يلي(٣):

١-انخفاض المستوى المهني والأكاديمي للإدارة المدرسية:

حيث تسبب انخفاض المستوى المهني- والذي يرجع إلى انخفاض مستوى تنميتهم، وضعف المستوى الأكاديمي لهذه الفئة- أدى إلى عدم القدرة المدرسة على تبني أساليب وممارسات إدارية تلاءم التغيرات الحادثة في بيئة المدرسة سواء الداخلية المتعلقة بالتشريعات وبالنواحي المالية ونظم المحاسبية، وكذلك التغيرات الخارجية والمتعلقة بالتحديات والتغيرات سواء كانت العالمية أو المحلية، بالإضافة إلى عجز الإدارة عن جعل

---

(1) **Emily F. Calhoun**, How To Use Action Research In Self-Renewing School, Op.Cit, Pp. 1-4.

(2) **Michael Peterson**, Whole Schooling Renewal Process, (Michigan: Renaissance Community Press, 2000), Pp. 11-14 (http://www.coe.wayne. edu/community building/wsc.html).

(٣) في هذا الصدد مراجعة ما يلي:

- **David D. Marsh and others**, The New American High School, (California: Corwin Press, INC., 1999), pp. 11-15.
- **John H. Holloway**, "The World In The Classroom: What Do Student Know"?, Educational leadership, Vol. 60 ,No.2, October 2002, Pp. 85- 86.

منظماتها بيئة مفتوحة على المجتمع الخارجي يمكن أن تستفيد من منظماتها من خلال شراكات ناجحة مع المعنيين والمؤسسات الخارجية، مما يؤثر بالتأكيد سلبا في قدرة هذه الفئة على إحراز النتائج المرغوبة لمنظماتها التعليمية.

٢-انخفاض المعايير الأكاديمية للمعلمين:

يعاني الكثير من المعلمين الذين يضعون الرؤية الأكاديمية للطلاب من انخفاض مستواهم العلمي في الغالب، ويقف مديرو المدارس على هذه الحقيقة، حيث يرجع انخفاض هذا المستوى الأكاديمي إلى الخلفية العلمية وانخفاض مستوى البرامج الأكاديمية المقدمة لهم أثناء الدراسة في الجامعة، والتدريبات التي تلقوها أثناء الخدمة، مما يجعلهم يمارسون العمل بطرق تقليدية، ويؤثر ذلك بالسلب على دافعية الطلاب وعلى مستواهم الأكاديمي.

٣-غياب نظم المحاسبية والمعايير المتفق عليها:

تعاني معظم المدارس من ضعف الدافعية لدى الطلاب بسبب عدم تواجد معايير واضحة يلتزم بها المعلم والإدارة، وتدفعهم إلى العمل الجاد بالإضافة إلى غياب نظم المحاسبية في حالة عدم مقابلة هذه المعايير.

٤-ضعف مشاركة الطلاب:

وقد يأتي ضعف اندماج الطلاب وعدم مشاركتهم بالآراء والأفكار والمقترحات إلى اقتناعهم بأن التعليم المقدم لهم لا يؤهلهم إلى الأعمال المرغوب فيها، ولكن إلى فرص مهنية ضئيلة المستوى؛ نتيجة انخفاض مستوى جودة التعليم المقدم لهم، حيث إن جميع الطلاب يرون أنهم جميعا يمكن أن يجتازوا الامتحانات، والجميع لا يجد فرص العمل الجيدة، مما ينعكس على انخفاض توقعاتهم وضعف مشاركتهم في العملية التعليمية.

٥-عدم فعالية المنهاج والتعليم وممارسات التدريس:

إن ممارسات التدريس في المدارس لا تكمن مشكلتها في كونها تقليدية فقط، ولكن في أنها تكون بعيدة عن الأسس النظرية في التدريس والتعليم، حيث إن الاعتماد الكلي في شرح المنهج يكون على المناقشات التي يقوم بها المعلم، والتي تؤدي في الغالب إلى نتائج سلبية.

فقد أوضحت الأبحاث أن هناك مداخل مختلفة للتعلم، والتي منها: التعلم التعاوني، والتعلم الذاتي، والتعلم الخدمي، وغيرها من المداخل الحديثة، وأن التدريس يجب أن يبدأ ببناء رؤى واضحة عن الذي يجب على الطالب تعلمه، والذي عليه عمله، وذلك لإمداده بالفرص التي تزيد من فهمه لمقابلة تلك الرؤى.

٦-عدم وضوح الأهداف بسبب محدودية استخدام المعلومات:

حيث لا توجد رؤى واضحة للطلاب تدفعهم للوصول إلى مستويات إنجاز وتحصيل مرتفعة، وتكون دافعة لقوى العمل في المدرسة، والأكثر من ذلك أن المدرسة تجد صعوبة في تحقيق مهامها، وقد يرجع ذلك إلى الاستخدام غير الكفء للمعلومات، فقد تكون المعلومات متاحة ولكن عدم استخدامها في الوقت المناسب لا يساعد على تحقيق الأغراض المرجوة، بالإضافة إلى غياب المعلومات المتعلقة بمستوى أداء الطلاب في الفصل، مما يجعل مدير المدرسة يسعى إلى المحافظة على الوضع الراهن أكثر من وضع طرق لتحسين النتائج.

٧-قصور ومحدودية الطموحات الوالدية لدى أبنائهم:

ويرجع ذلك إلى عدم ثقة أولياء الأمور في التعليم المقدم لأبنائهم، ذلك لأنهم يرون أن درجة الاستفادة تكمن فقط في الشهادة التي تعطى لأبنائهم، دون أن يكون لهذه الشهادة مصداقية أو أهمية في سوق العمل؛ لذلك فإنهم لا يسعون إلى مشاركة المدرسة في تحمل أعباء أولادهم ومناقشة مشكلاتهم، كما أنهم لا يسعون إلى إعطاء أبنائهم المزيد من الدورات التدريبية أو تحفيزهم على مزيد من التعلم.

ويتضح من هذه الدواعي مدى القصور وجوانب الضعف الكامنة في المنظمات التعليمية، ابتداء من المستوى المهني والأكاديمي، وكذلك المستوى الأكاديمي المتدني للمعلمين، والذي يرجع إلى تدني برامج التنمية المهنية المقدمة إليهم قبل أو أثناء الخدمة، بالإضافة إلى ضعف المناهج وطرق التدريس التقليدية، والتي يكون لها مردود سلبي على الطلاب ومستواهم الأكاديمي وضعف انتمائهم إلى المدرسة نظرا لفقدانهم الثقة فيما يقدم إليهم، إلى جانب عدم توافر نظام معلومات كفء يساعدها على وضع تصور مستقبلي، كل هذا انعكس على عدم رضا أولياء الأمور عن التعليم المقدم لأبنائهم؛ حيث إنه لا يلبي احتياجاتهم المهنية والأكاديمية من جانب ومن جانب آخر أخفقت المدرسة في تقديم خريج للمجتمع قادر على الانخراط في سوق العمل، بالإضافة إلى أن خريج هذه المرحلة أصبح مدخلا ضعيفا للمرحلة الجامعية، كل هذه الدواعي وقفت وراء ضرورة التخلي عن التخطيط التقليدي وتطبيق التخطيط الإستراتيجي كأداة إدارية يمكن أن تحرز النتائج المرجوة، كما أن هذه الدواعي سوف تساعد في تحديد متطلبات البيئة الداخلية والخارجية والتي سوف تساعد في إنجاح جهود عملية التخطيط الإستراتيجي، وهو ما سوف يتضح في المحاور التالية.

المحور الثاني
متطلبات التخطيط الإستراتيجي المتعلقة بالبيئة الداخلية
لمنظمات التعليم قبل الجامعي

أولا: العناصر البشرية:

يتوقف إنجاح التخطيط الإستراتيجي داخل المدرسة على مدى توافر مجموعة من العناصر البشرية داخل المدرسة، والتي تكون مؤهلة وداعمة له إلى جانب العناصر المادية والتي تتمثل في الموارد المالية ونظم المعلومات والاتصال، بالإضافة إلى نظم وأساليب أداء الأعمال والتقنية المستخدمة لإنجازها، والعناصر المعنوية والتي تتمثل في المناخ السائد داخل المنظمة ودوره في شيوع جو من الثقة والتعاون المشترك بين أفرادها[1].

وتتمثل العناصر البشرية في الإدارة المدرسية المبدعة، والتي تعد أحد المرتكزات المهمة والأساسية اللازمة لإنجاح بيئة التخطيط الإستراتيجي للمدرسة، وتكوين المجتمع المعرفي ومنظمة التعلم لتهيئة طالب القرن الواحد والعشرين المؤهل إما لمواصلة حياته الجامعية أو للعمل في سوق العمل الحالي والمستقبلي والحريص دائما على نموه المعرفي.

إن توافر هذه الإدارة المدرسية والساعية لتبني نمط القيادة الإبداعية، والذي يحمل في طياته المزيج من الأنماط القيادية المتعددة، (سواء كانت: تشاركية- تحويلية- ديمقراطية... إلخ). داخل المدرسة تتيح لدى أعضائها المزيد من فرص الاستقلالية التي تمكنهم من إطلاق القدرات والطاقات الإبداعية لديهم، وتحفزهم على التجريب والمخاطرة وعدم الخوف من الفشل، كما أنها تزيد من فرص انفتاح المدرسة على البيئة الخارجية للاستفادة منها بقدر المستطاع.

وبجانب الأساليب المتنوعة لتنمية الإبداع والتي سوف نتناولها في هذا المحور، فإن هناك إستراتيجيات تعلم أخرى للمعلمين تمكنهم من اكتساب المهارات والمعرفة الأكاديمية المرغوب فيها باعتبارهم أحد الركائز الأساسية في إنجاح العملية التعليمية،

---

(١) علي السلمي، إدارة الموارد البشرية الإستراتيجية، (القاهرة: دار غريب،٢٠٠١)، ص ص٨٣-٨٤.

والتي تمكنهم من مسايرة التغيرات المتلاحقة في بيئة العمل الداخلية والخارجية والقيام بعمليات التجديد بصفة مستمرة.

هذا إلى جانب ضرورة توافر إستراتيجيات متنوعة، ليس فقط في إعداد الطلاب ليكون لهم دور فعال في الحياة العملية، ولكن لمساعدتهم كي يستكشفوا اهتماماتهم ويدركوا قيمة التعلم ويبحثوا عن فرص التوظف، ولذلك فإن المدرسة يجب أن تتسع خارج نطاق الفصل لتشمل كذلك منظمات المجتمع حتى تساعد الطلاب على التطبيق العملي لمعلوماتهم في العالم الخارجي وتمكنهم من أن يأخذوا أدوارا فعلية ككبار في مجتمعهم بالإضافة إلى امتلاك المعرفة التي تساعدهم على حل المشكلات ومواجهة الكثير من المواقف في حياتهم الشخصية والعملية.

ومن هنا فإن هذا المحور سوف يتناول العناصر التالية:

١ - إستراتيجيات تنمية الإبداع الإداري لدى الإدارة المدرسية.
٢ - إستراتيجيات تنمية المعلمين.
٣ - إستراتيجيات تنمية الطلاب.

١ - إستراتيجيات تنمية الإبداع الإداري للإدارة المدرسية:

تواجه المدرسة في ظل التخطيط الإستراتيجي العديد من المشكلات المتداخلة والأعباء الكثيرة والمعلومات الجديدة المتسارعة نظرا للتغيرات السريعة المحيطة بها، فكل هذه الاعتبارات والتحديات تحث على جذب القادة الأكفاء الذين لديهم القدرة على امتلاك مهارات التفكير الإبداعي، واستخدامها لمواجهة تلك التحديات وتذليل العقبات وتحسين أداء جميع العاملين بالمدرسة، ومن هنا بدأ الاهتمام بالإبداع الإداري كأحد الآليات المهمة اليوم التي تساعد إلى حد كبير في التعرف على مدى قدرة المدرسة على الاستمرار في التقدم من عدمه، ويتمثل الإبداع الإداري في " امتلاك أعضاء الإدارة المدرسية لمهارات التفكير الإبداعي، وتنميتها من خلال الأساليب والطرق المتنوعة لتنمية الإبداع والتفكير النقدي لديهم، وذلك من أجل التمكن من حل المشكلات بفاعلية وإيجاد حلول مبتكرة لها، وتنمية ذاتهم مهنيا" [١].

ويرى آخرون أن الإبداع الإداري يتمثل في الأفكار والممارسات التي يقدمها المديرون، والتي تساعد على إنجاز عمليات إدارية جديدة، أو برامج تطويرية للعاملين

---

(1) **Dorota Ekiert**, Creative Approach To School Management, International Creativity Network Newsletter, Vol. 4, No. 2, 1996, P.7.

جديدة في مضمونها وشكلها أو نظاما إداريا جديدا، كل هذه الإبداعات تؤثر بشكل غير مباشر في تحقيق أهداف المنظمة وتساعد على تقديم أفضل خدمة للمجتمع، وقد يشير الإبداع الإداري كذلك إلى البحث عن الجديد والأحسن في طرق العمل الإداري وإنتاج المنتجات وتقديم الخدمات [1].

وترى الباحثة أن التعريفات التي تناولت الإبداع الإداري متعددة، وأيا كانت هذه التعريفات فإنها ترى أن الإبداع الإداري يتمثل في " قدرة الإدارة المدرسية على امتلاك مهارات التفكير الإبداعي، والتي يمكن تنميتها من خلال الأساليب المختلفة لتنمية الإبداع الإداري وذلك من أجل ابتكار أساليب وأفكار ووسائل جديدة تساعد على إنجاز عمليات إدارية جديدة وتقديم برامج تطويرية للعاملين تحفز على استثمار كافة قدراتهم ومواهبهم مما يمكن الإدارة من تحقيق أهداف المنظمة ".

أهمية وجود قائد مبدع داخل المدرسة:

حيث إن وجود قائد إداري مبدع في المدرسة سوف يعود عليها بالعديد من الفوائد والتي منها ما يلي:

- إعطاء العاملين المزيد من الاستقلالية والحرية التي تمكنهم من تغيير بيئة العمل.
- حث جميع العاملين على التفكير بطريقة خلاقة.
- حثهم على مواجهة الأخطار [1].
- الحد من الدلائل السلبية المختلفة للجهود الفاشلة والتي تجعل الإدارة المدرسية تنظر إلى المجهودات الفاشلة كفرص للتعليم، وترى المخاطرة خطوة ضرورية نحو التحسين المستمر.
- إمداد المعلمين بالأنشطة المختلفة التي تمكنهم من تحقيق أهدافهم التعليمية.
- تقديم أفكار جديدة لجميع العاملين والتي تمكنهم من حل المشكلات بطرق مبتكرة والنظر إلى الأمور نظرة مختلفة.

---

(١) **أميمة بنت عبد العزيز القاسمي**، "مفهوم الإبداع الإداري وتنميته"، من بحوث المؤتمر العربي السنوي الثالث/المنظمة العربية للتنمية الإدارية - المنعقد في بيروت في الفترة من ٢٨-٣١ أكتوبر، تحت عنوان القيادة الإبداعية والتجديد في ظل النزاهة والشفافية، ٢٠٠٢، ص٥٤٨.

(2) **Kathleen J. wheelihan**, "Creativity For Success", Achiever Newsletter, 2004, P.1http://www.achievemax.com/newsletter/00issue/creativity_for_success.htm)

- دعوة الطلاب لمناقشة وتقديم المبادرات الجديدة من خلال إعطائهم مناصب قيادية وإمدادهم بالأنشطة المدرسية والأنشطة الصيفية، وبذلك تتكون رؤية واضحة لديهم بما تقوم به الإدارة المدرسية من عمليات تحسين مما يكون له أثره الإيجابي على أداء الطلاب[١].
- تشجيع الإدارة العاملين لتقييم الأفكار الإدارية مما يسهل الاتصال والمشاركة المفتوحة.
- اتخاذ القرارات وحل المشكلات بطريقة أكثر سهولة، فامتلاك الإدارة مهارات التفكير الابتكاري يجعلها[٢]:
  * أكثر حساسية للشعور بالمشكلة.
  * أكثر دقة في تحديدها.
  * أقدر على استخدام كافة المعلومات واختيار الفروض.
  * توليد بدائل كافية للحلول وبذلك تزداد فرص الحل.
  * انخفاض حالات عدم التأكد بزيادة كمية المعرفة لمتخذي القرارات.
  * زيادة فرص التفوق بالتوصل إلى حلول غير تقليدية.

سمات وقدرات القائد الإداري المبدع:

وبجانب أهمية توافر قائد إداري مبدع داخل المدرسة، فإن هذا القائد لابد أن تتوافر فيه سمات وقدرات معينة تجعله قادرا على التفكير بشكل مختلف والتجديد المستمر داخل المدرسية ومن هذه السمات والقدرات ما يلي:

- التفكير الإستراتيجي والرؤية المستقبلية لإدارة إستراتيجية فعالة.
- الرؤية الشمولية التي تساعد على الربط بين المتغيرات في البيئة الداخلية والخارجية.
- الرؤية الانتقادية الهادفة للتجديد المستمر.

---

(1) **Brookly**, Foster A school Culture Of Innovation And Creativity, (Minnesota: The University Of Minnesota, 2001), Pp. 1-2 (http://ww.ici2.umn.edu/because/reasearch.tecom.html)

(٢) **فؤاد القاضي و سعيد يس عامر**، الإدارة وآفاق المستقبل، (القاهرة: مركز وايد سيرفس، ١٩٩٨)، ص ٢٩٨.

- التعامل الكفء مع تكنولوجيا المعلومات.

- تفهم وتبني مداخل إدارية معاصرة لتعزيز تنافسية المنظمة.

- الإدارة بفرق العمل المحفزة وليس باللجان التقليدية.

- التمكين الفاعل للعاملين ضمن فرق العمل المدارة ذاتيا.

- إدارة المنافسة داخل المنظمة وخارجها.

- اكتساب قدرات المدير العالمي من حيث إجادة لغة أجنبية على الأقل والتكيف مع المتغيرات المحيطة المتلاحقة [1].

- القدرة على التفكير التنويعي.

- القدرة على التوليف synthesis : بمعنى العثور على علاقات جديدة بين الأفكار والحقائق والموضوعات.

- إعادة الصياغة Redefinition: والتي تعني تحويل الشيء المعروف إلى آخر لم يكن معروفا من قبل [2].

- الرغبة في البحث عن أفكار جديدة، بسبب اهتمامه بطبيعة المشكلة وتحدي مواجهتها.

- يرحب بتفويض الأمور الروتينية ولا يعترف بالطرق التقليدية.

- لا يتمتع بذكاء خارق ولكن في استطاعته تقديم أفكار مميزة جديدة خلال فترة قصيرة [3].

- الطلاقة والخصوبة والتي تتمثل في قدرة القائد المبدع على إنتاج أكبر قدر من الأفكار الإبداعية.

(١) **رفعت عبد الحليم القاعوري**، إدارة الإبداع التنظيمي، (القاهرة: المنظمة العربية للتنمية الإدارية،٢٠٠٥)،ص ص ١٨٧-١٨٩.

(٢) **محمد فوزي عبد المقصود**، الإبداع في التربية العربية: المعوقات وآليات المواجهة، (القاهرة: مطابع الأهرام التجارية،١٩٩٩)، ص ص ٨٩-٩٠.

(٤) **ثريا حسين حمدان**، التفوق الإداري: وكيفية اكتساب المهارات الأساسية، (القاهرة: مطابع الأهرام التجارية، ١٩٩٩)، ص ص ٨٩- ٩٠.

- القدرة على تكوين ترابطات بين الأفكار واكتشاف علاقات جديدة[1].
- ارتفاع مهارات الاتصال الفعال التي تمكنهم من الحصول على البيانات والمعلومات والمقترحات والآراء.
- عدم تصيد أخطاء المرءوسين أو التشهير بها تجنبا للأثر السلبي المترتب على ذلك.
- الاستعداد لتقبل وامتصاص مخاطر المرءوسين من خلال إعطائهم قدرا من الحرية يمكنهم من متابعة أفكارهم[2].
- مهارة عالية في التعامل مع مصادر ضغوط العمل والتكيف معها.
- استعداد قوى للتعامل مع المشكلات، ورغبة واضحة في التحدي ومواجهة المخاطر.
- رغبة قوية في التحرر من أيه قيود أو إجراءات تنفيذية والتي تقلل من فرصته في الاجتهاد والمحاولة والمبادأة[3].

ومن هنا فإن هذه السمات لابد أن تتم تنميتها من خلال إستراتيجيات مختلفة لتنمية الإبداع الإداري لدى الإدارة المدرسية والتي تمكنها من مواجهة كافة المعوقات والتحديات التي يمكن أن تواجه الخطة الإستراتيجية التي سوف تقوم بها، وتتمثل بعض هذه الإستراتيجيات فيما يلي:

إستراتيجيات تنمية الإبداع الإداري للإدارة المدرسية:

إن الإبداع الإداري ليس موهبة لدى القائد بالإضافة إلى أنه لا يتطلب قادة على قدر كبير من الذكاء، ولكن يمكن تنميته من خلال العديد من الأساليب، حيث يتصف القادة المبدعين بالعديد من السمات التي يمكن صقلها وتنميتها من خلال أساليب متنوعة والتي منها ما يلي:

(1) **Nigel Nicholson**, The Blackwell Encyclopedia Of Management, (Cambridge: Blakwall Ltd., 1997), P. 117.

(٢) **عبد الحميد عبد الفتاح المغربي**، السلوك التنظيمي: سلوك الأفراد والجماعات في المنظمات، (المنصورة: ب ن، ٢٠٠٤)، ص ١٦٣.

(٣) **مصطفى محمود أبو بكر**، الموارد البشرية مدخل لتحقيق ميزة تنافسية، (الإسكندرية: الدار الجامعية، ٢٠٠٣/٢٠٠٤)، ص ص ١٧٨-١٧٩.

أ-العصف الذهني: Brainstorming

وهو توليد مقدار كبير من الأفكار خلال جلسة يشترك فيها مجموعة من الأفراد المعنيين، وذلك لحل المشكلات في الكثير من المجالات المتعددة، وهو مفيد في زيادة كفاءة القدرات والعمليات الابتكارية لدى الإدارة؛ حيث يوفر لديهم تشكيلة أعم وأشمل من الخبرات كما يضمن لهم التزود بالأفكار، وبذلك تصبح فكرته بمثابة انطلاق لمزيد من الأفكار لدى الآخرين؛ بحيث يتوصل في النهاية إلى فيض حقيقي من الأفكار المتنوعة لحل المشكلة المطروحة على بساط العصف الذهني [1].

وتتعدد أنماط العصف الذهني والتي منها ما يلي:

(١) العصف الذهني التقليدي: Traditional Brainstorming

وتتم جلسة العصف الذهني التقليدي من خلال الخطوات الآتية [2]:

- مرحلة صياغة المشكلة: من خلال قيام المسئول عن الجلسة بطرح وشرح أبعادها للمشاركين.

- مرحلة بلورة المشكلة: من خلال إعادة صياغتها بعدة أساليب مختلفة.

- عصف ذهني لواحد أو أكثر من عبارات المشكلة التي تمت بلورتها: حيث يتم من خلال هذه الخطوة إثارة فيض حر من الأفكار وفقا لمعيار الكمية دون النوعية.

- تقييم الأفكار التي تم التوصل إليها: وذلك لانتقاء القليل منها لوضعه في حيز التنفيذ.

- الإعداد لوضع الأفكار في حيز التنفيذ: وذلك من خلال السعي إلى بلورة هذه الأفكار في خطط من أجل تنفيذ الفكرة.

(٢) العصف الذهني التخيلي: Imaginary Brainstorming

وهي طريقة تتيح لفريق العمل الوقوف على حلول ابتكارية للمشكلة الحقيقية، من خلال توليد أفكار لمشكلة تخيلية مرتبطة بها، ولكنها مختلفة تماما عن المشكلة الحقيقية،

(١) محمد أحمد عبد الجواد، كيف تنمي مهارات الابتكار والإبداع الفكري في ذاتك. أفرادك. مؤسستك. (طنطا: دار النشر للثقافة والعلوم، ٢٠٠٠). ص ص ١٠٤-١٠٥.

(٢) أحمد عبادة، الحلول الابتكارية للمشكلات: النظرية والتطبيق، (القاهرة: آمون، ٢٠٠٠)، ص ص ٤٧-٥٣.

وتطبيق الأفكار التي يتم توليدها على المشكلة الحقيقية؛ مثال: كيف تتمكن الإدارة من تحقيق الرضا للعاملين، ومن هنا يبدأ فريق العصف في البحث عن مشكلة مختلفة عن هذه المشكلة ولكنها مرتبطة بها مثال: ما الذي يجعل العاملين داخل المنظمة يشعرون بالقلق؟ وعند حل هذه المشكلة فإن الأفكار الناتجة عنها يمكن أن تولد حلول فعالة للمشكلة الحقيقية [1] .

(٣) العصف الذهني السلبي: Negative Brainstorming

ويتم اللجوء إلى هذه الجلسة عند تطبيق فكرة جديدة أو عندما تكون هناك فكرة يصعب تنفيذها أو ينتج عن تطبيقها هامش قليل من الأخطاء.

حيث تهدف هذه الجلسة لتوقع المشكلات التي يمكن أن تحدث من جراء هذا التطبيق؛ حيث يركز هذا الأسلوب على أن طبيعة النفس البشرية التفكير في الأفكار الهدامة أكثر من الأفكار البناءة، ويتم تشجيع فريق العصف على التفكير في الأفكار التي تجعل المشكلة أكثر سوءا والأسباب الكامنة وراء الفشل، وعلى قائد الجلسة أن يعطيهم المزيد من الحرية ليشعرهم بالأمان ولتوليد الأفكار الناقدة، وعند الوصول إلى قائمة من الأفكار السلبية يبدأ فريق البحث في دراسة كل فكرة على حدة، ويسألوا أنفسهم ما إذا كان هناك أفكار إيجابية مناظرة للأفكار السلبية وبذلك ينتج في نهاية الجلسة قائمة جديدة بالأفكار البناءة [1] .

(٤) العصف الذهني لرولنسن: Rawlinson Brainstorming

يعد هذا الأسلوب من أساليب العصف الذهني المفيدة في حالة المجموعات التي لم تتلق التدريب الكافي؛ لأنه وفقا لهذا الأسلوب لا يكون هناك تفاعل بين أعضاء المجموعة، حيث توجه كل الأفكار لقائد الفريق ويقوم صاحب المشكلة بوصف المشكلة في عبارات رئيسية ثم يعرض خلفية مبسطة عن الطرق التي سلكها لحل المشكلة وفشل، كما يعرض ما يرى من وجهة نظره أن يكون حلا أمثل للمشكلة.

---

(1) **Reber Harris**, The Seven Creativity Tools Imaginary Brainstorming, 2002 (http://www.goal qpc. com/whatwateach/Research / 7cr. Html).

(2) **Jacqui Fowler**, Negative Brainstorming, (N.C: creative Business solutions, 2003) http://www.tin. Nhs.uk/sys_UPL/templates/Dblleft_disp. Asp? Pdig= 1377 & tid= 75.

ثم يتم دعوة كافة الأعضاء المشاركين لجلسة تنشيط أفكارهم الإبداعية وتطرح حلول للمشكلة في عبارات موجزة ويقوم صاحب المشكلة بالتركيز على هذه الأفكار التي تمده برؤى جديدة [١].

(٥) العصف الذهني المرئي: Visual Brainstorming

وهو العصف الذهني المعتمد على الرسومات البيانية والأفكار المكتوبة حيث يتم من خلال الخطوات الآتية [٢]:

(أ) مرحلة توليد الأفكار: ويتطلب من المشتركين توليد قدر كبير جدا من الأفكار مع استخدام الأشكال والرسومات البيانية لتمثيل بعضا منها والإكثار من هذه الرسومات بقدر الإمكان حيث إن الاستجابة السريعة لفكرة ما بعمل رسم لها في الحال يخلق استمرارية في توليد الأفكار ويمنع تداخل أي أفكار أخرى.

(ب) مرحلة التقويم: وتتم من خلال الخطوات التالية:

- عرض جميع الأفكار والرسومات بشكل مرئي أمام الجميع.

- نقد هذه الأفكار من فريق الجلسة.

- يتم إخفاء بعض هذه الأفكار والرسومات أو تغيير أماكنها؛ حيث إن هذه الطريقة قد توحي بأفكار جديدة.

- المقارنة: حيث يتم مقارنة الرسومات الأكثر تعقيدا مع الأكثر بساطة، ويطلب القائد من المجموعة استخدام الأقلام الملونة لتحديد الأفكار المبدئية والأفكار المستمرة التي تساعد على الوصول إلى الأفكار النهائية، وبذلك يتم التوصل إلى أفكار ابتكاري وجديدة للمشكلة.

وبتحليل ما سبق نجد أن العصف الذهني بأنماطه المختلفة يعد أحد الأساليب المهمة لتنمية الإبداع لدى القائد الإداري، وذلك لأنه يتولد من ورائه العديد من الأفكار المبتكرة والتي تمكنه من التوصل إلى حلول إبداعية لكثير من المشكلات التي تواجهه كما أنه يطلق العنان له لإطلاق قدراته الإبداعية لتقديم الكثير من المقترحات البناءة.

---

(1) **Creative tools and techniques**: Rawlinson Brainstorming (http://www.mycoted. Com/creativity/rawlinson. Php).

(2) **Visual Brainstorming**: A Better Way To Generate Ideas, 2002 (http://www. emmerling. com/v2/session_brainstorming. html).

ب -الاستعانة بالخبراء: Using experts

إن استخدام خبراء يساعد الإدارة المدرسية على توليد العديد من الأفكار الإبداعية التي تساعدهم في أعمالهم، وخاصة أن الإدارة في ظل اتجاه الحكم الذاتي قد أعطيت المزيد من السلطات المتعلقة بإعداد الميزانية، وتعديل وتغير المنهج، وتنمية فريق العمل داخل المدرسة، واتخاذ القرارات، مثل هذه البنود وغيرها تولد عنها العديد من المشكلات، ومن هنا أصبح الاستعانة بالخبراء أسلوب مهم لتنمية الإبداع لدى الإدارة المدرسية لإمدادهم بالعديد من المقترحات والأفكار الجديدة المتميزة عن هذه الأمور وغيرها، بالإضافة إلى إمدادهم بخريطة عن كيفية مقابلة توقعات المعلمين والطلاب [1]، ويمكن الاستعانة بالخبراء من خلال الطرق الآتية:

(١) جلسات الخبراء: Experts sessions

وهي جلسات تعقد بين الخبراء والإدارة حيث يقومون بطرح الأسئلة ويقوم الخبراء بالرد عليها.

(٢) مسح آراء الخبراء: Experts Surveys

من خلال إرسال الأسئلة إليهم في بعض الأمور المعينة والتي يراد الاستعانة بخبرتهم فيها، ويقوم الخبراء بالرد عليها وإرسالها مرة أخرى [2].

(٣) الخبراء المقيمين: within school Experts

حيث يتم الاستعانة بخبراء مقيمين في المدرسة لمساعدة الإدارة في الكثير من الأمور التي يحتاجونها وإمدادهم بالنصح والمشورة المستمرة [3].

بالنظر إلى ما سبق نجد أن الاستعانة بالخبراء تساعد على تنمية الإبداع لدى القادة الإداريين بالمدرسة من خلال تزويدهم بالمقترحات البناءة والتي تساعدهم على حسن استغلال الموارد المتاحة والأفكار المتميزة في تعديل وتغير المنهج؛ لتتلاءم مع متطلبات العصرـ بالإضافة إلى تزويدهم بالطرق الفعالة لتحقيق التنمية المستدامة للفريق المدرسي، وهو ما يحتاجه القائد الإداري لتحقيق التجديد والتغيير بالمدرسة.

(1) **Joe David**, What The Experts Recommend, (Warrenton; Autime Inc., 2002) (http://www.bfat.com/violence. html).

(2)**Creativity Tools And Techniques**_Using Experts, 2008 http://www.mycoted.com/creativity/techniques/use experts. php.

(3) **Derrick Depledge**, Experts Push School Reform, (Hawaii: N.P, 2008) (http://www. care.hawaii.gov.articles. 2008).

ج-حلقات الإبداع: creativity Circles

حيث يشترك في هذه الحلقات الإدارة والعاملين في المنظمة؛ للكشف عن المشكلات التي تعترض سير العمل، وتقديم الحلول الابتكارية لها، لذلك فإن هذه الحلقات تتيح فرصة المشاركة الجماعية في تحمل المسئولية واستفادة المنظمة من إمكانيات العاملين إلى أقصى حد ممكن لمقابلة تحديات العمل والتغلب عليها، وتشجيع العاملين على الابتكار وتطوير شخصيتهم[١].

وتقود هذه الحلقات إلى حلقات إبداعية يقوم فيها فريق الحلقة بأدوار وأنشطة ابتكارية تساعد على التوصل إلى حلول مبتكرة تدفع المنظمة دائما نحو التقدم، حيث يتم الاستعانة في هذه الحلقات بالأفراد المميزين في المنظمة والذين لديهم القدرة على إطلاق طاقاتهم الإبداعية [٢].

ويتم حل المشكلات باتباع الخطوات التالية [٣]:

١- تنظيم الحلقة من قائد ومن ٦-١٠ أفراد من العاملين الذين ينظمون الجلسة ويسعون إلى حل المشكلات وتحسين الجودة.

٢- يقود القائد الاجتماع ويتم استعمال خرائط توضيحية ووسائل مرئية مسموعة، وجدول بالملاحظات وذلك لتوضيح المشكلة.

٣- يتم ترتيب المشكلات المرغوب مناقشتها طبقا للأولويات.

٤- يتم تحديد جميع عناصر المشكلة بواسطة الفريق.

٥- يتم إتاحة كافة المعلومات وتوليد الأفكار من خلال العصف الذهني والتحليل الميداني لعناصر المشكلة.

٦- يتم التوصل إلى الحل النهائي للمشكلة مع الأخذ في الاعتبار قيام المدير والإدارة بتنفيذ الحلول التي تم التوصل إليها من قبل الفريق.

---

(١) **توفيق محمد عبد المحسن**، مراقبة الجودة: مدخل إدارة الجودة الشاملة وأيزو ٩٠٠٠، (القاهرة: دار الفكر العربي، ٢٠٠٢/٢٠٠١)، ص ص ٩٠ - ٩٢.

(2) **Sanda M. Dingli**, From Quality Circle to creativity Circles, (Oslo: IM Boot, 2001), (http://www.inn/Mdules.php?)

(3) **Creativity Tools and Technique Quality circles** (http://www.mycoted.com/creativity/ techniques/quality,php).

مما تقدم نجد أن مثل هذه الحلقات تساعد على حلول سريعة للمشكلات التي تعترض سير العمل داخل المدرسة ويعوق تقدمها باستمرار، بالإضافة إلى أن هذه الطريقة تمكن الجميع من الاشتراك بأفكارهم الجديدة والمتميزة لمواجهة التحديات التي تعترض لها المدرسة، والتوصل إلى أفكار بناءة للتصدي لها، وهي بذلك تحفز الجميع على تحمل المسئولية من ناحية، ومن ناحية أخرى تمكن الإدارة من التوصل إلى حلول مبتكرة ومتميزة تساعدها على صنع الاختلاف والتميز في عملها.

د- مدخل الخيار الإستراتيجي: Strategic Choice Approach

ويساعد هذا المدخل جماعة صنع القرار في المنظمة على حل المشكلات المعقدة وما يرتبط بها من مشكلات فرعية ويتم حل المشكلات باتباع الخطوات الآتية:

١- الصياغة Shaping: ويتم في هذه الخطوة تحديد وتعريف المشكلات المراد إيجاد حلول وقرارات بشأنها[1].

٢- التصميم designing: يتم تحديد ما يتم فعله وتحديد نقاط عدم التأكد وهي التي تكون سبب المشكلة وتتمثل في [2]:

- نقاط عدم التأكد المتعلقة ببيئة العمل.
- نقاط عدم التأكد المرتبطة بالقيم السائدة في المنظمة.
- نقاط عدم التأكد المرتبطة بالخيارات ذاتها.

٣- المقارنة Compare: مقارنة الأفكار المتنوعة وتقييم أفضل الطرق التي يتم اتباعها.

٤- الاختيار Choose: اختيار أفضل الأفكار لحل المشكلات وإعداد الخطط الإجرائية التي يتم من خلالها اتخاذ القرارات الفعالة [3].

---

(1) **Planning Under Uncertainty**-Using Strategic Approach 2002, (http: rsec.org.uk/train/courses/4.htm).

(2) **Creativity Tools And Techniques** Strategic Approach, 2003 (http:/www.muycoted.com/creativity/techniques/ stratchoice. php).

(3) **Planning Under Uncertainty**-Using Strategic Approach 2002,op.cit.

ويمكن تمثيل ذلك بالشكل التالي [1]:

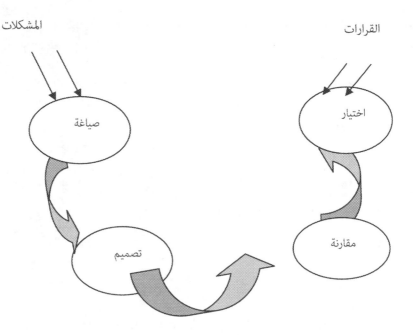

شكل رقم (٣) يوضح خطوات مدخل الاختيار الإستراتيجي

حيث يوضح الشكل أن كل خطوة من الخطوات تعتمـد عـلى الخطـوة التي تسبقها وتعـود إلى الخطوة التي تليها، ويبدأ هذا المدخل بالمشكلات وينتهي بالقرارات.

ونجد أن مثل هذا المدخل يفيد في ابتكار حلول إبداعية للمشكلات المعقدة التي تواجه الإدارة المدرسية باعتبارها صانعة للقـرارات داخل المدرسـة وكذلك لمـا يواجهها مـن مشكلات عنـد قيامها بالتخطيط الإستراتيجي، وذلك نظرا للصعوبات والمعوقات التي تقابلهم في البيئة الداخليـة والتغيرات السريعة في البيئة المحيطة بهم، والتي تفترض الكثير مـن نقـاط عـدم التأكـد وتكون سببا لكثير مـن المشكلات التي يراد التوصل إلى قرارات فاعلة بشأنها.

هـ -التدريب الإلكتروني: E-Coaching

إن فن تنمية القادة قد تطور مع استخدام الوسائل التكنولوجية التي تصل الأفراد ببعضـهم البعض من خلال شبكات العمل السلكية واللاسلكية، حيث إنهم سوف

---

(1) Strategic Choice Approach (http://www.mmm.eng.com. ac.uk/people/ahr/dstoos/choosing starch.htm).

يتعلمون بطرق وأساليب جديدة، ويرتبطون بشبكة عمل واسعة تعمل على ربط كل المعلومات المجمعة، فقادة المستقبل يتعلمون ما قد يحتاجون إلى معرفته عندما يحتاجون إليه من أفضل مصدر يمكنهم التعلم منه.

وسوف يكون المدربون التنفيذيون من بين هؤلاء الناس الذين يستطيعون مساعدة القادة على التوصل إلى المعلومات التي يحتاجون إليها؛ حيث يصبحون مدربين إلكترونيين يمكنهم التعرف على حقائق العقل العالمي (فكر العالم)، وتعظيم المزايا المتوقعة وتقليل التكاليف المحتملة. إن العقل العالمي يمثل كلا من الفرصة الخيالية ومظاهر الضيق والتبرم بين القادة.

ويتم التدريب الإلكتروني من خلال المطبوعات – الوسائل السمعية – ووسائل الإعلام الإلكتروني، بالإضافة إلى المدربين الإلكترونيين الذين يعدون بمثابة مستشارين للتعليم الشخصي- من بين هؤلاء الذين يعملون على تنمية الموارد بدون الحاجة إلى خبير متخصص، إن المدربين سوف يقومون بتوجيه المديرين إلى المصادر المناسبة للمساعدة في مختلف المجالات.

هذا ويتميز التدريب الإلكتروني للقادة بالمزايا التالية [1]:

- استخدام الوسائل التكنولوجية لمساعدة القادة على التغيير.

- القادة الذين يحددون السلوك المطلوب تغييره يشتركون مع مساعديهم من العاملين في عملية التغيير والمتابعة، حيث من المتوقع بدرجة كبيرة حدوث التحسين والتطوير.

- إن تكنولوجيا (الضغط على الزرار) يمكنها منح القادة تدفقا مستمرا من وسائل التذكير وأفكارا للتغيير – هذا الدعم الدرامي يزيد من احتمالية إصرار القادة على بذل الجهود اللازمة للتغيير..

- توفير التدريب لمزيد من القادة.

- توفير التكاليف والنفقات، حيث إن المدربين يمكنهم العمل من أحد المواقع والاتصال بالقادة عبر أنحاء العالم.

(1) *Marshall Goldsmith, E-Coaching Roles,* http://www.leadervalues.com/Content/detail.asp?ContentDetailID=938.

وبذلك نجد أن التدريب الإلكتروني من الإستراتيجيات الفعالة في تزويد الإدارة المدرسية بكل ما تحتاج إليه مع أساليب إدارية حديثة تمكنها من الاستفادة من كافة الإمكانيات والموارد الداخلية والخارجية داخل المدرسة.

و-الظل: Shadowing

وهي من الطرائق الجديدة المتبعة في بعض الدول المتقدمة، مثل الولايات المتحدة الأمريكية وإنجلترا، حيث يعمل المدير الجديد المرشح للترقية مع المدير الحالي كظل له مدة تتراوح من ٥-١٢ شهرا، يلاحظه فيها المدير الجديد في كل ما يقوم به من أنشطة، ويقوم بتسجيل هذه الأنشطة لمعرفة كيفية قيام المدير بالقيادة وإدارة الصراع داخل المدرسة، وقضاء الوقت، وإدارة الفريق المدرسي، وإدارة التغيير داخل المدرسة والتعامل مع الآخرين والقيام بعمليات الإصلاح والتطوير واتخاذ القرارات الرشيدة.

ويبدأ المدير الحالي أو أي من أعضاء الإدارة المدرسية تدريجيا بتفويض بعض المسئوليات والمهام للعضو المرشح والتي تؤهله لعمله الجديد[١].

ومن فوائد استخدام هذه الإستراتيجية ما يلي:[٢]

- المحادثة المتعمقة وممارسة الخبرات، وهي العناصر المهمة في إجادة المهارات المعقدة التي نفتقدها هنا.

- إن عملية التعلم نادرا أو قليلا ما تكون مشتركة من وحدتان اثنتان كواحد هما: المتعلم / المدرب.

- عملية التعلم غالبا ما تترك للقدرات الملاحظية – الاستنتاجية البديهية للمتعلم. لسوء الحظ، فإن المتعلم غالبا ما لا يكون مهتما بالنواحي النفسية والعقلية.

- إن نموذج الدور المتكرر هو أحد الأشخاص الذي لا تتوافر لديه خطة للتدريس، والذي قد يكون - أو لا يكون لسوء الحظ - مدربا مناسبا فإن موضوع الخبرة والممارسة لا يترجم أتوماتيكيا إلى مهارات قوية للتدريس.

(1) **Derek Glover And Sew Law**, Management Professional Development In Education, (London: Rogan Page Limited, 1996), P. 38.

(2) **Job shadowing shaping tomorrow's leaders,**

http://www.cilip.org.uk/publications/updatemagazine/archive/archive2003/september/update0309b.htm

ونجد أن هذه الإستراتيجية تعد من الإستراتيجيات المهمة التي يمكن من خلالها تحقيق تدريب حقيقي لعضو الإدارة في موقع العمل، ويرجع ذلك إلى طول فترة التدريب التي قد تصل إلى سنة، مما يجعل الفرد يقبل على عمله الجديد بثقة كبيرة، حيث يساعده هذا الأسلوب على اكتساب عديد من الكفايات من أهمها: كفايات اتخاذ القرارات، وإدارة الوقت، وإدارة الفريق، التفويض.....إلخ. مما يعطيه فرصة حقيقية للتعلم، بالإضافة إلى أنه يتيح له فرصة للتعرف على الأساليب والطرائق المتبعة في عمليات الإصلاح التعليمي، والتي تمكنه من تحقيق مستويات الجودة المرغوبة، والقيام كذلك بعمليات التغيير المرجوة؛ لأنه مر بهذه التجارب من قبل.

إستراتيجيات تنمية المعلمين:

أ-التعلم الإلكتروني E-Learning

يعد التعلم الإلكتروني أحد البدائل الفعالة التي تمكن المعلمين من الاطلاع على كل ما هو جديد في مجالهم، حيث يتمركز هذا النوع من التعلم حول التكنولوجيا والذي يساعد على تحقيق التنمية المهنية لديهم في بيئة تعليمية مشتركة، فيعطى الفرصة للتعلم المباشر بين المدرب والمتدرب"Online" أو بصورة غير متزامنة حيث تكون المادة العلمية متاحة على الشبكة لكل شخص كي يتعامل معها في الوقت الذي يلائمه [١].

ويتضح مما سبق أن التعلم الإلكتروني يعتمد على الحاسب الآلي بالدرجة الأولى ومدى امتلاك المعلمين والهيئة الإدارية مهارات استخدامه، حيث يتم الاتصال الفعال من خلاله.

ويفضل التعلم الإلكتروني عن التعلم التقليدي للعديد من الأسباب والتي منها [٢]:

- إتاحة أنماط متعددة من التعليم ملائمة لكافة المعلمين.
- التفاعل والاستخدام الودي والمباشر مع التكنولوجيا.
- يحقق مخرجات تعليمية أفضل.
- تخفيض التكاليف.

---

(1) **E-Learning Center**, E-Learning: A Driver For Continuing Professional Development, (London: E-Learning Center, 2002), Pp. 1-5.(http://www. e- learning center.co. uk/eclipse/resource/ cpc.e-learning.doc).

(2) **Kurt D. Moses**, "The Role Of E-Learning In Training And Development," Journal Of Technologies For Advancement Of Knowledge And Learning, May/June 2001, P.13 (http://www.ict.ead.org/infocenter/pdfs/therole.pdf

ومما سبق نجد أن التعلم الإلكتروني يعد بديلا قويا للتعلم التقليدي في كثير من البلدان، وخاصة ونحن بصدد ثورة تكنولوجية تحتاج إلى إعادة النظر في بيئة العمل داخل المدرسة وتهيئة بيئة داعمة لهذا النوع من التعلم حتى يستطيع المعلمون التكيف مع التكنولوجيا الحديثة والتفاعل معها، باعتبارهم قادة تعليميين يقع على عاتقهم تحقيق المخرجات التعليمية المرجوة.

ويتطلب نجاح استخدام هذا البديل ما يلي:

- قدرة المعلمين على استخدام التكنولوجيا الحديثة وامتلاك مهارات الحاسب الآلي والتي تمكنهم من التفاعل مع شبكة الـ web.
- أن تكون هناك ألفة مع الكمبيوتر والتي يمكن تحقيقها من خلال إقامة ورش عمل.
- والسيمنارات التي تساعد المعلمين على اكتساب مهارات الحاسب الآلي(١).
- توفير بنية تحتية تدعم هذه الإستراتيجية.
- تدعم الإدارة التعليمية هذه الإستراتيجية من خلال إعداد برامج للتنمية المهنية عبر شبكة الـ web والتي تكون موارد مباشرة متاحة لديهم، بالإضافة إلى قيامها بتقييم عملية التعلم لهم كل فترة على مدى التقدم والنجاح الذي تم تحقيقه(٢).
- قيام الإدارة المدرسية بتهيئة بيئة داعمة وفي إحدى الدراسات افترضت مقترحين لتشجيع الإدارة المدرسية للمعلمين على استخدام الحاسب الآلي، وهي(٣):

* المقترح الأول: إعطائهم الحاسبات الآلية الموجودة في المدارس فترة الأجازات والعطلات الصيفية.

* المقترح الثاني: تدريب المعلمين في فرق من خلال ورش العمل باستخدام الأجهزة الموجودة في المعامل المتوافرة داخل المدرسة.

---

(1) **Margaret M. and others**, "The Power Of Owning Technology", Educational leadership, Vol. 57, No. 8, May 2000, Pp. 58-60.

(2) **Joan Richardson** , Online Professional Development , School Administrator, Oct.2001,P.2 , (http:\\www.findarticles.com/articles/mi_M0jsd/is_9_58/ai_79006755/)

(3) **U.S Department Of Education**, Helping Teacher On Tecnology,Op.Cit,P.26.

ويتضح مما سبق أن للإدارة المدرسية والتعليمية دور في إنجاح هـذه الطريقـة وتهيئـة المعلمـين للتكيف مع التكنولوجيا الحديثة وحثهم وتحفيزهم على استخدامها، بالإضافة إلى ضرورة توافر الرغبـة لدى المعلمين لامتلاك واكتساب مهارات التعامل مع هذه التكنولوجية الحديثة.

ويعود استخدام الإستراتيجية على المعلمين بالعديد من الفوائد، منها ما يلي:

- إمداد الإدارة بفرص لتنمية إستراتيجيات التعلم داخل منظمتهم مـن خـلال تـدريبهم عـلى الأساليب والطرق التي يمكن من خلالها تقييم عمليات التعلم للأفراد الموجودين بها.

- يساعد التدريب المباشر عبر شبكة الـ web المعلمـين على اكتسـاب كافة المهارات الضرورية واللازمة للإدارة الفعالة للفصل.

- يمكن المعلمين من التحسين المستمر لأدائهم مما يحقق لهم النمو المهني المرغـوب فيـه والـذي يكون له مردوده الإيجابي على جميع العاملين في المنظمة.

- يتيح لهم التعرف على أساليب تقييم متنوعـة ومختلفـة تمكنهم مـن تقيـيم الأداء داخـل منظمتهم والوقوف على نقاط القوة والضعف فيها والتـي تكون أسـاس عمليـات التجديد المهني لهم [1].

- يؤدي التعلم الإلكتروني إلى بزوغ تعلم جديد، وتوليد أفكار ابتكاريـة مـن خـلال تكـوين بيئة تعلم مباشرة "Online" عبر شبكة الإنترنت تتبادل فيها المجموعات المعلومات والمعرفة.

- أنه يساعد على التعلم والتدريب وتبادل المعلومات بعيـدا عـن القيـود والأنظمة الحاكمـة الموضوعة في التعلم التقليدي والتي قد لا تؤدي إلى النتائج المرغوبة والمرجوة.

- أنه يتيح للمعلم التدريب والتعلم في الوقت الملائم له [2].

(1) **Fhoton Center** ,Complete E-Learning Solutions,2002, (http:\\www. Fhoton.com/).
(2) **Schroeder Ken**, "High –Tech Teacher", The Education Digest, Vol. 68, No. 6, Feb. 2003, P.4.

- تساعد المعلمين على تغيير الكيفية التي كانوا يتعلمون بها وتكسبهم طرق وأساليب معرفة جديدة تؤدي إلى ارتفاع مستوى تدريس المعلم مما يكون له أثره الإيجابي على العملية التعليمية(١).

بتحليل ما سبق تتضح لنا فاعلية هذه الطريقة والتي تعتمد بالدرجة الأولى على مدى ألفة المعلمين للكمبيوتر أو حتى على الأقل توافر الرغبة الداخلية لاستخدامه، حيث إنها تتيح لهم التعليم المستمر حتى في المنزل، وسرعة الحصول على المعرفة الجديدة والمتطورة بصفة مستمرة، مما يحفزهم على استمرار تبنى أساليب وممارسات مبتكرة، وتبادل نجاح تطبيق هذه الأساليب والممارسات مع غيرهم من الزملاء في المدارس الأخرى، والاستفادة من الأخطاء والمشكلات التي تعرضوا إليها وهو ما يحقق التجديد المستمر لهم وإحساسهم الداخلي على أنهم على صلة مستمرة بكل ما هو جديد، حيث إنهم لا يحتاجون إلى التنقل أو السفر لاكتساب خبرة جديدة، وإنما يمكنهم الحصول عليها بسرعة ومباشرة عبر شبكة الـ Web.

(ب) مدارس التنمية المهنية Professional Development schools

تعد مدارس التنمية المهنية أحد الدعامات الأساسية لتحقيق التنمية المستمرة للمعلمين، وقد ظهرت هذه المدارس في عقد التسعينات، وهي تعد بمثابة مدارس ابتكارية تم تأسيسها من أجل تنمية أعضاء التدريس وإمدادهم بالخبرة اللازمة في مجالهم، بالإضافة إلى الإعداد المهني للمعلمين (الطلاب) والمعلمين الجدد، وتنمية هيئة التدريس بالمدرسة، وتحسين ممارسات التعلم وربط المعلمين بعالم الممارسات الفعلية وبالخبرات المهمة(٢).

ويتضح مما سبق أن هذه المدارس تهتم بجميع العاملين المعلمين سواء كانوا المعلمين (الطلاب الذين يتم إعدادهم بكليات التربية)، أو المعلمين الجدد، وتهتم كذلك بتحقيق التنمية المهنية للمعلمين، أثناء الخدمة وذلك لإكسابهم كافة الخبرات العملية والنظرية في مجالهم باعتبارهم قادة تعلمين يقع على عاتقهم تحقيق أهداف العملية التعليمية.

---

(1) **E-Learning Center**, Op.Cit, P.5.

(2) **Charllote Minnick**, Professional Development School, (Florida: Office Of Clinical Partnerships, N.Y), P.1, (http://www.coe.fsu.edu/student_teaching/pds.htm).

فبالنسبة للمعلمين (الطلاب) فإنهم يحضرون بصفة مستمرة مرتين أسبوعيا الدورات التدريبية للمعلمين، وملاحظة المناقشات التي تتم في هذه الدورات وتخصيص جزء من وقت هذه المناقشة للطلاب للتحاور والتحادث مع المعلمين، بالإضافة إلى إشراكهم في ورش العمل والأبحاث التي يقوم بها المعلمون والتي تكسبهم الكثير من الخبرات العملية، هذا الجانب بالإضافة إلى خبرتهم النظرية في الجامعة[١].

وبالنسبة للمعلمين الجدد فإن هذه المدارس يقع عليها مسئولية[٢]:

- تدريبهم على الأساليب العملية والتكنولوجية الحديثة في التدريس.
- إمدادهم وتزويدهم بالخبرات الحقيقية عن كيفية التدريس داخل الفصل، المعرفة المهنية، كيفية تحضير الدرس، كيفية تحمل مسئولية إدارة الفصل.
- إعداد (ملف إنجاز Portfolio) تطوير لهم يكون بمثابة الدعامة التي تكسبهم الخبرة التدريسية.

وتستمر هذه الخبرات على مدار دورات قد تصل إلى ثلاث سنوات.

أما بالنسبة للمعلمين المتواجدين بالمدرسة والذين تعد التنمية المهنية لهم ضرورة حتمية لتحقيق التقدم والنمو المهني المستمر لهم فإن هذه المدارس تقوم بـ[٣]:

- إمدادهم بالبرامج التدريبية اللازمة لهم.
- تزويدهم بالمعرفة المتقدمة في مجال التدريس.
- إمدادهم بنماذج التعلم النموذجي.
- تدعيم العلاقات وزيادة التعاون بين المعلمين.
- إمدادهم بمداخل مبتكرة لتطوير المنهج.

ويتضح مما سبق أن هذه المدارس تحقق التنمية المهنية المستدامة للمعلمين، وأنها تهتم بإعدادهم، ابتداء من المعلمين (الطلاب في كليات التربية) من خلال إشراكهم في المناقشات وورش العمل المتعلقة بتدريب المعلمين، كذلك تهتم بالإعداد الجيد للمعلمين

---

(1) **Betty-C. Epanchin And Karen Colucci**, "The Professional Development School Without Walls", Remedial And Special Education, Vol. 23, No. 6, Nov/Dec 2002, P. 58.

(2) **Paul C. Paese**, "Impact Of Professional Development Schools Pre-Service Through Education", Action In Teacher Education, Vol. 25, No.1, Spring 2003, P. 83.

(3) **Sherry Palmer**, Professional Development Schools, (http://www.wsap.uwyo.edu/PDS/

الجدد لإكسابهم الخبرة العملية وجعلهم قادرين على تحقيق النجاح، أما بالنسبة للمعلمين داخل المدرسة فإنها تجعلهم على علم ودراية بأحدث المستجدات في مجال التعليم، وبذلك يكون هناك منظومة بشرية متكاملة تتكاتف سويا لتحقيق المخرجات المرجوة.

وتتم عملية الاتصال مع هذه المدارس من خلال ما يلي:

- تصميم شبكة العمل: حيث يكون التعاون والمشاركة بين العاملين داخل المدرسة وبين خبراء من المدارس المهنية لتقديم التنمية النموذجية لهم، وإتاحة حوارات مع خبراء من المجتمع الخارجي وخبراء في مجال التعليم لإمدادهم بالخبرات اللازمة لدمج الجانب الأكاديمي في التدريس في الجانب المهني، مع إعطاء المعلمين الفرص لتطبيق إستراتيجيات داخل الفصل والتعرف على التغذية الراجعة لمعالجة أوجه القصور، بالإضافة إلى تزويدهم بنماذج فعالة تطبق داخل الفصول.

- دورات تدريبية تقدمها الإدارات التعليمية: حيث يشترك أساتذة الجامعات في الدورات التي تعدها الإدارات التعليمية للمعلمين لتزويدهم بكافة المستجدات في مجال عملهم [1].

- التدريب داخل موقع المدرسة: حيث إن هذه المدارس خلقت أدوارا جديدة لأعضاء هيئة التدريس في الجامعات داخل المدرسة والتي منها [2]:

    * العمل داخل المدرسة في الإشراف والتدريس والأدوار البحثية.

    * المساهمة في تطوير المنهج لمقابلة احتياجات الطلاب.

    * تقديم النصح والإرشاد في حلقات البحث الجماعية التي يقوم بها المعلمون، (التعليم والتدريس التعاوني، السيمينارات العلمية).

    * إعداد برامج للتدريب داخل وحدة التدريب.

ونجد بذلك أن أساتذة الجامعات وخبراء التعليم المشاركون في هذه المدارس يسعون باستمرار لجعل التنمية المهنية جزءا من الحياة اليومية للأداة والمعلمين، وأن الاتصال بهم

---

(1) **Susan Seider**, Professional Development Schools, Network, (N.C: Central Connecticut State University, 2003), Pp. 1-3.

(2) **Jan Leibbrand**, New Standards For Professional Development Schools, (Washington: Nation Council For Accreditation Of Teacher Education, 2001), Pp. 1-3 (http://www.ncate.org/newsbrfs/pds-F01.htm).

يكون مباشرا ومستمرا، سواء من خلال شبكات العمل، أو داخل المدرسة، أو في الدورات التي تعدها الإدارات التعليمية مما يؤدي إلى تحسين خبرة المدرسة وتسهيل عملية التجديد.

ويتطلب نجاح استخدام هذا البديل ما يلي [1]:

- هيكلة وقت الإدارة المدرسية والمعلمين بحيث يتم تخصيص جزء من أوقات عملهم اليومي للتنمية المهنية.

- الشراكة: من خلال إعداد بروتوكول مع هذه المدارس يضمن تعاونها مع المعلمين سواء كانوا في الكليات أو الجدد أو داخل المدرسة.

- تدعيم الإدارات التعليمية لهذه المدارس المهنية من خلال إعطاء الفرصة للأساتذة العاملين فيها بالاشتراك الجاد والفعال في الدورات التدريبية التي تعدها للمعلمين.

- توفير أنظمة اتصال مفتوحة لدى المدارس يمكن من خلالها بناء جسور مع أعضاء هيئة التدريس لإمداد المعلمين بالفرص المهنية.

وتعود هذه المدارس بالعديد من الفوائد على المعلمين، وبالتالي العملية التعليمية وهي [2]:

- تسهيل عملية اتصال المعلمين الجدد بالمعلمين ذوي الخبرة في فصولهم أثناء قيامهم بالتخطيط وتنمية المناهج والتدريب أثناء الخدمة.

- تقديم أنشطة مهنية بجانب الدورات التدريبية تعطي مجالا واسعا يمكن المعلمين من التقييم الذاتي، والتأكيد على أساليب تدريس وإستراتيجيات تعليمية جديدة تقابل احتياجات الطلاب.

- إعداد برامج تدريبية متكاملة يتم إعدادها من قبل أساتذة الجامعات ويتم تنفيذها من خلال مستشارين متخصصين في مجال التدريب تساعد على النمو المهني للمعلمين.

(1) **Betty C-Epanschin And Colucci Karen**, The Professional Development Schools Without Walls, Op.Cit, Pp. 340-349.
(2) **Schwartz Wendy**,The Impact Of Professional Development On The Education Of Urban Students,(New York: U.S Development Of Education, 2000),Pp1-5 (http://www.ericfacility.net/databases/Eric_Digest/ed 446179.html.

- عمل بحوث إجرائية وتقديمها للمعلمين لإمدادهم بالمعلومات والطرق الإجرائية التي يمكن من خلالها التحسين المستمر للمستوى الأكاديمي للطلاب.

ويتضح مما سبق مدى فعالية هذا البديل في عملية التخطيط الإستراتيجي للمعلمين، لما له من دور مهم في إكسابهم كافة المهارات والمعارف التي يحتاجونها والتي تصقلهم وتزودهم بالخبرات الجديدة، والتي تساعد على تحقيق المستوى الأكاديمي المرغوب فيه للطلاب ومقابلة احتياجاتهم، وخاصة أن هذه المرحلة تعد مرحلة منتهية في كثير من الدول، كما أن هذه الطريقة تكون فعالة مع المعلمين الجدد الذين ليس لديهم خبرة كافية في مجال العمل،بالإضافة إلى أنها تدعم عملية التأهيل الفعالة للمعلمين (الطلاب) وتتيح لهم التهيئة الجيدة التي تمكنهم من تحقيق النجاح في عملهم بعد مزاولة المهنة.

(ج) التعلم التنظيمي Organizational Learning

يعد التعلم التنظيمي أحد البدائل المهمة التي يمكن من خلالها مشاركة ونشر وتبادل المعرفة بين المعلمين داخل المدرسة وبين المعلمين وإدارة المدرسة، والتي تساعد الجميع على اكتساب طرق وأساليب عمل مبتكرة تحقق التجديد المستمر في مهنتهم.

ويتم نشر المعرفة وتبادلها من خلال العديد من الأنشطة والطرق المدروسة ومنها ما يلي:

- عقد ورش عمل: والتي تساعد على:

* إكسابهم كفايات العمل، من خلال مناقشة طرق جديدة للعمل وتشجيع التعلم.
* إكسابهم الخبرة العميقة، من خلال جذب أفراد مبدعين لديهم القدرة على طرح أفكار جديدة يساعد تطبيقها على رفع مستوى أداء العمل.
* التحسن المستمر، والذي يتحقق من خلال تفاعلهم معا للتغلب على المعوقات التي تقابلهم.
* إتاحة الفرص لممارسة مهارات وأنشطة جديدة.
* المنافسة من خلال التعرف على جهود المنظمات الأخرى والتوصل إلى النموذج الأمثل للعمل داخل المدرسة[1].

(1) **Curtis W. Cook and Philip I. Hunsaker**, Management and organizational Behavior, (Milan: MC Hraw-Hill Companies Inc, 2001), P. 552.

- المقابلات اليومية وزيارة أقران العمل في نفس المدرسة أو في مدارس أخرى، بالإضافة إلى الأحداث التي تتعرض لها المدرسة وتبادل أفضل الممارسات التي يقوم بها أفراد المجتمع المدرسي.
- استعانة المدرسة بمحفزين من خارج المدرسة سواء كانوا هيئات أكاديمية أو منظمات استشارية تساعد على اكتشاف ونشر المعرفة.
- عقد دورات تدريبية خاصة بالتنمية المهنية بين المدرسين والإدارة التعليمية وأساتذة الجامعات لتبادل المعرفة وتنمية روح البحث والفضول العلمي(١).

مما سبق يتضح أن التعلم التنظيمي يساعد على تحسين كفايات المعلمين ويجعلهم أكثر قدرة وكفاءة على الاستجابة للتغيرات البيئية المحيطة بالمدرسة، حيث يصبحون على دراية مستمرة بالمعرفة الجديدة في مجال عملهم يتم اكتسابها بالطرق والأساليب المختلفة والتي سبق الإشارة إليها.

ويحتاج إنجاح هذه الطريقة إلى توافر ما يلي:

- قيادة إبداعية قادرة على تهيئة بيئة العمل الملائمة لتوفير المعرفة المناسبة وسرعة تدفقها عبر قنوات الاتصال المتعددة والمتاحة، بالإضافة إلى توفير المناخ الملائم لذلك، ونشر ثقافة عمل إيجابية داعمة للتعلم التنظيمي وقادرة على بناء منظمة تعلم تسعى إلى الدعم الكامل لجميع العاملين(٢).
- جداول مدرسية مرنة تتيح الوقت للمعلمين للتعاون لتحقيق مجتمع تعليمي.
- إعطاء الوقت للمعلمين للعمل والتأثير في بعضهم البعض، من خلال إتاحة الفرص لهم مرة أسبوعيا للقاء نشرا لروح الود بينهم.
- تنظيم هياكل للاتصال وتشجيعها مثل البريد الإليكتروني والمقابلة المستمرة للأعضاء.
- تحفيز المعلمين على تبني واستخدام طرق جديدة باستمرار وتنظيم أنفسهم في فرق للتشاور والملاحظة وتدريب بعضهم البعض(٣).

---

(١) **نهلة عبد القادر**، "التعلم التنظيمي مدخلا لتحويل المدرسة المصرية إلى منظمة تعلم"، مجلة التربية والتنمية، السنة الثامنة، العدد ١٩، مارس ٢٠٠٠، ص ص ١٩٦-١٩٧.

(2) **Steven Ten And Others**, Key Management Models, (Tokyo: FT Prentice Hall, 2003), P.83.

(3)**Amelia Newcomb** "Peter Senge On Organizational Learning", School Administrator, Vol. 60, No. 5, May 2003, Pp. 5-20.

- أنظمة معلومات تساعد على حيازة المعرفة وتخزينها وإدارتها، كما أنها تساعد على نشر وتفسير المعلومات عبر شبكة الإنترنت وشبكات العمل والبريد الإلكتروني، بالإضافة إلى أنها تلعب دورا في التحديث المستمر للمعلومات الموجودة بالذاكرة التنظيمية، بحيث تتمكن الإدارة المدرسية من التنبؤ باحتياجات العاملين المهنية[1].

بتحليل ما سبق نجد أن التعلم التنظيمي يحتاج إلى وقت لإتاحة عملية التعلم وجعلها عملية مستمرة، كما أنه في الوقت نفسه يجعل المعلمين أكثر إنجازا لأعمالهم مما يجعل هذه الإستراتيجية هي الجسر بين العمل والتجديد.

ويعود التعلم التنظيمي على المعلمين بالعديد من الفوائد:

- يزيد من تبادل المعلومات والاتصالات والفهم فيما بينهم وبين البيئة المحيطة.

- يحثهم على استخدام أساليب وطرق تعلم جديدة تساعد على تحقيق الأهداف الموضوعة.

- تحديد أساليب العمل المنتشرة غير المرغوب فيها.

- تحسين كفايات الأفراد وجعلهم أكثر استجابة للتغيرات البيئة المعقدة.

- التعرف والوقوف على كل ما هو جديد في العملية التعليمية كل في مجاله[2].

- إتاحة فرصة للتوجه نحو الممارسات التنظيمية الجديدة والتخلي عن الممارسات القديمة.

- زيادة فرص اندماج ومشاركة جميع الأطراف المعنية والمساهمين في المنظمة لتبادل الخبرات والمعرفة[3].

وبتحليل ما سبق أيضا نجد أن التعليم التنظيمي يسهم بشكل مباشر في إقامة منظمة التعلم والتي تعد الهدف الأساسي من التخطيط الإستراتيجي، ومن جانب آخر يكسب المعلمين المعرفة المتجددة والمستمرة، التي تساعد على نموهم المعرفي وتقدمهم المهني،

(1) organizational Learning & Information Systems,
(http:\\www.e-papyrus.com/personal/orglrn.html)
(2) Larry lashway, Creating A Learning Organization, (Washington: U.S Department Of   Education, 1998), Pp 1-4
(http://www.ed.gov/ERIC_Digest/ED 420897. htm)
(3) Susan Tolf Everson , Development Organizational Learning In School
(http:\\www.mcrel.org/topics/noteworthy/pages/noteworthy/ susane.asp)

الذي ينعكس بشكل إيجابي على المخرجات التعليمية في هذه المرحلة، كما أنه يحفز المنظمات والهيئات الخارجية على المشاركة لإكساب الإدارة المدرسية والمعلمين المعرفة المرغوبة، التي تجعلهم على دراية بكل ما هو جديد، وتلعب الإدارة المدرسية دورا مهما في إنجاح هذه الطريقة من خلال تهيئة بيئة تعاونية تساعد على نشر وتبادل المعرفة بين المعلمين سواء كانوا في نفس المدرسة أو في المدارس الأخرى.

الطلاب وأساليب وطرق تنميتهم:

تتكاتف الإدارة المدرسية مع المعلمين لتبني أساليب وطرق لتحقيق هذا الغرض بالإضافة إلى حث الطلاب على تبني أساليب تتكاتف مع ما تتبناه المدرسة من طرق وأساليب، والتي تكون محصلتها النهائية تكوين المواطن القادر على مواجهة تحديات الألفية الجديدة، وتتمثل هذه الأساليب والطرق في البدائل التالية:

أ-التعلم الخدمي: **Service Learning**

من الأهداف الشائعة للتعليم هو ربط المعرفة الأكاديمية بالخبرة العملية للعمل، فالطلاب يقضون عادة ١٢ عاما في التعليم دون أن تكون لديهم أي فكرة عن نوع المهنة التي يرغبون في الالتحاق بها أو كيف يحققون أهدافهم المهنية، حيث إن معظم الطلاب لا يدركون العلاقة بين التدريس في الفصل والحياة العملية.

ومن هنا ظهر التعلم الخدمي كأحد الطرق المهمة التي تساعد على تنمية الطلاب وفهمهم للمهن المتاحة من خلال تعاون المدرسة مع منظمات الأعمال المحلية التي تمدهم بالفرص العملية المتوافرة لطلاب المدارس، حيث يشترك الطلاب في "برامج التعلم الخدمي" والتي يقوم فيها المرشدون المقيمون داخل المدرسة بتوضيح المهام المرتبطة بكل مهنة والمهارات الحالية والمستقبلية التي تحتاجها [(١)].

ومما سبق نجد أن التعلم الخدمي يساعد على ربط المدرسة بسوق العمل، لذلك لجأت كثير من الدول المتقدمة إلى التعليم الخدمي كإستراتيجية جديدة لربط المدرسة بالعمل ومقابلة احتياجات المجتمع المهنية.

وفي إحدى الدراسات المسحية التي قام بها المركز القومي للإحصاءات التعليمية National Center Of Educational Statistics (NCES) التابع لوزارة التعليم

(1) **Iowa Department of Education**, Service learning, (Iowa: Iowa Department of Education, 2004), (http://www.state.ia.us/educate/ecese/cfcs/sl/).

الأمريكي عام ١٩٩٩، والتي هدفت إلى توضيح مدى ارتباط التعلم الخدمي بالوظائف الموجودة في المجتمع، حيث توصلت إلى ما يلي [1] :

* أن ٤٦% من إجمالي المدارس العامة يشترك طلابها في أنشطة وخدمات المجتمع التي تنظمها المدرسة وأن هذه النسبة تشتمل على ٨٣ % من المدارس الثانوية.

* أن ٨٦% من المدارس التي تقدم التعلم الخدمي تقوم بتدعيم المعلمين لدمج التعلم الخدمي في المناهج، وذلك من خلال تدريبهم عبر شبكة الفيديو كونفرانس.

* أن معظم المدارس خلال التعلم الخدمي تقيم علاقات قوية بين المدرسة والمجتمع، هذه العلاقات تكون الملامح الأساسية لممارسات التعلم الخدمي.

ويتضح من ذلك مدى اهتمام المدارس -وخاصة الثانوية- بدمج التعلم الخدمي وجعله جزءا أساسيا ضمن المناهج المدرسية وذلك للتأهيل العملي للطلاب وإكسابهم كافة الخبرات المعنية التي تعدهم للمهن الحالية والمستقبلية.

ويتطلب نجاح هذه الطريقة توافر المحددات الآتية :

- الإعداد والتدريب الجيد للمعلمين: حيث يتطلب ذلك إعداد المعلمين (الطلاب)، بكلية التربية على كيفية ربط المناهج النظرية بالجوانب العملية، بالإضافة إلى تنمية المعلمين في فرق، لتمكينهم من استخدام طرق جديدة في تدريس التعلم الخدمي وكيفية دمجه مع المناهج [1].

- المشاركة: حيث إن مشاركة رجال الأعمال والعاملين بمنظمات المجتمع المختلفة تتيح التدريب النظري والعملي للطلاب باعتبارهم خبراء في المجالات المختلفة.

- دمج التعليم الخدمي مع المناهج: واعتباره جزءا أساسيا من المناهج بحيث تتضمن المناهج المهارات الأساسية للمهن المختلفة في المجتمع.

- التمويل: حيث يتطلب التعليم الخدمي تحقيق موارد محددة في الميزانية للأنشطة والممارسات المختلفة المتعلقة بالتعلم الخدمي [2].

---

(1) **Service learning and Community Service**, (http:\\www.nces.ed.gov/survey/frss/pblication_ns/1999943/5. Asp).

(2) **Malone David And Others**, "Perspective Transformation: Effects Of A Service Learning Tutoring Experience On Prospective Teachers", Teacher Education Quarterly, Vol.29, No.1, Winter 2002, P 71.

(3) **Service Learning Standards** For High School Courses, (http:\\www.state.tn.us/education/servicesstandars/cirservicesframe.htm).

ويتضح مما سبق أن نجاح هذه الطريقة يحتاج إلى إدارة مدرسية مبدعة قادرة على دعم المعلمين وتدريبهم على ممارسات التعلم الخدمي والطرق المختلفة في تدريسه، بالإضافة إلى دورهم في تهيئة البيئة الدراسية التي تشجع على المشاركة مع المنظمات المختلفة.

ويعود التعليم الخدمي على الطلاب والمجتمع والمدرسة بالعديد من الفوائد والتي منها ما يلي :

- مقابلة احتياجات المجتمع: من خلال تدريب الطلاب على المهن المطلوبة في سوق العمل وإكسابهم المهارات اللازمة لها.
- إعداد الطلاب جيدا للعمل والفهم الواضح للمهام والأدوار والمعلومات والذي يزيد من درجة وعيهم بالوظائف وتشجيعهم على الابتكار.
- تنمية القيادات الشبابية [١].
- ارتفاع المستوى الأكاديمي للطلاب: حيث أوضح التقرير الذي أصدرته جمعية المنهج والمراقبة في الولايات المتحدة Association For Supervision And Curriculum Development (ASCD) أن الطلاب الذين يكتشفون الخبرة العملية يواظبون على الحضور والاشتراك الفعال في المناقشات الصيفية.
- زيادة الشعور بالمجتمع داخل المدرسة وتقوية الاتصال بين المدرسة والبيئة المحيطة، بالإضافة إلى تشجيع التعاون والمشاركة مع المجتمع [٢].

وقد تم تفعيل هذه الطريقة من خلال الوحدة المنتجة، والتي تزايد الاهتمام بها بعد مؤتمر الفيديو كونفرانس التعليمي العالمي الذي عقد في برلين بألمانيا في يوليو ١٩٩٠، والذي أرسى الملامح الأساسية المميزة لهذه الوحدة، حيث أكدت التوصيات على ضرورة ربط النشاط الإنتاجي بإطار العمل المدرسي، والذي يجعل عملية التعلم أكثر فعالية من التعلم التقليدي ويساعد على تطويرها، وقد كان هناك صعوبة في تبادل الخبرات والنماذج والممارسات العملية بين المدارس على المستوى المحلي والعالمي وهو ما دعا إلى إنشاء

---

(1) **Pamela. G. Taylor**, "Service Learning As Postmodern Art And Pedagogy", Studies In Art Education, Vol. 43, No.2, winter 2002, P. 45.

(2) **Gene R. Carter**, Is It Good For The Kids? (Alexandria: Association For Supervision And Curriculum Development, 2002), P. 790.

الشبكة العالمية للمدارس المنتجـة "International Network Of Productive Schools " والتـي يتم من خلالها تبادل هذه الخبرات [1].

ومما سبق يتضح مدى أهمية التعلم الخدمي، وسـعى الكثير مـن الـدول المتقدمـة لدمجه مع المناهج، حيث يؤهل الطلاب للعمل مباشرة ويجعل هناك اتصالا مفتوحا بين المدرسة وسـوق العمـل، ذلك لأنه يكسب الطلاب كافة الخبرات المهنية الأساسية اللازمة لمزاولة المهنة التي يرغب فيها الطالب، مع إتاحة الفرص أمامه للتدريب الحقيقي داخل موقع العمل، وهو ما سعت إليـه الكثير مـن الـدول المتقدمة التي تشعر بأهمية هذه المرحلة في الإعداد الأكاديمي والمهني للطلاب، وعلى جانـب آخر فإن دمج التعلم الخدمي مع المناهج الأكاديمية يجعل من المدرسة بيئة شيقة للتعلم ومنطقة جذب، وهـو ما سوف يعيد للمدرسة مرة أخرى أهميتها، ويحفز الطلاب على الحضـور والاهـتمام بالدراسة، وهـو جانب مهم فقدته الكثير من المدارس سواء في البلاد النامية أو المتقدمة.

ب-التعلم البحثي: Thematic Learning

يعد التعلم البحثي من الطرق الفعالة التي تعزز عملية التعلم الجماعـي لـدى الطـلاب، وحـثهم على البحث في مصادر بحثية متجاوز الكتب الدراسية، وتعتمد هذه الطريقة على تخطيط الوحدات التعليمية مستندة على موضوعات مركزية يتفق عليها المعلمـون سـويا معتمـدين فيهـا عـلى خبرتهم وقدرتهم في توجيه الطلاب نحو مصادر مختلفة وبعيدة عن المصادر والموارد الحالية [2].

وقد طورت هذه الطريقة مستندة على فلسفة (جون ديوي) للتعلم ذي المغزى Meaning Full) (Learning، وقد أعطى ليبسون "Lipson" وآخرون سببا جوهريا لاستخدام التعلم البحثي وهي [3]:

- أنه يسهل من امتلاك الطلاب قاعدة معرفية متكاملة.

- يساعد الطلاب على الربط بين العديد من المجالات التي تكون متداخلة، وبـذلك تسـاعد عـلى نقل التعلم من سياق إلى آخر.

(1) **International Network Of** Productive Schools , (http://www.ineps.vilafrancavirtual.org/ineps0.htm).

(2) **Texas Education Agency**," Thematic Learning", Dropout Prevention Newsletter Column, Vol.1 Issue 3, April-May 2003, P.8.(http://www.tea.state.tx.us/dpchse/docs/News letter 0603, pdf)

(3) **Ritter N.,** Teaching Interdisciplinary Thematic Units In Language Arts, (Washington, U.S Department Of Education, 1999), P.3,

(http://www.ed.gov/databases/ERIC Digests/ed436003.html.

- يساعدهم على التركيز الشديد.

- يشعر الطلاب بأنهم يعملون ويشتركون في العملية التعليمية.

ويتضح بذلك أن التعلم البحثي يساعد على البحث الذاتي لا الحفظ والتلقين، كما أنه يتطلب من المعلمين أن يبذلوا المزيد من الجهد لتحديد الموضوعات البحثية، ويحفز الطلاب على العمل الجماعي، مما يساعد على تبادل المعلومات والمهارات بين الطلاب والانفتاح على العالم الخارجي والبحث عن مصادر بحثية مختلفة ومميزة ذات صلة وثيقة بالموضوع البحثي الذي يسعون نحو تغطيته.

إن نجاح هذه الطريقة يتطلب توافر العديد من المحددات وهي:

- تكاتف أعضاء الإدارة المدرسية لتكوين بنية تعليمية تتسم بالآتي[1]:

١- الأمن: من خلال توفير مناخ آمن يسمح للطلاب بالبحث بحرية.

٢- التعاون: حيث يتسم تشجيع الطلاب على العمل الجماعي وتبادل المعرفة بين أعضاء الجماعة.

٣- الوقت الكافي: من خلال وضع جداول مرنة تعطي للطلاب فرصة للبحث.

٤- تغذية مرتجعة مباشرة: حيث يحصل الطلاب على تغذية مرتجعة في الحال وليس في وقت لاحق.

- مشاركة رجال الأعمال والمنظمات الأخرى في تطوير وحدات التعلم البحثي: حيث اتصال المدرسة بالعالم الخارجي يجعل الطلاب أكثر إلماما بالبيئة المحيطة بهم مما يحفز على نموهم المهني وإحراز مسويات تعليمية مرتفعة.

- إعادة هيكلة المنهج: وذلك حتى يتضمن على موضوعات جديدة.

- توضيح وتوجيه الطلاب والآباء نحو المدخل والنظرة الجديدة داخل قاعات الدرس.

- التقييم: يتم التقييم من خلال منظور جديد وهو حقيبة الطلاب الـ Portfolio "البرتفليو" وذلك للوقوف على مدى نمو الطلاب[2].

---

(1) **U.S Department Of Education**, Thematic Instruction, (California: U.S Department Of Education, 2000) P 25, (http://www. Schoolrenewal.org/strategie/i/thematic-bg.html.).

(2) **National Clearinghouse For Comprehensive School Reform**, The Catalog Of School Reform Models: Integrated Thematic Instruction, (Washington: National Clearinghouse = = Comprehensive School Reform, 2003), P.3.(http://www.hwel..org/scpd/catal og/Model;-Details. Asp? Model IID- 14).

وبذلك يتضح أن التعلم البحثي يتطلب العديد من المحددات، والتي يعد توافرها أمرا ضروريا وحتميا لإنجاح هذه الطريقة، والتي تحتاج إلى إدارة مدرسية مبدعة تقوم بتهيئة بيئة تعليمية ملائمة للبحث، وتستطيع أن تقوم بعمل مشاركات ناجحة مع المنظمات الموجودة بالبيئة الخارجية، بالإضافة إلى إعادة هيكلة المنهج ليكون متداخلا ومتكاملا، مما يكون له أثره ومردوده الإيجابي على العملية التعليمية وتمكين الطلاب من الوصول إلى أعلى المستويات الأكاديمية.

ويعود استخدام هذه الطريقة على الطلاب بالعديد من الفوائد والتي منها ما يلي[1]:

- مساعدة الطلاب على إيجاد العلاقة داخل وخارج المدرسة.

- يمثل المعلم دورا مسهلا بدلا من ملقن للمعلومات.

- إكسابهم مهارات الاتصال.

- تشجيعهم على تبادل الأفكار.

- التقييم المستمر والمتصل بمساعي التعلم.

- الاحترام والتعاون بين النظراء أثناء تفاعلهم في الجماعة.

- اندماج الطلاب ومشاركتهم في مسئولية تعلمهم.

- تحفز الطلاب على الاشتراك بالآراء والأفكار بالإضافة إلى قدراتهم على الاستماع والإنصات كل منهم للآخر والذي يكون أساس الأفكار الموسعة المبتكرة.

مما سبق نجد أن التعلم البحثي يكسب الطلاب المهارات الأكاديمية التي يحتاجونها ويجعلهم خبراء في إنجاز ومجالات البحث المختلفة، كما تتيح لهم بالخروج من نطاق الفصل والبحث عن مصادر جديدة مختلفة ومتنوعة مما يكسبهم المعرفة المتميزة والمتجددة والتي تساعد على نموهم المعرفي وتجعلهم أكثر ارتباطا بالمدرسة، لأنها تجعل من بيئة التعلم بيئة شيقة وجذابة بالنسبة لهم، لأنها تخرج الطلاب عن النطاق التقليدي في التعلم وتشعرهم بأنهم مشاركين في العملية التعليمية مما يحفزهم على التقدم والنمو.

---

(1) **What Are Thematic Teaching** And Curriculum Integration? (http://www.todaysteacher. Com/thematic-teaching.htm.)

ج-الخبير الإلكتروني: Expert Tel Mentoring

تعد هذه الطريقة إحدى الطرق المهمة لإكساب طلاب المدارس- وخاصة الثانوية- ما يحتاجونه من مهارات ومعرفة أكاديمية وحياتية، حيث قامت العديد من الدول بإعداد برامج يشترك فيها خبراء في كافة المجالات لإمداد الطلاب بكافة الخدمات التعليمية وتحقيق المستوى الأكاديمي المرغوب لهم، وفي الوقت نفسه تقدم لهم النصح والإرشاد الذي يحتاجونه في هذه المرحلة العمرية.

فالخبير الإلكتروني: هو شخص ذو خبرة تعليمية كبيرة يكون محل ثقة، يتميز بالكفاءة التعليمية في جميع المواقف، حيث يقوم بتوجيه الطلاب عن بعد "Online"، كما يعمل بدور الوسيط بين المعلمين والطلاب، حيث يمدهم بكافة المعلومات والمهارات التي يحتاجونها، مما يقلل العبء الواقع على المعلمين [١].

ويتم توجيه وإرشاد الطلاب من خلال الطرق الآتية:

- البريد إلكتروني E-Mail : ويكون الاتصال بين الخبراء المرشدين والطلاب عبر البريد الإلكتروني، حيث يقوم الخبير بإرسال كافة المعلومات والتوضيحات التي يحتاجها الطلاب.
- الدردشة الفورية Online Chats : وهو الحديث المباشر عبر شبكة الإنترنت، حيث يتم الرد والتوضيح لكثير من الأمور وحل الكثير من المشكلات مما يساعد الطلاب على الاهتمام والترابط الفوري، كما أن هذه الطريقة تتيح لعدد كبير من الطلاب من الحديث في وقت واحد.
- قائمة الرسائل Message boards : حيث يعمل الخبير مع أكثر من طالب في وقت واحد، بأن يقوم الطالب بإرسال الرسالة التي يقرأها ويطلع عليها الخبير وعدد من الطلاب الذين يقومون بقراءة هذه الرسالة والتعليق عليها [٢].
- الدورات التدريبية المباشرة Courses Online: حيث يمد الخبير الطلاب بدورات تعليمية ذات مستوى عال من الكفاءة، والتي تمكنهم من التعلم بطريقة مريحة

---

(1) **U.S Department of Education**, Expert Telementoring Of Student, (California: U.S Department Of Education, 2000), (http://www. Schoolrenwal-org/strategie/I-mentoring-gf.html).

(2) **Sherril Steele**, Telementoring: Help For Student In Just A Mouse Click A Way, (New York: Education World. IAC, 2001), Pp. 1-2.

ليست فقط في مدارسهم بل أيضا في منازلهم، وتعد هذه الطريقة فعالة، وخاصة في المناطق الريفية والنائية، التي لا تقدم فيها الخدمات التعليمية المرغوبة للطلاب[١].

ويتضح مما سبق أن هذه الطريقة لا تنمي فقط الجانب التعليمي لدى الطلاب بل أيضا تساعد كذلك على تنمية المهارات الحياتية لديهم والتي تمكنهم من حل المشكلات التي تواجههم وتنمي روح النقد لديهم مما يهيئهم لمواجهة العالم الخارجي والتعامل معه بسهولة ويسر.

وتعود هذه الطريقة بالعديد من الفوائد على الطلاب والمدرسة والتي من أهمها:

- تشجيع الطلاب نحو التخصصية والاحتراف.
- زيادة معرفتهم بعالم العمل والفرص المهنية.
- إكسابهم الخبرة العملية في مهارات الاتصال.
- إكسابهم القدرة على التفكير النقدي[٢].
- تخفيف عبء عملية التعلم عن المعلمين.
- التحسين الجيد للمدرسة من خلال زيادة مشاركة المجتمع في المدرسة.
- الاتصال بنماذج قد لا تكون موجودة في المجتمع المحلي.
- إمداد الطلاب بالنصح والإرشاد بسرعة ويسر[٣].

ومن ثم يتاح للطلاب فرص الاتصال بنماذج موجودة في البيئة المحلية والخارجية مما يساعد على جعل المدرسة منظمة مفتوحة على العالم الخارجي، بالإضافة إلى أنها تتيح للطلاب الفرصة لتنمية قدراتهم الابتكارية.

ولنجاح هذه الطريقة فإن هناك العديد من الأساسيات التي يجب توافرها وهى:[٤]

- توافر أجهزة كمبيوتر، وأن تكون متاحة للاستخدام.

---

(1) **U.S. Department Of Education**, Advanced Placement Courses Online, (California: U.S Department Of Education, 2000), Pp. 59-60.

(2) **The Classroom Mentorship Program** (http://www.aes.ucdavis.edu/outreach/univout/ programs/mentor.html).

(3) **Nowsame J.**, Telementoring: Benefits For The Students, (http:// www.fsus. fsu. edu/m2000/telemento. ring2_files/frame.htm).

(4) **J.New Same and Hardee Sr. High**, Keys To Successful Telementoring, (http:// www Fsus.Fsu.edu/m2000/ kst. Html.

- استخدام الطلاب الشبكة بكفاءة.

- أن يكون الجدول المدرسي يسمح بعمليات الاتصال.

- توافر أجهزة الطباعة.

- عمل تقييم للطلاب كل فترة للتأكد من درجة الاستفادة من هذه البرامج المتاحة.

ومما سبق نجد أن استخدام التكنولوجيا الحديثة يعد حجر الأساس في إنجاح هذه الطريقة، ولذلك تسعى الكثير من الدول المتقدمة وبعض الدول النامية إلى إقامة بنية تحتية سليمة، إيمانا منها بأهمية التكنولوجيا الحديثة في إنجاح العملية التعليمية.

وقد قامت العديد من المقاطعات في الولايات المتحدة بالاشتراك في هذه البرامج التي يعدها الخبير الإلكتروني، والتي كان منها مقاطعة كاليفورنيا، والتي قامت بإنشاء المركز الدولي للإرشاد عن بعد (The International Telementor center ITC)، والذي تم إنشاؤه عام ١٩٩٥، ويقوم بعمل اتصالات بين المعلمين وخبراء في كافة المجالات لإمداد الطلاب بكافة الخدمات التعليمية التي يحتاجونها[1]، وكذلك مقاطعة هاردي، فقد أقامت برنامج مدارس هاردي الثانوية Hardy high schools الذي يعد فرصة حقيقة لمدارس مقاطعة هاردي الريفية كما يتيح اتصال الطلبة بخمسة عشر- خبير عبر شبكة الإنترنت، وقد قامت جامعة كلورادو (Colorado) بتطوير هذا البرنامج ووضع موقع له على شبكة الإنترنت http://www.telementor-org.hp، والذي يوضح فيه للطلاب كيفية المشاركة والاستفادة من هذا الموقع وكيفية الاتصال بالخبراء؛ حيث إن الاتصال يكون بالصوت والصورة أو عبر الوثائق الكتابية، وقد شارك في هذا الموقع منذ إنشائه عام ١٩٩٩ حوالي ١.٣٠٠ طالب من المدارس الإعدادية والثانوية[1]

.

ويتضح مما سبق أن الخبير الإلكتروني يمكن أن يكون طريقه فعالة وخاصة لطلاب المرحلة الثانوية، والذين هم في حاجة دائمة إلى تنمية مهاراتهم المهنية والحياتية ويحتاجون دائما إلى النصح والإرشاد ولاسيما من خبراء في شتى المجالات يساعدونهم على مواجهة كافة التحديات التي يواجهونها والتي يحتاجون فيها إلى خبرة كبيرة للتغلب عليها.

(1) International Telementor center (http://www. telementor.org).
(2) Telementoring Summary (http://www. Fsus.Fsu.edu/m 2000/telementoringsum html)

د-التدريب داخل المدرسة للطلاب:

School – Based Training for Students

بعد نجاح وحدة التدريب داخل المدرسة للمعلمين، توجهت مقترحات الخبراء نحو إنشاء وحدة تدريب داخل المدرسة للطلاب، كأحد الأساليب الجديدة التي تساعد على نموهم المعرفي وإكسابهم كافة مهارات التعلم مدى الحياة، والنجاح في سوق العمل والحياة الشخصية والمهنية، وتقوم هذه الوحدة على فكرة التعلم المتمركز حول المدرسة school- based-learning، حيث تقدم للطلاب برامج تدريبية غير تقليدية تساعدهم على التفكير والتحليل والتنمية وإعدادهم ليكونوا مبدعين ومبتكرين[1].

وفي دراسة استطلاعية قامت بها وحدة البحث والذكاء بوزارة التربية والتعليم بسكتلاندا على عينة عشوائية من تلاميذ المدارس، أوضحت نتائج هذه الدراسة أنه يمكن الاستفادة من وحدة التدريب داخل المدرسة في تدريب الطلاب، **وأن نجاح هذه الوحدة يتطلب توافر ما يلي:**

- قضاء الطلاب وقتا أطول داخل المدرسة.
- الإعداد الجيد للبرامج التدريبية التي تقدم للطلاب، والتي تكسبهم المهارات الحياتية والمهنية المطلوبة من خلال المراكز التدريبية المتخصصة.
- إمداد الإدارة المدرسية هذه الوحدة بمعلمين يكونوا بمثابة مرشدين للطلاب مع تركيز الإدارة على التدريب والتهيئة الجيدة لهؤلاء المعلمين لقيامهم بهذا الدور بفاعلية.
- الاتجاه نحو المزيد من الشراكات: سواء كانت هذه الشراكات مع الجامعات للإعداد الجيد للمعلمين (المرشدين)، أو مع المنظمات الأخرى لتفعيل هذه الوحدة ومدها بالعديد من الخبرات، مما يجعل هذه الوحدة مفتوحة على البيئة المحيطة ومعرفة متطلباتها[2].
- توفير بنية تحتية سليمة تمكن المدرسة من إنشاء شبكة عمل "Network"، والتي يعد إنشاؤها أمرا ضروريا لربط الوحدة بغيرها من الوحدات في المدارس المجاورة، حيث إن هذا الاتصال يزيد من كفاءة وفعالية هذه الوحدة[3].

---

(1) **Center for Enhanced learning & Teaching**, School-Based-Training For Student, (Australia: Center For Enhanced Learning & Teaching, 2002), P.1.(http://www. Celf.ust.hl/Steach/Steacho2. htm.

(2)**Scottish Council For Research**, Towards More School Based Training, (Scottish: Research And Intelligence Unit, N.Y), Pp.7-9.

(3) **Dental Schools**, Community-Based-Training, 25 June, 2003, P.1 (http://.uthscsa.edu/educprog/deondsc.html.

ومما سبق نجد أن نجاح هذه الطريقة يتطلب قيام الإدارة المدرسية بإعادة هيكلة الوقت داخل المدرسة لإمداد الطلاب بالوقت الكافي لتدعيمهم وإعطائهم الفرصة لممارسة الأدوار المختلفة داخل هذه الوحدة والاتصال بالوحدات الأخرى في المدارس، بالإضافة إلى توفير المعلمين ذوي الخبرة ممن لديهم الرغبة في تحمل المسئولية، مع الإعداد الجيد لهم.

وتعود هذه الوحدة على الطلاب بالعديد من الفوائد، ومنها:

- الخبرة المدرسية: حيث يقضي الطلاب وقتا كبيرا في هذه الوحدة يكسبهم العديد من المهارات التعليمية الناجحة والتي تساعدهم في مواصلة تعليمهم الجامعي [١].

- تنمية الجانب المعرفي لديهم: فتواجد المعلمين المرشدين والاستعانة بالخبراء داخل هذه الوحدة يكون له دورا فاعلا في إمداد الطلاب بالنصح والخبرة والإرشاد في كافة المجالات العلمية والحياتية، بالإضافة إلى قيامهم بعرض التغيرات التي تحدث في المنهج وعرض الإستراتيجيات الجديدة في التدريس والتعرف على مقترحاتهم، مما يحد من اتجاهاتهم السلبية وينعكس بصورة مباشرة على تحسين سلوكهم [٢].

- اكتسابهم العديد من المهارات من خلال البرامج التي تعدها جهات تدريبية متخصصة يشترك فيها بعض رجال المهن والأعمال والتي منها:

* مهارات إدارة المسار الوظيفي Career Management skills : ويتم إكسابهم هذه المهارات من خلال إشراك أصحاب المهن والأعمال في دورات تدريبية تنمي لدى الطلاب قدرات التوظف مدى الحياة، والوعي الذاتي في صنع القرارات المهنية، والتعرف على الفرص المهنية التي تكون متاحة لديهم [٣].

* مهارات القيادة والفريق Team & Leadership Skills: ويتم اكتسابها من خلال المعلمين الذين يقومون بتحفيز الطلاب على قيادة الفريق والعمل داخل سباق فرق حل المشكلات، والذي يستدعي قيام المعلمين بشرح النظريات

---

(1) **Abowitz Knight And Others** , Op.Cit,P.66.
(2) **Scottish Council For Research**, Op.Cit, P.10.
(3) **Center For Enhanced Learning & Teaching**, Career Management Skills Op.Cit, (http://www.celt,hk/stud/stuudo1_006. htm).

والممارسات العملية لمدخل التعلم المتمركـز حـول المشكلات Problem-based-learning والـذي يساعد الطلاب على تحقيق التنمية الذاتية لهم[1].

* مهارات الاتصال متعدد الوسائط:Multimedia Communication skills والتي يـتم اكتسـابها مـن خلال مشاركة الطلاب في ورش العمل على شبكة الـ "Web"، بالإضافة إلى استخدام الوسائل التكنولوجية الأخرى المتعددة (التليفزيون – التليغراف... إلخ)، والتي تعزز مهارات التفكير النقدي لديهم، وإمدادهم بالفرص للتعرف على البرمجيات المختلفة[2].

ويتضح مما سبق أن تفعيل وحدة التدريب داخل المدرسة من أجل الطالب تساعد علـى تنميـة الجانب المعرفي لديه وتجعله أكثر إقبالا على المدرسة ورغبة في التعليم، حيث إنهم يشعرون بجو آمـن يمارسون فيه أدوارا جديدة تشعرهم بـأنهم يحاكون الكبـار، وخاصـة أن المرحلـة الإعداديـة والثانويـة يجب أن تلعب المدرسة في حياة الطلاب دورا فعالا لجذب الطلاب إليها وتبني إسـتراتيجيات جديدة تعود بالنفع عليهم، سواء فيما يتعلق بالجانب الأكاديمي أو الجانب الشخصي مما يساعد المدرسة عـلى تحقيق رؤيتها الموضوعة بنجاح.

ويتضح من المحور السابق المتعلق بالعناصـر البشـرية وطرق تنميتهم أن طرق تنميـة الإدارة المدرسية تمكنهم من تنمية الإبداع في مدارسهم، حيث إنها تساعدهم على تفجير الطاقات والقدرات الابتكارية لهم.

كما أن توافر إدارة مدرسية مبدعة مؤمنة بكل ما هو جديد وقادرة على التجديد المستمر، ليس فقط في قدراتهم ومعارفهم، ولكن أيضا قادرة على تحفيز المعلمين لتبني طـرق تعلـم تجعـل التنميـة المهنية جزءا من حياتهم اليومية، مما يحقق التحسن المستمر في أدائهم، وتجعلهم عـلى صلـة بالخبراء خارج المدرسة في شتى المجالات، مما يتيح لهم التوجه نحو الممارسات الجديدة والمبتكرة، والتخلي عـن الممارسات القديمة في العمل الذي يكون له أثره الواضح والإيجابي على الطالب وعلى العملية التعليمية بأكملها، كما أن هذه الإدارة المبدعة تستطيع تطبيق بعض الأساليب والطرق المتعلقة بالطلاب التـي لا تنمي لديهم

(1) **Center For Enhanced Learning & Teaching**, Team And Leadership Skills, Op.Cit, (http://www.celt.ust.hk/stud/stud01_004. htm).

(2) **Center For Enhanced Learning & Teaching**, Multimedia Communication Skills, Op.Cit, (http://cell usthk/stud/stud01_005.htm).

الجانب المعرفي فقط، ولكنها تربطهم بسوق العمل من خلال تنمية المهارات المهنية لديهم وربطها بالجانب الأكاديمي، بالإضافة إلى أن هذه الطرق تساعدهم على تنمية الجوانب الشخصية الأخرى والتي تساعد على تكوين الشخصية القوية لدى الطلاب القادرة على مواجهة تحديات الألفية الجديدة، بجانب تنمية مهارات التفكير النقدي لديهم وتحقيق التنمية الذاتية لهم وتحفيزهم على البحث بصفة مستمرة.

ثانيا: العناصر المادية:

وتتمثل فيما يلي :

أ-نظم الاتصال والمعلومات:

Information and communication systems

يعد الاتصال أحد المحددات المهمة لإنجاح وتدعيم بيئة التخطيط الإستراتيجي للمدرسة، حيث يسعى القائد الإداري المبدع دائما لإقامة شبكة جيدة وشاملة للاتصالات بين وحدات التنظيم، بالإضافة إلى توفير قنوات اتصال مفتوحة *Open Communication channel* نقية وصادقة تربط وحدات التنظيم بموقعه، وتسهل عليه معرفة ما يدور في التنظيم، مما يمكنه من سرعة تذليل المعوقات التي تتعرض لها المنظمة، كما تمتد هذه القنوات خارج التنظيم للاتصال بالمنظمات الأخرى للاستفادة من خبراتها [١].

وتلعب الإدارة المدرسية دورا مهما في توفير مثل هذه القنوات، حيث تتخذ العديد من السبل لتيسير الاتصال ومنها ما يلي:

- سياسة الباب المفتوح: وتنتج هذه السياسة الفرص لأي موظف لتقديم شكواه إلى الإدارة، وهذا يساعد الموظفين على حل مشكلاتهم، بالإضافة لتعزيز فاعلية الاتصال الصاعد.

- مقابلات الأحاديث المفتوحة: والتي يجتمع فيها أعضاء الإدارة مع فرد أو أكثر من العاملين داخل التنظيم، يجيب فيها المدير على الأسئلة والمقترحات الشخصية والأفكار التي يقدمها العاملين [٢].

---

(١) **عطية حسين الأفندي**، مبادئ الإدارة، (القاهرة: دار الكتب، ٢٠٠٢)، ص ١٥٦.

(٢) **أحمد سيد مصطفى**، إدارة السلوك التنظيمي، (القاهرة: بدون، ١٩٩٩)، ص ٣٥٣.

- صندوق الشكاوى والمقترحات: وهو صندوق يلقي فيه العاملين بالشكاوى التي تعوق قيامهم عن العمل بفاعلية، كما أنهم يلقون فيه بالأفكار والمقترحات وفي حالة تحقيق الإدارة بجدية أي مقترح أو فكرة فإن عليه القيام بتجريب هذا المقترح ولو بشكل مصغر، ومكافأة الموظف المبتكر على اجتهاداته وأساليبه المتميزة في العمل، والتي أدت إلى تحسين أداء المنظمة [١].

بالإضافة إلى السبل السابقة فإنه يمكن استخدام التكنولوجيا الحديثة في الاتصال، وذلك لتبادل المعلومات بين أعضاء التنظيم من خلال:

- البريد الإلكتروني E-mail : وذلك لتذكرة الأفراد ببعض النقاط المهمة وإبلاغهم ببعض المهام، وإطلاعهم على بعض القرارات.
- استخدام التليفون: ويعد وسيلة مهمة ويعتمد على المهارات الإدارية في توصيل الأوامر والمقترحات بسرعة وبوضوح والحصول على معلومات مرتدة في نفس الوقت [٢].
- شبكة العمل "Network": وقد تستخدم للاتصال المركزي "Centralized Network"، أي الاتصال يكون داخل التنظيم إما فرديا أو جماعيا لتبادل المعلومات، وقد يكون لا مركزيا "Decentralized Network" حيث يتبادل فيه الأفراد العاملون المعلومات داخل وخارج التنظيم مما يساعد إيجاد حلول سريعة للمشكلات المعقدة [٣].

ويتضح مما سبق أهمية توافر قنوات اتصال جيدة في تهيئة البيئة الداعمة للتخطيط الإستراتيجي للمدرسة، حيث إنها تساعد على سرعة تبادل المعلومات من خلال خطوط الاتصال الرأسية والأفقية، كما إنها محدد مهم من محددات إنجاح بعض طرق التخطيط الإستراتيجي، والتي يلعب الاتصال عبر الوسائل الإلكترونية دورا مهما فيها مثل التعلم الإلكتروني والخبير الإلكتروني والتي يكون الاتصال فيها عبر شبكة الويب، ومدارس التنمية المهنية والتي يكون الاتصال فيها من خلال شبكة العمل، مما يكون له أثر مباشر في

---

(١) **عبد الله المهدي**: طريقك نحو قيادة المستقبل (http://www.mmsec.com/creative.est.htm)

(1) **Richard L. Daft And Raymond A. Noe**, Organizational Behavior, (San Diego: Harcourt, Inc., 2001), Pp. 316-317.

(2) **Bannie Binkert**, Contemporary Business Communication, (Boston: Houghton Mifflin Company, 1998), Pp. 90-95.

تحقيق التنمية المهنية للمعلمين والطلاب، وتلعب القيادة المبدعة دورا في توفير قنوات الاتصال الجيدة التي لا تسهم فقط في تحقيق تنمية الطلاب والمعلمين، ولكن تسهم في مشاركة جميع الأطراف المعنية في وضع الرؤية المستقبلية للمدرسة والتعرف على المقترحات المبتكرة لهذه الأطراف.

وبجانب نظم الاتصال فإن هناك نظم المعلومات الإدارية، والتي تعد كذلك أحد المتطلبات الأساسية في إنجاح التخطيط الإستراتيجي للمدرسة؛ لما تقوم به من تخزين وتوزيع ونشر- واسترجاع المعلومات بهدف تدعيم عملية صنع القرار والرقابة داخل المنظمة ومساعدة المدير والعاملين في تحليل المشكلات وتطوير المنتجات المقدمة وخلق منتجات جديدة، لأنها تحتوي على معلومات عن التنظيم والبيئة المحيطة(١).

وتشمل المعلومات التي يتم بها تدعيم هذه النظم، معلومات عن البيئة الخارجية والتي تتمثل في سوق العمل، المنافسين، المساهمين، أصحاب الأعمال، ومعلومات عن البيئة الداخلية وما تشمله من معلمين وتلاميذ وتشريعات وقوانين ولوائح وقواعد، محتويات المدرسة المادية، جميع العاملين في المدرسة ومؤهلاتهم ووظائفهم، معلومات عن الممارسات الناجحة التي حدثت في المدارس الأخرى أو قطاع الأعمال، ومعلومات إدارية تتصل بالتخطيط والتنظيم والرقابة(٢).

وبناء على ما سبق؛ فإن المعلومات التي تقوم هذه النظم بجمعها وتخزينها، وبالتالي تحليلها، تساعد الإدارة المدرسية والفريق المشترك في وضع الرؤية في التعرف على مواطن الضعف والقوة في المنظمة، وكذلك الفرص والتهديدات المتاحة لها في البيئة الخارجية وإمكانية الاستفادة من هذه الفرص لمواجهة التهديدات ومعالجة نقاط الضعف في المنظمة، وبالتالي تعد أحد الدعامات المهمة في إنجاح الخطة الإستراتيجية التي تسعى المنظمة إلى تنفيذها.

وتتضح أهمية هذه النظم في أنها تساعد على القيام بما يلي:(٣)

- الوصول إلى مصادر المعرفة الأصلية وتوظيفها لحل المشكلات.

---

(1) **Stephen Haag And Others**, Management Information Systems For The Information Age,(San Francisco: Irwin/Mcgraw-Hill, 1998), P.20.

(٢) **محمد منير مرسي**، الإدارة التعليمية أصولها وتطبيقاتها، (القاهرة: عالم الكتب، ١٩٩٨)، ص ص ١٩٤-١٩٧.

(٣) **وداد محمد الجودر**،" نظم المعلومات في العملية التربوية"، مجلة التربية (البحرين)، السنة السادسة، العدد السابع، يناير ٢٠٠٣، ص ١٤٥.

- القدرة على الاختيار من بين البدائل في هذا العالم المتغير الزاخر بالاحتمالات.
- تغيير أدوار المعلم من مجرد الملقين إلى دور الموجه المشارك، والطالب من دور المتلقي إلى دور الباحث.
- الانتقال من التعلم الموجه إلى التعلم الذاتي وهو الطريق الذي يوصل للثروة المعلوماتية.
- تحديد ووضع إستراتيجية المنظمة.
- الإسراع بالعمليات الإدارية والوظيفية على كافة المستويات.
- اتخاذ القرارات الرشيدة والموضوعية.

هذا ويتكون نظام المعلومات الأم في المنظمة من مجموعة من النظم الفرعية التي تعمل على توفير البيانات والمعلومات في مجالات مختلفة، وسوف نستعرض في السطور التالية بعض من هذه النظم، والتي يكون لها دعم كبير في التخطيط الإستراتيجي للمدرسة ودورا كبيرا في تحقيقه:

- **نظم التقارير الإدارية** ***Management Reporting systems*** : وهي نظم تهدف إلى إمداد الإدارة بتقارير عن أداء العاملين، ويقوم بملئها العامل من خلال الحاسب الآلي، وهي بذلك تساعد الإدارة في الحصول على معلومات داخلية عن منظمتهم، وتكون في الوقت نفسه سهلة التداول، وهي في العادة تقارير شهرية[١].
- **نظم المعرفة** ***Knowledge systems***: وهي التي تمد المنظمة بالمعرفة، والعاملين بالمعلومات التي يحتاجونها، ويكون الهدف من هذه النظم هو مساعدة المنظمة لدمج معرفة جديدة في الأعمال التي يقوم بها الأفراد لتحسين جودة أدائهم، وإمدادهم بالدعم المهني اللازم لهم[٢].
- **نظم المعلومات الإستراتيجية** ***Strategic information systems*** : وهي نظم مبنية على الحاسب الآلي، وتستخدم كأداة لتطبيق إستراتيجية المنظمة، وعادة ما يتعدى هذا النوع حدود المنظمة ليشمل معلومات عن العملاء وسوق العمل

(1) **Vladimir Zwass**, Foundations Of Information Systems, (San Francisco: Mcgraw-Hill, 1998), P. 65.
(2) **Kenneth C. Laudon & Jane, P. Laudon**, Management Information Systems, (New Jersey: Prentice Hall, 2001), Pp39-40.

والمستهلكين، ولهذا تعتبر استخدام شبكة المعلومات جوهر تطبيق هذه النظم، كما أن التغذية الراجعة للوضع الحالي والمستقبلي للأعمال المنافسة يساعد في وضع الخطة الإستراتيجية المناسبة للمنظمة [١].

- **النظم الخبيرة** ***Experts systems*** : وهي نظم مبنية على الحاسب الآلي، لتقديم النصح والحلول للمشاكل الخاصة بمجال معين، وتتكون هذه النظم من أجزاء متفاعلة مع بعضها، ويقوم المستخدم بإدخال البيانات والمعلومات للنظام الخبير، قاعدة المعرفة اللازمة لحل المشكلة أو المشكلات داخل المنظمة، آلة الاستدلال التي تستخدم لانتقاء المعرفة المناسبة لحل المشكلة موضوع الدراسة، آلة التطوير، وهي مجموعة لغات البرمجة والنظم الخبيرة الجاهزة اللازمة لبناء هذه النظم.[٢]

- **نظم دعم القرارات** ***Decision support systems:*** وهي نظم تساعد المديرين على اتخاذ قرارات غير متكررة، وهي تعتمد على ما تنتجه الأنظمة الأخرى، وكذلك على معلومات من خارج المنظمة، ويتم تصميم نظم دعم القرارات وتنفيذها للاستجابة للاحتياجات غير المخططة من المعلومات؛ حيث إنها تمد المديرين بالبدائل المقترحة للعديد من القرارات، ولكنها لا تسهم في اختيار القرار النهائي [٣].

- **نظم معلومات التمويل** ***Financing Information System*** : والتي تساعد على توفير المعلومات التي تمكن المنظمة من التنبؤ بالاحتياجات المالية المستقبلية للمنظمة، وتقييم مصادر الأموال الواردة والرقابة المالية، وذلك لترجمة الأهداف الرسمية إلى أهداف تشغيلية يسعى المدراء لتحقيقها ومراقبة تنفيذها[٤].

---

(1) **Wedy Ribson**, Strategic Management And Information Systems, (London: PIT Man, 1997), P. 83.

(2) **Dally Palmer And Margaret Weaver**, Information Management, (Oxford: Butter Woruth, 1998), P. 56

(٣) **إبراهيم سلطان**، نظم المعلومات الإدارية:مدخل إداري، (الإسكندرية: الدار الجامعية،٢٠٠٠)، ص ٦ .

(٤) **علاء عبد الرازق السالمي**، نظم إدارة المعلومات، (القاهرة:المنظمة العربية للتنمية الإدارية، ٢٠٠٣)، ص ص ٣٥١ - ٣٥٣ .

وبذلك نجد أن توافر نظم معلومات جيدة بالمدرسة يساعد على إقامة وبناء المجتمع المعرفي الذي يسعى بالتخطيط الإستراتيجي للمدرسة نحو تحقيقه حيث إن إقامة هذا المجتمع يكتنفه العديد من الصعوبات؛ سواء المتعلقة بتبادل المعرفة الجديدة والمستمرة، أو المتعلقة بظهور مشكلات تعوق إقامته، سواء كانت هذه المشكلات تتعلق بأمور حالية أو مشكلات مع البيئة الخارجية وأخرى تتعلق بتنفيذ الخطة الإستراتيجية الموضوعة من قبل المدرسة، ومن هنا يلعب نظام المعلومات دورا مهما في مواجهة هذه التحديات، حيث يساعد نظام المعلومات الأم على توفير المعلومات التنافسية عن البيئة المحيطة والتي تمكن الإدارة مع الفريق المدرسي من وضع رؤية إستراتيجية شاملة للوضع الحالي والمستقبلي، كما إنه من خلال النظم الفرعية يمكن إنجاح الأهداف الإستراتيجية الموضوعة؛ حيث تستفيد الإدارة المدرسية من نظم المعرفة التي تساعد على إطلاق القدرات الإبداعية لديها، والتي تنعكس على التحسينات المستمرة التي تقوم بها المدرسة، وكذلك نظم دعم القرارات التي تمكنهم من وضع الخطة الإستراتيجية اللازمة لتحقيق الأهداف العامة للمدرسة، بالإضافة إلى نظم المعلومات الخبيرة التي تدعمها بحلول كثيرة للعديد من المشكلات التي تتعرض لها الإدارة عند تطبيق إستراتيجية أو ممارسة جديدة، وتعود كذلك هذه النظم بالفائدة على المعلمين؛ حيث إن نظم المعرفة يمكن أن تمد المعلمين بالمعرفة عن إستراتيجيات التعلم الجديدة، والتي تحقق النمو المستمر لهم، كما أن نظم المعلومات الإستراتيجية تمكنهم من وضع الخطة الإستراتيجية بناء على المعلومات التي تحصل الإدارة عليها من خلالها، ونظم التمويل والتي تساعدهم على التنبؤ بالأمور المالية للمدرسة واتخاذ القرارات بشأنها.

ب-توفير الموارد المالية:

إن التخطيط الإستراتيجي للمدرسة غالبا ما يقابله نقص ومحدودية الموارد المالية والتي تعوق إنجاحه، ومن ثم نادى الكثير من المربين والباحثين بأهمية نقل سلطة إعداد الميزانية إلى المدرسة وهو ما يعرف بـ (School Based-Budgeting "SBB": المدرسة المتحكمة في الميزانية) حيث إن الميزانية المتمركزة حول المدرسة تعطي مجلس الإدارة المدرسي المزيد من التحكم والمرونة في استخدام الموارد المتاحة وحسن استغلالها لتحسين مستوى أداء الطالب، وتصميم برامج تنمية مبتكرة، والتوصل إلى حلول فعالة للمشكلات[1]، وبذلك نجد أن "SBB" لا تعني خفض التكاليف، وإنما تعني: تحسين

(1) **Margated F Goevtz And Allan Odden**, School- Based-Financing, (California: Crown Press, Inc., 1999), P.4.

إنتاجية المدرسة من خلال تبادل السلطة والمسئولية في النواحي المالية بين أعضاء المجتمع المدرسي، وما يستتبعه، بأن تكون المدرسة هي وحدة اتخاذ القرارات لتحديد بنود الميزانية وكيف يتم إنفاقها[١].

ويتضح مما سبق أن "SBB" قد منحت مجلس الإدارة المدرسي المزيد من السلطات للتحكم في الميزانية وإعادة توزيع بنودها وتوجيهها نحو تحسين مستوى أداء الطالب، مما يزيد من الفاعلية التنظيمية والإنتاجية للمدرسة، ويجعل الإدارة قادرة على اتخاذ قرارات هي الأقرب إلى الطالب.

وتسعى "SBB" دائما إلى توجيه الموارد المالية لمقابلة احتياجات الطلاب؛ حيث يكون للإدارة المدرسية الحرية في تعيين جزء من المدرسين وقتا كاملا وجزء آخر بعض الوقت، وذلك بالنسبة للمواد التي يكون بها عجز، كما يرتبط الأجر دائما بالأداء، وهو ما يعرف بالأجر التمركز حول الأداء "Performance-based-budgeting" مما يساعد على تحسين أداء المعلمين؛ حيث تقوم الإدارة المدرسية بوضع معايير للأداء، ويسعى الجميع للالتزام بها، مما ينتج عنه ليس فقط تحسين مستوى أداء العمل للمعلمين، ولكن مستوى الأداء المدرسي ككل[٢].

و يقع على الإدارة المدرسية مع بعض أعضاء المجتمع المدرسي مسئولية ما يلي:

* تحديد معايير واضحة لتعلم الطلاب.
* توضيح الإستراتيجية التعليمية لجميع الطلاب وكيفية مقابلة هذه المعايير.
* تحديد الموارد والسياسات والممارسات التي تحقق هذه الإستراتيجية[٣].
* تحديد أبعاد الأداء، والمشتمل على مدى إنجاز الطالب، معدل الدرجات، معدل الرسوب، اتجاهاتهم..... إلخ.
* تعقب النتائج.

(1) **Catherine Clark**, Exploring Alternative For School-Based-Funding, (Texas: Texas Center For Educational Research, 1998), P.113. (Http://Ww.Neces.Ed.Gov/Pubs 98/Clark.Pdf).
(2) **Debra Viadero**, "School-Based-Budgeting Linked To Test-Score Gains", Education Week, Vol. 21, Issue 43, 2002, P. 12.
(3) **Dorothy Siegel**, Performance-Driven Budgeting, (New York: ERIC Clearing Houce On Educational Management, 2003). Pp 1-4.

* وضع هيكل للمكافآت؛ بحيث يختلف باختلاف ما تحقق من الأداء المطلوب[١].

وبتحليل ما سبق نجد أن ربط الأجر بالأداء يعد أحد الأساليب الفعالة للـ "SBB" التي تساعد نحو تحقيق مستويات الأداء المرغوب فيها وتحقيق النتائج المرجوة؛ حيث يسعى المعلمون وجميع العاملين نحو تحقيقه والوصول إلى المعايير الموضوعة في ظل نظام يتسم بالشفافية والوضوح في تحديد المعايير المرجوة والمكافآت الممنوحة.

إن ربط الأجر بالأداء يستتبعه تغيير هيكل المكافآت لتحقيق التحسين المستمر في مستوى إنجاز الطالب، حيث يتم ربط المكافآت بالنتائج المحققة، ومدى تحقيق المعايير الموضوعة، على أن تكون هناك شفافية وعلانية بالنسبة للمعلومات المتعلقة بهذه المكافآت بحيث يمكن الحصول عليها حتى تكون الفرص متاحة أمام الجميع[٢]، وبذلك نرى أن الميزانية المتمركزة حول المدرسة تسعى إلى تخفيض هيكل التكاليف والاستخدام الأمثل للموارد المتاحة من جانب، ومن جانب آخر تحقق مستوى الأداء المرغوب فيه للطلاب.

إن "SBB" تضع الطالب دائما في المرحلة الأولى، حيث تقوم الإدارة التعليمية بالتعاون مع إدارة المدرسة فيما يلي[٣]:

- وضع معايير لأداء الطالب.
- صنع القرارات على المستوى المدرسي.
- تدعيم برامج التنمية المهنية للعاملين داخل المدرسة.
- إقامة نظام محاسبي صارم على النتائج، هذا النظام يكون من خلال خطة محاسبية مدرسية للعاملين داخل المدرسة تضع معدل نتائج سنوي للمدرسة يتحقق من خلاله أداء الطالب، بالإضافة إلى أن هذا النظام يتيح علاوات للمعلمين وفريق العمل المدرسي الذي حقق أعلى أداء للمدرسة، كما أنه يدعم الأفراد ذوي مستوى الأداء المنخفض، وبهذه الطريقة فإن المدرسة تسعى إلى تحسين أداء جميع العاملين.

---

(1) **Lawrence O. Picus And Allan R. Odden**, School Finance: A Policy Perspective, (San Francisco: Mecraw Hill, 2000), P. 414.
(2) **National Association Of Sate Board Of Education**, "School-Based Financing", Policy Update, Vol. 11, No. 7, 2002, P.2.
(3) **Kathleen Ware And Others**, "Creating Funding Equity Through Student-Based Budgeting", Phi Delta Kappan, Vol. 85, No.2, Oct. 2003, P. 20.

وبجانب مشاركة الإدارة التعليمية وتعاونها مع المدرسة فإن الإدارة المركزية للتعليم بالوزارة تغير سياستها وممارستها من خلال ما يلي(١):

- تحويل مسئولية التخطيط التعليمي والقرارات المالية إلى المدرسة.
- تكوين فريق تخطيط مدرسي يكون هو أساس صنع القرارات.
- وضع إطار وأدوات من أجل تخطيط تعليمي متمركز حول المدرسة.
- تنمية قدرات الإدارة المدرسية نحو صنع نظام عمل يقود الأداء.

وبتحليل ما سبق نجد أن الاستقلالية المالية تمكن الإدارة المدرسية المبدعة من إعادة توزيع بنود الميزانية لربط الأجر والمكافآت بالأداء، مما يساعد على تحقيق التحسين المستمر في الأداء المدرسي والوصول إلى المعايير الموضوعة، بالإضافة إلى أنها تتيح لهم الفرصة لتوفير البنود المالية من أجل إعداد الأنشطة وبرامج التنمية المهنية، كما أن نقل سلطة صنع القرارات على المستوى المدرسي يمكن الإدارة المدرسية من الاستفادة من شراكة الجامعات ومنظمات المجتمع في تحقيق التنمية المهنية اللازمة للعاملين سواء في النواحي المالية، من أجل الإعداد الجيد للميزانية، أو في النواحي المهنية لتحقيق مستوى الأداء المرغوب فيه، وبذلك نرى أن الميزانية المتمركزة حول المدرسة تزيد من الفاعلية التنظيمية والإنتاجية للمدرسة كما أنها تتيح تعاون الإدارة التعليمية والوزارة مع المدرسة لتحقيق الرؤية الموضوعة.

ج-نظم العمل والتقنية اللازمة لأداء الأعمال داخل المدرسة:

تسعى الإدارة المدرسية المبتكرة في الكثير من المدارس إلى تنمية العمل بداخلها من خلال فرق صغيرة توجه نحو تحقيق الأهداف الإستراتيجية الموضوعة، هذه الفرق والتي يطلق عليها الفرق الموجهة ذاتيا self Directed Teams- والتي قد تطلق عليها بعض الأدبيات الفرق المدارة ذاتيا -Self Management teams، أو جماعات العمل المستقلة ذاتيا autonomous work groups ، أو فرق الأداء المرتفع High performance teams – وهي فرق تقوم بما يلي:

- وضع مهام مستقبلية متكاملة.
- الاشتراك في صنع القرارات.

(1) **Dorothy Siegel**, Op.Cit, P.3.

- التنمية الذاتية لأعضائها(١).
- حل المشكلات المرتبطة بالعمل.
- تصميم الكيفية التي يتم بها أداء الأعمال ووضع جدول زمني بها.
- استخدام التكنولوجيا الحديثة لإنجاز العمل بجودة عالية (٢).

ويكون لهذه الفرق قائد يتمتع بدرجة عالية من التحكم، كما تتمتع هذه الفرق بدرجة كبيرة من الاستقلالية، بالإضافة إلى المحاسبية الشديدة على النتائج التي تتوصل لها، وتتفاعل هذه الفرق بصفة مستمرة مع العملاء المنافسين خارج المنظمة؛ حيث إن لديهم سلطة خارجية تمكنهم من الحصول على المعلومات الإستراتيجية التي تساعدهم على وضع رؤية مستقبلية للمنظمة وتنظيم وتحديد المهام والأعمال التي يقوم بها الفريق على ضوء هذه الرؤية (٣)، ويساعدها على ذلك مشاركة جميع الأطراف المعنية والطلاب - المعلمين - أعضاء من المجتمع الخارجي ورجال الأعمال، حيث تسعى هذه الفرق لتهيئة المناخ الملائم والمحفز للمشاركة (٤).

وبتحليل ما سبق نجد أن فرق العمل الموجه ذاتيا تستطيع أن تحقق الأهداف المرجوة حيث تتاح لدى أعضائها الفرصة لتبادل الآراء والمقترحات وتبني ممارسات تدريس وتعلم جديدة تقود المدرسة نحو المستقبل المنشود، كما تتيح للأفراد التعاون والتبادل، مما يحثهم على إطلاق القدرات الابتكارية والإبداعية لديهم؛ حيث إن أفضل الإبداعات لا تنطلق في الغالب من الشخص بمفرده ولكن تكون من خلال مشاركة الآخرين.

ويتطلب إنجاز الأعمال داخل هذه الفرق استخدام تكنولوجيا الكمبيوتر والتي تمكن الإدارة المدرسية من إعداد المكاتبات والقرارات، الاتصال بين الإدارات والوزارة، اتخاذ القرارات وعرضها ونشرها بسرعة، بالإضافة إلى سرعة عقد الاجتماعات ووضع الجداول المدرسية والتدريب عليها وغيرها من الأعمال، والتي يتطلب سرعة إنجازها استخدام التكنولوجيا الحديثة (٥).

---

(1) **Gary Desslerm** Human Resource Management, (Florida: Prentice Hall International, Inc., 2000), P. 304.

(2) **Susan Albers**, Self -Managing Teams, (Ed) Cary L.Cooper & Chris Argyris, The Concise Blackwell Encyclopedia Of Management , Op.Cit, P. 593.

(3) **Greg L. Stewart And Others**, Teamwork And Group Dynamics, (Singapore: John Wiley & Sons, Inc., 1999), Pp. 34-36.

(4) **Bob Jeffrey And Peter Woods**, The Creative School, (London: Routledge Flamer, 2003), Pp. 126-127.

(٥) **الغريب زاهر إسماعيل**، تكنولوجيا المعلومات وتحديث التعليم، (القاهرة: عالم الكتب،٢٠٠١)، ص ٣٢٢.

وبجانب استخدام الإدارة المدرسية للكمبيوتر لإنجاز أعمالها فإنها تقوم بتحفيز المعلمين والطلاب على استخدامه خاصة ونحن بصدد ثورة تكنولوجية تتطلب استخدام الكمبيوتر في شتى المجالات، ليس فقط لإنجاز العمل ولكن لاكتساب المعرفة المستمرة في ظل مجتمع يركز بالدرجة الأولى على عمالة المعرفة، لذلك فان محو أمية الكمبيوتر Computer Literacy يعد أحد المحددات الأساسية التي تسعى القيادة المدرسية المبدعة داخل المدرسة لتحقيقه من إنجاز الأعمال بكفاءة عالية، حيث إن التنور الكمبيوتري يتمثل في امتلاك مهارات الفهم الأساسية للكمبيوتر، وكيف يمكن استخدامه كمورد، وفهم البرامج الخاصة به، Software ومكوناته الأساسية Hardware ، وأخلاقيات استخدامه.

إن امتلاك المعلمين لمهارات استخدام تكنولوجيا الكمبيوتر، تمكنهم من تبني أساليب وطرق جديدة في التدريس، وهو ما تزايد الطلب عليه خلال العقدين الأخيرين من أولياء الأمور ورجال الأعمال والمجتمع، ويتطلب ذلك الإعداد والتدريب الجيد للمعلمين، حيث إن هناك مواقع على شبكة الإنترنت تعزز تبادل المعرفة التكنولوجية بين المعلمين عن أهمية استخدام الكمبيوتر وكيفية استخدامه داخل الفصل، ومن هذه المواقع www.21ct.org، بالإضافة إلى دورات تؤخذ عبر "online" من خلال الموقع الآتي: www.nekesc.org /Kids/21 tea. Html والتي توضح أهمية التكنولوجيا وكيفية استخدامها لإعداد معلم القرن الواحد والعشرين(١).

ويتضح مما سبق أهمية امتلاك المعلمين للكفايات التكنولوجية للتفاعل مع الكمبيوتر وبرمجياته المختلفة، وتلعب القيادة المدرسية المتميزة دورا مهما في تحفيز المعلمين على استخدام الكمبيوتر داخل الفصل، حيث إن المدير المتفهم لأهمية الكمبيوتر في التعلم يمثل دعما إضافيا لتحفيز المعلمين على استخدامه.

وبالإضافة إلى أهمية امتلاك المعلمين لكفايات استخدام تكنولوجيا الكمبيوتر، فإن امتلاك الطالب لهذه الكفايات يجعله قادرا على مواجهة تحديات سوق العمل، حيث إن هذه الكفايات تساعده على ما يلي(٢):

---

(1) **Cathy Areu Jones**, "When Teacher's Computer Literacy Doesn't Go For Enough", Education Digest, Vol. 67, Issue 2, Oct. 2001, P. 57.

(2) **Joseph M. Mccade**, "Technology Education And Computer Literacy", Technology Teacher, Vol. 61, Issue 2, Oct. 2001, P.9.

- تدعيم التعلم مدى الحياة.
- تمكين الطلاب من التفاعل مع نظرائهم والخبراء.
- جمع المعلومات التي يحتاجونها من مصادر مختلفة.
- تعزز التعلم وتنمية الإبداع.
- حل المشكلات واتخاذ القرارات الرشيدة.

ونظرا لهذه الأهمية فقد قدم السوق الأوروبي رخصة دولية للكمبيوتر "ICDL" " International Computer Driving License" هذه الرخصة تم الموافقة عليها من قبل العديد من الوكالات الدولية والمؤسسات التعليمية والصناعية، حيث تم منح هذه الشهادة منذ عام ١٩٩٧ في ٥٠ دولة، ويتطلب الحصول عليها اجتياز الفرد (معلم/طالب) برنامج تدريبي تم وضعه بناء على المعايير العالمية لمحو الأمية الكمبيوترية، حيث تقوم هذه الرخصة الطالب للعالمية، وتمكن المعلم من الوصول إلى المعايير العالمية لمهارات تكنولوجيا المعلومات(١).

وبذلك نجد أن هذه الرخصة تجعل الأفراد (معلم/طالب) على دراية كافية بالكمبيوتر واستخدام الإنترنت، مما يساعدهم على التنافس في مجال الأعمال اليوم واندماجهم فيه، ولا يعد التنور الكمبيوتري مهم بالنسبة للمعلمين والطلاب فقط، ولكن كذلك بالنسبة لأولياء الأمور، وخاصة أنهم يلعبون دورا مهما في نجاح العملية التعليمية، لذلك فإن على الإدارة المدرسية إدراك ذلك وإعداد دورات تدريبية لهم، كما حدث في مدرسة "Trujillo" بولاية شيكاغو حيث أعدت الإدارة المدرسية بالمدرسة جدولا لتدريب أولياء الأمور على كيفية استخدام الكمبيوتر لمدة ستة أسابيع بواقع ٣ ساعات أسبوعيا، حيث إن امتلاك أولياء الأمور لهذه المهارات تجعلهم على اتصال دائم بالمدرسة وتقديم آرائهم ومقترحاتهم بصفة دائمة عبر شبكة الإنترنت، وتدعيم استخدام المعلمين الكمبيوتر داخل الفصل، والتعرف على النتائج التي حققتها المدرسة والمشاركة في تقييم هذه النتائج، وبذلك نجد أن الكمبيوتر يعد بمثابة الجسر بين المدرسة وأولياء الأمور والمجتمع(٢).

(1) **Nancy Csapo**, "Certification Of Computer Literacy ",T.H.E Journal , Vol. 30, Issue 1, Aug 2002, Pp. 46, 2.

(2) **Chem Jie OL**., "Using Computer Technology To Bridge School And Community", Phi Delta Kappan, Vol. 85, Issue 3, Nov. 2003, Pp. 230, 232.

ونجد مما سبق أن التنور الكمبيوتري يعد من المهام الأساسية التي تسعى القيادة المدرسية المبدعة لتحقيقها داخل بيئة العمل لاقتناعها التام بأهمية التكنولوجيا في إحراز التقدم للقوى البشرية الموجودة داخل المدرسة، ومن هنا كان على الإدارة المدرسية تحفيز المعلمين والطلاب؛ بل وكذلك أولياء الأمور على امتلاك هذه التكنولوجيا، هذا بالإضافة إلى أن هذه التكنولوجيا يمكن من خلالها إنجاح بعض الإستراتيجيات مثل إستراتيجية التعلم الإلكتروني والخبير الإلكتروني.

ويتضح من **المحور السابق المتعلق بالعناصر المادية** مدى احتياج التخطيط الإستراتيجي للمدرسة لهذه العناصر، وأن توافر هذه العناصر يتوقف على الإدارة المدرسية المتوافرة بداخلها، ومدى اقتناعها بأهميتها سواء فيما يتعلق بنظم الاتصال التكنولوجية أو نظم المعلومات المختلفة ومدى قدرتها على إحداث التميز للمدرسة وإمدادها بالمعرفة والمعلومات المتجددة، وكذلك نظم وتقنية العمل وأهمية التكنولوجيا الحديثة في النهوض بالعملية التعليمية، وكذلك الاستقلالية المالية ومدى دورها في رفع أداء جميع العاملين، حيث إن ما سبق لا يمكن تحقيقه بالإدارة المدرسية التقليدية ولكنه يحتاج إلى إدارة متميزة لديها القدرة على الخروج عن التقليدية والمألوف لتوفير وتطبيق هذه العناصر بنجاح.

ثالثا: العناصر المعنوية:

تلعب القيادة الإبداعية دورا بارزا في توفير بيئة إبداعية Creativity Society، فهي تعد أحد المتطلبات الأساسية لإنجاح التخطيط الإستراتيجي للمدرسة، حيث يكمن الهدف الأساسي من هذه البيئة في تهيئة الأفراد وتحفيزهم لإطلاق وتفجير القدرات والطاقات الإبداعية لديهم، ويتوقف نجاح هذه البيئة على قيام الإدارة المدرسية المبدعة بتوافر العديد من المحددات والتي منها ما يلي:

١- المناخ المدرسي الداعم للإبداع:

يواجه القادة التعليمية الكثير من العوائق والتحديات التي تواجه المدرسة والتي منها الخلفيات الثقافية المختلفة للطلاب، انخفاض الموارد المتاحة، ارتفاع تكلفة العمليات، وأهمية السرعة في تحقيق الإنجاز طالما تقدم خبرة تعليمية جيدة، لذلك فإن جودة البيئة الداخلية تعد عنصرا مهما وتعتمد هذه الجودة على المناخ التنظيمي الموجود بها، حيث يرى البعض أن المناخ هو ذلك الذي يركز على علاقات وتفاعلات الموجودين

داخل وخارج المدرسة، من خلال إطار العمل الحالي الموجود بها، وان توافر مثل هذا المناخ الملائم يمكن من تحديد الوضع الذي عليه المدرسة، وما يجب أن تكون عليه، حيث إنه يمثل المدخل المدرسي لحل المشكلات، الثقة، الطموحات، والاتجاهات، وتوليد الأفكار الجيدة والجديدة(١).

وحيث إن المناخ المدرسي يؤثر على تفاعلات وعلاقات المعلمين بالإدارة، وبعضهم البعض وبالطلاب، ومدى مشاركة المجتمع وأولياء الأمور فإنه يعد أحد المحددات المهمة لتحقيق عملية التخطيط الإستراتيجي للمدرسة.

فالمناخ المدرسي الجيد يتيح لطلاب المرحلة الفرصة للإدلاء بمقترحاتهم وآرائهم، والتعبير عن مشاعرهم واتجاهاتهم الإيجابية والسلبية اتجاه البيئة المحيطة والمدرسة، والتي تمكن المعلمين من الحد من هذه المشاعر السلبية؛ حيث إن هدف المدرسة ليس فقط الوصول بالطالب إلى المعايير الأكاديمية المطلوبة، ولكن أيضا إعادة الثقة والاحترام إلى المدرسة، لبناء مواطن قادر على التعامل مع المجتمع بفاعلية وتحمل المسئولية، ويكون أكثر انسجاما مع مجتمعه(٢).

ويتضح مما سبق أن المناخ المدرسي الجيد والمفتوح يتيح للمعلمين وللطلاب تنمية مهاراتهم وإكسابهم القدرة على الاشتراك في حل المشكلات المدرسية والتخطيط، والذي يولد لديهم إحساسا قويا بالارتباط بالمدرسة، ويشعر طالب هذه المرحلة أنه عضو فاعل يمكن أن يأخذ بمقترحاته وآرائه.

ويساعد المناخ كذلك على إمداد المعلمين بفرص التنمية المستمرة، ذلك لأن شعور المعلمين بالأمان وتحقيق الأمن لطلابهم يحفزهم على تجريب طرق تدريس جديدة، كما أنها تتيح الفرصة لبعضهم بعقد دورات للآخرين لتبادل المعلومات والمعرفة(٣)، ولا تقتصر البيئة الجيدة على علاقة المعلمين بعضهم البعض وطلابهم فقط؛ ولكن تشمل أيضا علاقتهم بمدير المدرسة؛ والذي يتيح للمعلمين المزيد من الاستقلالية التي تمكنهم من تبني ممارسات جديدة دون خوف من الفشل، والنظر إلى الفشل على أنه فرص للتعلم(٤).

---

(1)**Timoty J. Rafferty**, "School Climate And Teacher Attitudes Toward Upward Communication In Secondary School", American Secondary Education, Vol. 31, No.2, Spring 2003, Pp. 51-51.

(2) **Eurgene B. Edgar And Others**, Op.Cit, P. 231.

(3) **Marsha Owens**, "School Climate: The Missing Piece Of The School Safety Puzzle", Inside School Safety, Vol.4, No. 11, March 2000, Pp. 11-12.

(3) **Bob Farrace**, Op.Cit, P.4.

ويرتبط المناخ التنظيمي بالصحة التنظيمية Organizational Health، حيث ترتبط الصحة التنظيمية بالمناخ الصحي الذي يركز على التنمية المستمرة والتوسع في قدرات الموجودين (المعلم/الإدارة/الطلاب) وعلاقاتهم المتداخلة الإيجابية بالإضافة إلى عمل علاقات طيبة مع المجتمع وأولياء الأمور (١). هذه العلاقات تتمثل في مشاركة المجتمع وأولياء الأمور في تدعيم البرامج الموضوعة والسياسات والإجراءات، هذه المشاركة تلعب دورا مهما في تكوين مجتمع إيجابي لنجاح الطلاب وتحقيق معدل اتجاهات إيجابية عالية، وتقليل الاتجاهات السلبية، حيث إن المدرسة في سعيها لتحقيق ذلك، فإنها لا تحقق فقط رضا أولياء الأمور والمجتمع عن المدرسة، ولكن تحقق كذلك مزيدا من الفهم لما يدور داخل المدرسة (٢).

وبتحليل ما سبق نجد أن المناخ المدرسي الجيد، هو ذلك المناخ الصحي الذي يتيح الفرصة للمشاركة الجادة للمجتمع وأولياء الأمور في العملية التعليمية، بالإضافة إلى أنه يهيئ تفجير الطاقات الإبداعية عند الأفراد، مما ينعكس في النهاية على تكوين طالب قادر على التفاعل مع التحديات الحالية والمستقبلية.

٢-تمكين العاملين: Empowerment workpeople

إن سعي الإدارة المدرسية لتحقيق الخطة الإستراتيجية الموضوعة والتي تتطلب تبني إستراتيجيات تعلم متميزة ومختلقة لتحقيق المخرجات المرجوة وتتطلب تمكين المعلمين وجميع الأطراف المعنية للمشاركة في تحقيق هذه الرؤية، فتمكين العاملين هو الصيحة التي ترددت مؤخرا بعد تحول الاهتمام من منظمة التحكم والأوامر إلى ما يسمى بالمنظمة الممكنة وما استتبعه من التوجه نحو التنظيم المفلطح قليل المستويات (٣).

حيث يعبر التمكين عن حصول الفرد على السلطة اللازمة للقيام بالمهام المكلف بها مع تحمله مسئولياتها بشكل كامل (٤)، حيث يعطي التمكين للمعلمين الشعور بالاستقلالية وقوة داخلية تساعدهم على اتخاذ القرارات المستمرة التي يحتاجونها خلال

---

(1) **Wayne K. Hoy**, "The Development Of The Organizational Climate For High School", High School Journal, Vol. 86, Issue 2, Dec 2002/Jan 2003, P.13.

(2) **Reece L. Peterson**, "Creating School Climates That Prevent School Violence", Preventing School Failure, Vol. 44, Issue 3, spring 2000, P.12.

(٣) **عطية حسين الأفندي**، تمكين العاملين: مدخل للتحسين والتطوير المستمر، (القاهرة: المنظمة العربية للتنمية الإدارية،٢٠٠٣)، ص ص ٩-١٠.

(4) **David A. Statt** , The Concise Dictionary Of Business Management ,(New York:Rout Ledge,1999),P.40.

اليوم الدراسي، والتي تكون مرتبطة بإدارة الفصل، تطوير المنهج، أساسيات مرتبطة بالموارد المتاحة، التقييم المستمر لاحتياجات الطلاب وقدراتهم واهتماماتهم وغيرها من القرارات التي تنصب حول احتياجات الطلاب(١).

ومما سبق يتضح أن تمكين المعلمين أدى إلى اتساع دورهم في اتخاذ وصنع القرارات المتعلقة بالأهداف المدرسية وسياستها، بالإضافة إلى جعلهم أكثر رضا واستقلالية في حياتهم المهنية مما يحفزهم على تبني ممارسات جديدة، وإطلاق الطاقات والقدرات الإبداعية والابتكارية لديهم، والتي يكون لها مردود إيجابي على الطلاب.

وتلعب الإدارة المدرسية دورا مهما في تنمية بيئة التمكين الإيجابية من خلال ما يلي:

- التشجيع والتعاون الإيجابي للمشاركة في اتخاذ القرارات ووضع الأهداف التنظيمية؛ حيث إن العاملين يكونون على درجة من المعرفة تساهم بشكل مباشر في التوصل إلى حلول ابتكارية تمكن الإدارة من حل الكثير من المشكلات.
- خلق مناخ متفتح يساعد على تدفق المعلومات بسهولة ويسر(٢).
- حث المعلمين على المشاركة في تحمل المسئولية.
- تحفيز المعلمين على إنجاز أعمالهم بثقة، وذلك من خلال تنمية علاقات العمل الإيجابية، تنمية العمل في فرق، اتخاذ القرارات الجماعية، والتي تساعد على التجديد مكان العمل(٣).

بذلك يتضح لنا أن الإدارة المدرسية تلعب دورا مهما في تهيئة البيئة الإيجابية للتمكين والتي تحث المعلمين على تغيير الممارسات القديمة وتبني أفكار جديدة تجعلهم أكثر رضا في عملهم، وأكثر شعورا بالمسئولية، وقدرة على تحقيق النتائج المستقبلية المرجوة.

ويعود التمكين على المعلمين بالعديد من الفوائد؛ حيث إنه يشجعهم على ما يلي:

- تبني أفكار جديدة في التدريس.
- تحدي معوقات التعلم.

---

(1) **Dora W.Chen**, "Exploring The Precursors To Teacher Empowerment: Evolving Thoughts", Th Delta-Kappagamma- Bulletin, Vol. 69, No.1, Fall 2002, PP 5-6.

(2) **Jane Smith**, Empowering People, (London: Kogan Page, 2000), Pp. 40-41).

(3) **Joan Davis & Sandra M. Wilson**, "Principal's Efforts To Empower Teacher: Effects On Teacher Motivation And Job Satisfaction And Stress", The Clearing House, Vol. 73, No6, July/Aug 2000, P.349.

- الاستقلالية في الاتصال لإتمام وإنجاز أعمالهم.
- تحسين طرق التدريس [(١)].
- اتخاذ وصنع القرارات المهنية الفعالة التي تمكنهم من الترقي والتقدم.
- مساعدة التلاميذ على الوصول إلى مستويات عالية من التعليم.
- المشاركة الفعالة في خطط التنمية الذاتية [(٢)].

وبتحليل ما سبق نجد أن تمكين الإدارة المدرسية للمعلمين والطلاب سوف يمنحهم المزيد من الاستقلالية التي تتيح لهم تطبيق العديد من الممارسات دون خوف من الفشل؛ حيث إنهم ينظرون للفشل على أنه فرصة يمكن من خلالها تحقيق النجاح والاستفادة منه مما يقلل من المخرجات السلبية ويشعر الجميع بأهمية التعاون والمشاركة لتحقيق الرؤية الموضوعة.

٣-التحفيز Motivation

يعد التحفيز أحد المحددات الفعالة التي تحث العاملين داخل المدرسة على تبني ممارسات جديدة غير تقليدية يكون لها مردود إيجابي على العملية التعليمية، حيث إن القائد المبدع المتفهم تماما لمفهوم العلاقات الإنسانية داخل منظمة هو الذي يستطيع تفهم أهمية التحفيز؛ لتحقيق التزام العاملين، لذلك فإنه يركز على الالتزام وروح الفريق والتأثير والفهم والاحترام الذاتي المتبادل كعناصر أساسية للتحفيز[(٣)].

وبجانب العناصر السابقة فإن الاستقلالية تعد من أكثر العناصر التي تقود إلى الإبداع والتحفيز الداخلي، ذلك لأن استخدام أساليب وأفكار جديدة في العمل ليس بالشيء السهل، لذلك ينبغي على الإدارة تجنب العقاب على الفشل؛ حيث يحتاج الشخص المبدع إلى نقد منهجي وليس عقاب[(٤)].

- وبجانب عناصر التحفيز المعنوية السالف ذكرها، فإن الكثير من الباحثين يرون أن عناصر التحفيز المادية تلعب دورا في رفع أداء العاملين في المدرسة، ومن هذه العناصر:

---

(1) **Tony L. Talbert** , "Come To The Edge: Embracing Teacher Empowerment For The 21 St Century" ,Action In Teacher Education ,Vol.25, No.2,Summer 2003, P.51.

(2) **Christopher Robert And Others** , "Empowerment And Continuous Improvement" ,Journal Of Applied Psychology, Vol.85,No.5,2000,P.645.

(٣) **سيد الهواري**، المدير الفعال للقرن الـ ٢١: الفعالية الشخصية والفعالية الإدارية، (القاهرة: دار الجيل للطباعة، ٢٠٠٠)، ص ٢٦.

(4) **Gary Johns and M.Saks Alan**, Organizational Behavior, (Toronto: Harpercollins Inc., 2001), P. 549.

- المكافآت Rewards: والتي تساعد على إطلاق الأفكار الإبداعية لدى العاملين مع مراعاة عنصر الوقت لدفعهم نحو الاجتهاد في العمل، لذلك فإن على الإدارة المدرسية تشجيع الأداء المتمركز حول الحوافز والذي يجعل جميع العاملين والمعلمين يسعون باستمرار نحو تبني ممارسات مبتكرة تساعد على التحسين المستمر في مستوى إنجازهم وبالتالي يكون لها مردود إيجابي على تحسين مستوى الطلاب بصفة خاصة وتحسين مستوى الأداء المدرسي لمقابلة الأهداف المعنية بصفة عامة[١].

- الزيادات الثابتة في المرتب: والتي تكون مرتبطة بأداء العامل والتي تعرف بأجر الجدارة " Merit Pay As Incentive " والذي يقصد به الزيادات التي يحصل عليها الفرد في المرتب بصفة مستمرة بسبب ارتفاع مستوى أدائه، حيث تكون هذه الزيادات ذات صلة مباشرة بأدائه وتؤدي إلى التحسين المستمر فيه[٢].

وبتحليل ما سبق نجد أن التحفيز يعد أحد الدوافع الأساسية التي تقود المعلمين نحو صنع الاختلاف والتميز وتبني إستراتيجيات تعلم جديدة تساعد على إكسابهم المعرفة المهنية المرجوة، وتمكنهم من الوصول إلى المستوى الأكاديمي المرغوب فيه، ويتوقف ذلك على مدى وجود قيادة مدرسية واعية قادرة على وضع هيكل تحفيزي متمركز حول الأداء يؤدي إلى تحفيز المعلمين وجميع العاملين على جودة الأداء مما يساعد على تحسين مستوى الأداء المدرسي.

٤-إعداد الهياكل المرنة: Flexible Structures

إن قيام الإدارة المدرسية بتوفير هياكل لجداول مدرسية مرنة، فإنها بذلك تتيح الفرصة والوقت لممارسة الأنشطة التعليمية المختلفة التي تمد الطلاب والمعلمين بخبرة تعليمية متكاملة، حيث إن الجداول المرنة تساعد على تحسين إنجاز الطالب، وانخفاض معدل الغياب والسماح للطلاب بمزيد من الخبرة في المنهج المعنى، بالإضافة إلى أن الجدول يمكن أن ينظم لإتاحة الفرصة لمزيد من الدورات المتقدمة للطلاب، والتعلم على

(1) **Anthony Milanowsk**, "School-Based Performance Award Programs And Teacher Motivation", Education Finance, Vol. 25, No. 4. Spring 2004, P 517.

(٢) **جاري ديسلر**، ترجمة محمد سيد أحمد عبد المتعال وعبد المحسن عبد المحسن جوده، إدارة الموارد البشرية، (الرياض: دار المريخ،٢٠٠٣)، ص ٤٣٦ .

الكمبيوتر والالتحاق بدورات متقدمة، وإمداد الطلاب بفرص التعلم المرتبطة بالعمل في مناطق العمل المختلفة[1].

وعموما فإن مرونة الهياكل المدرسية تمد الطلاب بفرص التعلم المتمركزة حول المجتمع وذلك من خلال ما يلي[1]:

- وضع هياكل صباحية ومسائية: في الصباح تكون الفصول التعليمية، وفي المساء تكون هياكل العمل والتعلم المتمركزة حول المجتمع والتنمية المهنية، وممارسة الأنشطة، وتكامل خطط الفريق.

- تنمية فرص التعلم المتفرد بالمصروفات: مثل التعلم المتمركز حول السفر، والتعلم من خلال الآخرين والتعلم عن بعد.

- تنمية التعاون بين المدارس وخاصة المدارس الثانوية والمدارس الثانوية الصناعية من خلال الزيارات وشبكة الإنترنت وكذلك التعلم عن بعد.

ويتضح مما سبق أن الجداول المرنة تتيح للطلاب فرص التعلم المتمركز حول المجتمع، كما أنها تتيح تطبيق بعض الطرق، مثل التعلم الخدمي والتي تحتاج أن يكون هناك تفرغ في الجدول المدرسي يتيح للطلاب من ممارسة بعض المهن، كما أن هذه المرونة تدعم إستراتيجية التعلم البحثي من خلال إتاحة الفرصة والوقت للطلاب للاتصال بمصادر المعرفة المختلفة، مما يدعم الجانب المعرفي ويرتقي بالمستوى الأكاديمي لدى الطلاب، كما أن هذه الجداول يمكن أن تجني من خلالها المدرسة المزيد من الموارد المالية من خلال التعلم المتفرد بالمصروفات، وهو ما سوف يزيد من البنود المالية التي يمكن أن توجه نحو المزيد من عمليات التجديد والتغيير داخل المدرسة.

ولا تساعد المرونة في الجداول المدرسية على تنمية الطلاب فقط ، ولكن تمد كذلك المعلمين بفرص للتنمية المهنية، وذلك من خلال إتاحة ساعة في الجدول المدرسي للمعلمين لتبادل الآراء والمقترحات الجديدة في التدريس وتجريبها في الفصول، بالإضافة إلى إمداد المعلمين بفرص التنمية المهنية من خلال تبادل المعلومات المهنية ووضعها في

---

(1) **U.S Department Of Education**, Changing the School Schedule, Op. Cit, P.60. (http://www. shcoolrenewal.ogr/strategies 1-4x4-ab.html).

(2) **New England Association Of School And Colleges**, High School On The Move, Op.Cit, P.12 (http:/.www.state.vt. us/ede/new/pdfdoc/pus/hsom/hsom_02- pdf).

صندوق الرسائل الإلكترونية E-Mail Box للمدرسة لتكون مرجعا لهم للملاحظات(١).

وبتحليل ما سبق نجد أن إعداد الإدارة المدرسية لجداول مرنة يكون له مردود إيجابي على المعلمين؛ حيث إنها تتيح لهم تبادل المعرفة كما أنها تمكنهم من تطبيق بعض الإستراتيجيات، مثل إستراتيجية التعلم التنظيمي، وتتيح لهم كذلك إتقان مهارات الحاسب الآلي لتبادل المعلومات والتدريب والتعلم المستمر، مما يساعد على تحسين الأداء المهني لهم، كما تتيح كذلك للطلاب فرص التعليم المستمر التي تساعدهم على تحسين مستواهم الأكاديمي، وبذلك تسهم هذه الجداول بشكل مباشر في تحقيق المجتمع المعرفي الذي يسعى التخطيط الإستراتيجي نحو تحقيقه داخل المدرسة.

٥-اتخاذ القرارات المشتركة: Shard decision Taking

إن المشاركة في اتخاذ القرارات يساعد على تهيئة بيئة إبداعية للمدرسة، تشعر جميع أفراد المجتمع المدرسي بالمسئولية المشتركة عن إنجاح هذه البيئة، حيث إن الإدارة الناجحة تدرك تماما أن أجمل الأفكار الإبداعية تأتي عبر طرح الأفكار وعرضها على الآخرين وتشجيعهم على دراستها وتقديم احتياجات واقتراحات، أو تقديم بدائل بدون ضغط، هذه البدائل تكون أساسا للمشاركة في القرارات داخل المنظمة.

ويتم المشاركة في صنع واتخاذ القرارات داخل المدرسة من خلال لجان صنع القرارات المشتركة "Shared decision-making committees"، وهي لجان يشترك فيها أعضاء الإدارة المدرسية والمعلمون وأولياء الأمور وبعض أعضاء من المجتمع الخارجي، ويكمن عمل هذه اللجان في اتخاذ القرارات المشتركة من داخل تحسين مستوى إنجاز الطالب من خلال إتاحة الفرص أمام المشاركين لتبادل الأفكار وتقديم المقترحات(١).

ويرى الكثير من الكتاب أن سعي الإدارة المدرسية لمشاركة المعلمين والطلاب نحو اتخاذ القرارات المشتركة سوف يساعد على ما يلي:

- تفهم المدرسين والطلاب للقرار وقبوله وإزالة مخاوفهم منه.
- التزامهم بالقرار وحماسهم لتنفيذه.

---

(1) **Ulrich C. Reitzug And Leonard C. Burrello,** How Principal Can Build Self-Renewing Schools, Op.Cit, P.50.

(2) **Allan S. Vann,** "Shared Decision-Making Committees: Power Without Power", The Education Digest, Vol. 65, No.6, Feb. 2000, P. 6.

- إشباع حاجاتهم المتمثلة في الشعور بالاستقلال والذاتية والإنجاز والطمأنينة.
- زيادة الفهم المتبادل بين الجميع وزيادة من فرص التعاون لحل المشكلات(١).
- زيادة فعالية المدرسة.
- توفير بدائل عديدة وأنظمة ومقترحات مختلفة.
- تدعيم عامل الثقة والدافعية إلى العمل، كما تزيد من درجة الولاء والانتماء إلى المدرسة.
- زيادة رضا العاملين (٢).
- تزيد من ابتكار وإبداع العاملين في مكان العمل.
- تقبل التغيير في أساليب العمل.
- سهولة التوجيه - بل قد تقل درجته- لشعور العاملين بالمسئولية.
- تحسين كفاية العمل وزيادة معدلات جودته(٣).

ويتضح مما سبق أهمية سعي الإدارة المدرسية لاتخاذ القرارات المشتركة لما تعكسه من جو تعاوني يخلق روح المبادرة والابتكار والإبداع لدى العاملين داخل المدرسة ويدفعهم لتبني أساليب وطرق عمل مختلفة تحقق الرؤية الموضوعة، كما تتضح أهمية وجود لجان صنع القرارات المشتركة تنجح في جعل المدرسة بيئة مفتوحة على العالم الخارجي من خلال إشراك أعضاء المجتمع المدرسي في هذه اللجان وحرصهم على اتخاذ القرارات المتعلقة بتحقيق مستويات إنجاز أكاديمية ومهنية عالية للطلاب، باعتبار أن مخرجات هذه المرحلة تعتبر الخطوة الأولى في الحياة المهنية لهم ومدخلات في هيئات ومنظمات هذا المجتمع.

ويتضح من **محور البيئة الإبداعية** مدى أهمية محددات هذه البيئة ومدى الحمل الملقى على عاتق الإدارة المدرسية المبدعة في تهيئة هذه البيئة، والتي تساعد على تفجير الطاقات الابتكارية لدى قوى العمل داخل المدرسة، والتي تمكنهم من التخلي عن الممارسات القديمة وتبني ممارسات مبتكره تحقق الهدف المنشود من التخطيط الإستراتيجي.

---

(١) **هادي مشعان ربيع**، المدير المدرسي الناجح، (عمان: دار صفاء، ٢٠٠٦)، ص ٢٢٦.
(٢) **أحمد إبراهيم أحمد**، الإدارة المدرسية في مطلع القرن الحادي والعشرين، (القاهرة: دار الفكر العربي، ٢٠٠٣)، ص ١٥٥.
(3) **Paul Brost**, "Shared Decision For Better Schools", Principal Leadership, Vol.1,No.3,Nov.2000,Pp.58-63.

المحور الثالث
مرتكزات نظرية تدعم عملية التخطيط الإستراتيجي المدرسي

استخلاصا مما سبق يمكن الخروج بمجموعة من المرتكزات النظرية، والتي يمكن من خلالها تدعيم عملية التخطيط الإستراتيجي المدرسي، **وتتمثل هذه المرتكزات فيما يلي:**

١- تدريب أعضاء الإدارة المدرسية على العديد من الإستراتيجيات (العصف الذهني - حلقات الجودة - الاستعانة بالخبراء - مدخل الخيار الإستراتيجي- التدريب الإلكتروني - الظل) والتي تساعد على إطلاق القدرات الابتكارية والإبداعية لديهم، وإكسابهم مهارات التفكير الإبداعي والنقدي، والتي تمكنهم من صنع الاختلاف والتميز في مدارسهم.

٢- تحفيز الإدارة المدرسية المعلمين للاتجاه نحو تبني طرق وأساليب تعلم مختلفة ومتميزة، تصقلهم وتزودهم دائما بالخبرة والمعرفة المتجددة، وتمكنهم من التجديد المستمر في عملهم وطرق التدريس والتعلم من خلال ربط المكافآت بالأداء المتميز.

٣- تدعيم الإدارة المدرسية المعلمين والطلاب لتبني أساليب تعلم مبتكرة تنمي لديهم الجانب المعرفي والمهني والشخصي- من خلال الجداول المرنة وتأسيس بنية تحتية تدعم هذه الإستراتيجيات.

٤- تعاون الوزارة مع المدرسة لمزج التعلم الأكاديمي مع التعلم المهني من خلال تطبيق التعلم الخدمي والذي يجعل من المدرسة بيئة تعلم شيقة، وفي الوقت نفسه يقابل احتياجات وتوقعات وطموحات الطلاب، ومن جانب آخر يربط المدرسة بسوق العمل.

٥- توفير خبير تكنولوجي داخل المدارس يستطيع تأسيس نظام معلومات جيد داخل المدرسة - وما يتفرع منه من أنظمة فرعية (نظم القرارات الإدارية - نظم المعلومات الإستراتيجية - النظم الخبيرة - نظم القرارات الإدارية - نظم المعرفة) - يمكن الإدارة المدرسية من الحصول على كافة المعلومات التي تحتاجها لتطبيق الخطة الإستراتيجية الموضوعة، وفي الوقت نفسه يساعد على تنمية العاملين وتزويدهم بالمعرفة التي يحتاجونها.

٦- نقـل سلطة عمل الميزانيـة إلى المدرسـة ممـا يمكـن الإدارة المدرسـية مـن تحقيـق المزيـد مـن الوفورات المالية، وتساعدهم كذلك على ربط الأجر بالأداء لتحفيز الجميع على الوصول إلى معايير الأداء الموضوعة، ويؤدي في النهاية إلى تحسين الأداء الكلي للمدرسة.

٧- قيام الإدارة المدرسية بنشر ثقافة العمل التقني، والتأكيد على نظم العمل المرتبطة بفرق العمل المدارة ذاتيا، والتي يمكن من خلالها دفع المدرسة الثانوية نحو التقدم المنشود.

١١- تهيئة الإدارة المدرسية لبيئة عمل إبداعية تمكـن الجميـع مـن إطلاق قـدراتهم وطاقاتهم الإبداعية، وتمكنهم من الخروج عن التقليد في العمل وتحفزهم على التجريب دون خوف.

١٢- اشـتراك الإدارة التعليميـة والمديريات مـع المدرسـة لتفعيـل الشـراكة مـع المـدارس والتـي تساعدها على تهيئتها لتصبح أمـاكن تعاونيـة للتعلم – سـواء كانـت هـذه الشـراكات مـع الجامعات، أو رجال الأعمال ومنظمات المجتمع وأولياء الأمور.

*   *   *

الفصل الثاني
استكشاف واقع البيئة الداخلية

الفصل الثاني
استكشاف واقع البيئة الداخلية

مقدمة:

يعد استكشاف واقع البيئة الداخلية مـن أولى خطـوات التخطيط الإستراتيجي؛ حيـث إن هـذه الخطوة تتطلب استكشاف الواقع النظري مـن خـلال تحليـل الوثـائق والتقـارير الرسـمية والقـرارات الوزارية والأبحاث والدراسات السابقة المتاحة في هـذا المجـال؛ هـذا بالإضـافة إلى استكشـاف الواقع الميداني من خلال العديد من الطرق، والتي تتمثل في إجراء مقـابلات شخصية مع المعنيين بالعمليـة التعليمية، ويمكن كذلك تطبيق استبيان بهدف رسم صورة كاملة عن الوضـع الـراهن للبيئـة الداخليـة للمدرسة، ولذلك فإن هذا الفصل سوف يقدم نموذجا إجرائيا من خلال تحليـل البيئـة الداخليـة لأحـد المراحل التعليمية وهي المرحلة الثانوية بجمهورية مصر العربية؛ لتكـون تطبيقـا فعليـا لأولى خطـوات التخطيط الإستراتيجي يمكن أن يحتذي به فريق التخطيط الإستراتيجي في أي دولة عربية .

ومن هنا سوف يتناول هذا الفصل النقاط الآتية:

أولا : استكشاف الواقع النظري للبيئة الداخلية.

ثانيا: استكشاف الواقع الميداني للبيئة الداخلية.

ثالثا:نتائج واقع البيئة الداخلية.

رابعا: تحليل الفجوات.

أولا: استكشاف الواقع النظري للبيئة الداخلية:

تتمثل البيئة الداخلية في طاقات وإمكانيات المنظمة المادية والإنسانية والمعنوية، والتي تـؤثر إلى حد كبير في أهداف وإستراتيجيات المنظمة، ويساعد استكشاف هذه البيئة على الوقوف وتحليـل هـذه العناصر، والتي قد تمثل أوجه قوة، بالنسبة لها أو نقاط ضعف ينبغي العمـل عـلى تجنبهـا أو التقليـل من آثارها السلبية، وذلك من أجل تجويد وتحقيق

المخرجات التي تتقدم بها المنظمة إلى السوق وتحقيق أهدافها التي قامت من أجلها[١]، **ومن هنا سوف يتناول هذا الاستكشاف العناصر الآتية:**

١- نبذة عن التعليم الثانوي أهدافه وأهميته وإدارته.

٢- العناصر البشرية.

٣- العناصر المادية الموجودة بالمدرسة.

٤- العناصر المعنوية الموجودة بداخلها.

* نبذة عن التعليم الثانوي: أهدافه وأهميته وإدارته:

تعد مرحلة التعليم الثانوي من المراحل التعليمية المهمة والتي تسعى إلى تحقيق العديد من الأهداف والتي تم تحديدها بموجب قانون التعليم رقم (١٣٩) لسنة ١٩٨١ فيما يلي[٢]:

- إعداد الإنسان المؤمن بالله وكتبه ورسله وقيمه الدينية ويتمسك بتعاليمه ويلتزم بمثله.
- إعداد الإنسان المؤمن بوطنه المستعد للتضحية في سبيله.
- إعداد الإنسان المصري المؤمن بانتمائه القومي لأمته العربية وبانتمائه الإنساني للعالم من حوله.
- تزويد الإنسان بالقدر المناسب من المعارف والمهارات اللازمة لتحقيق ذاته.
- إعداد الدارس لمواصلة تعليمه العالي والجامعي تحقيقا للتنمية الشاملة.
- تزويد الدارس بالدراسات التطبيقية التي تجعله قادرا على الانخراط في سلك الإنتاج والخدمات لمواجهة الحياة العملية إذا لم يتمكن من مواصلة تعليمه العالي.
- مواكبة التغييرات العالمية ومسايرة التطور التكنولوجي السريع من حولنا وإعداد جيل من العلماء يعمل على إخراجنا من دائرة التخلف والاعتماد على جهود الغير.

---

(١) **عايدة سيد خطاب**، الإدارة الإستراتيجية للموارد البشرية،(القاهرة: كليوباترا، ١٩٩٩)، ص ٢٣.

(٢) **رئاسة الجمهورية**، قانون التعليم رقم (١٣٩) لسنة ١٩٨١، (القاهرة: مكتب الوزير، ١٩٨١).

وبالنظر إلى هذه الأهداف نجد أن هذه المرحلة قد عجزت عن تحقيق هذه الأهداف حتى الآن، **حيث يتطلب تحقيق هذه الأهداف القيام بما يلي**(١):

- إجراء بحوث ميدانية للتأكد من مدى تحقيق هذه الأهداف في الواقع ومدى الحاجة إلى تغيير بعضها.
- اشتراك كافة الأعضاء المعنية بالتعليم الثانوي في وضع هذه الأهداف من (أساتذة جامعات في كافة التخصصات، رجال الأعمال- متخصصين في الوزارة، مديري مدارس- أولياء أمور- طلبة- إداريين) وغيرهم.
- التغيير المستمر في بناء هذه الأهداف لتتناسب مع أهداف الألفية الثالثة وما أبرزته من حاجات جديدة ومتجددة للمدرسة.

هذا وتنبع أهمية التعليم الثانوي في(٢):

- السعي إلى تمكين الخريج من الاستمرار في التعليم مدى الحياة تعلما ذاتيا نشطا.
- إكساب الطالب المعارف والمهارات العلمية والعملية، ومهارات الاتصال والتفاوض في الحياة العملية والتي تؤهله للألفية الجديدة.
- تنمية قدرة الخريج على العمل المنتج في سوق العمل.

وبالنظر إلى أهداف وأهمية هذه المرحلة نجد أنه من خلالها يمكن أن نرسم الأسس الأساسية لرسالة أي منظمة تعليمية تسعي إلى تحقيق التجديد والتطوير بداخلها، حيث إن ملامح هذه الرسالة تتمثل في **"قدرة المدرسة الثانوية على تهيئة المواطن المتكامل في النواحي الدينية والوطنية والعملية، والذي يمتلك المهارات والمعارف التي تساعد على تكوين عمالة المعرفة التي تتطلبها الألفية الثالثة والتي تمكنه من مواصلة تعليمه الجامعي، أو الانخراط في سوق العمل، كما تساعده كذلك على التكيف مع المتغيرات المحلية والعالمية".**

---

(١) **أحمد عبد العزيز، فتحي كامل زيادي**،"بعض الآثار الناتجة عن تطبيق التشريعات الجديدة للثانوية العامة في مصر- كما يدركها المعلمون والطلاب"، مجلة التربية،السنة السادسة،العدد الثامن، يناير ٢٠٠٣، ص ١٥٠.

(٢) **وزارة التربية والتعليم**، مبارك والتعليم المصري في مجتمع المعرفة،: (القاهرة: قطاع الكتب، ٢٠٠٣)، ص ص ٩٨-٩٩.

هذا وتتم إدارة التعليم الثانوي من خلال وزارة التربية والتعليم يعاونها في ذلك المجلس الأعلى للتعليم قبل الجامعي، والذي تم إنشاؤه في ٢٨ سبتمبر ١٩٨١ بموجب القرار الجمهوري رقم (٥٢٣) لسنة ١٩٨١، حيث يقوم هذا المجلس بوضع الخطط المتعلقة به، ورسم سياسات التطوير، وتعديل نظم القبول، وتحديد مستويات الكفاية لأعضاء هيئة التدريس، والإشراف والتوجيه الفني، وغيرها من الأمور التي تخص التعليم الثانوي، ويتشكل هذا المجلس من اثنين من رؤساء الجامعات؛ رئيس أكاديمية البحث العلمي، نائب وزير التربية والتعليم، نقيب المعلمين، أمين المجلس الأعلى للجامعات، رئيس لجنة قطاع الدراسات التربوية، الوكلاء الأول ووكلاء وزارة التربية والتعليم بالديوان العام والمحافظات، مدير المركز القومي للبحوث التربوية، وكلاء من القطاعات من الوزارات المختلفة (التعليم العالي- الأزهر- التخطيط- المالية- القوى العاملة- الثقافة- الصناعة- الزراعة)، ممثل المجلس القومي للتعليم والبحث العلمي والتكنولوجي[١].

ونلاحظ أنه بموجب هذا القرار أصبح للتعليم قبل الجامعي كيان يمكن من خلاله وضع الخطط وتحديثها، كما أنه بالنظر إلى الأعضاء المشكلين نجد أنهم من تخصصات وقطاعات مختلفة مما يساعد على تداخل التخصصات عند رسم الخطة العامة للتعليم، والتي منها التعليم الثانوي أو تعديل المناهج، مما يجعل هذه الخطة تتماشى مع خطة الدولة المتعلقة بتنمية الموارد البشرية، ولكن نجد في هذا المجلس غياب ممثلين من أعضاء الإدارة المدرسية وهو المستوى التنفيذي، مما ينم عن تجاهل آرائهم ومقترحاتهم، والتي يمكن أن تثري الخطة الموضوعة نظرا لاحتكاكهم العملي بالمجال، وتعرفهم على المعوقات التي يمكن أن تحول دون إنجاح هذه الخطة.

كما يتسم هذا المجلس ببعض جوانب القصور الأخرى والمتمثلة فيما يلي[٢]:

- غلبة الطابع البيروقراطي في هذه المجالس؛ حيث إن أعضائها معينون وليسوا منتخبين.

---

(١) **رئاسة الجمهورية**، قرار جمهوري رقم ٥٢٣ لسنة ١٩٨١ بشأن إنشاء المجلس الأعلى للتعليم قبل الجامعي، (القاهرة: مطبعة الوزارة، ١٩٨١).

(٢) **فايز مراد مينا**، التعليم في مصر: الواقع والمستقبل حتى عام ٢٠٢٠، (القاهرة: مكتبة الأنجلو المصرية، ٢٠٠١)، ص ص ١٣٨-١٤١.

- عدم مشاركة أصحاب المصلحة الحقيقية، من طلاب وأولياء أمور ومعلمين، في التقدم بمقترحات وآراء متعلقة بالتطوير، مما يضعف فاعلية هذه المجالس.

- المناخ غير ديمقراطي في هذا المجلس حيث إن الولاء يكون للمسئول، مع التظاهر بالحماس على كل مقترحات التطوير التي يطرحها.

- عدم الاستناد العلمي في عملية اتخاذ القرارات، ذلك لأن إجراء البحوث التربوية يتم بعد اتخاذ القرارات التعليمية وليس قبلها.

وبتحليل ما سبق نجد أن النظام التعليمي في مصر- بأكمله والذي منه التعليم الثانوي يتسم بالمركزية، التي يكون لها مردود سلبي على العملية التعليمية، والتي تحد كذلك من قدرة الإدارة المدرسية على الإبداع داخل المدرسة، وبالتالي تعوق أفرادها عن تحقيق التجديد بداخلها، رغم اتجاه الوزارة في الآونة الأخيرة إلى إعطاء الإدارة المدرسية بعض السلطات الإدارية والمالية، إلا أنها ليست بالقدر الكافي، والتي كان من المفترض أن تبدأ منذ وضع الوزارة للخطة العامة للتعليم ووضع ملامح الخطط الإجرائية اللازمة لتنفيذ هذه الخطة، حتى تنمي لديها القدرة على وضع الرؤية الموضوعة وعمل الخطط الإجرائية والتي تساعد على إنجاح هذه الخطة.

وبعد التعرض إلى أهمية وأهداف وإدارة التعليم الثانوي، والتي تؤكد على تكوين المواطن المتكامل، نجد أن تحقيقها يتطلب توافر جملة من العناصر البشرية والمادية والمعنوية التي يجب أن تتوافر داخل المدرسة الثانوية، وهو ما استلزم استكشاف البيئة الداخلية لها للوقوف على مدى قدرة أعضاء الإدارة المدرسية بداخلها على تحقيق هذه الأهداف وتأكيد هذه الأهمية، وهو ما سوف يتضح في السطور التالية.

العناصر البشرية:

يتم في هذا المحور تحليل العناصر البشرية والتي تتمثل فيما يلي:

| أ- الإدارة المدرسية | ب- المعلمين. | ج- الطالب. |

أ-الإدارة المدرسية.

تلعب الإدارة المدرسية دورا كبيرا في إنجاح العملية التعليمية، لما تقوم به من مهام جسيمة، حيث إن تحقيق أهداف هذه المرحلة يتوقف بالدرجة الأولى على مدى توافر قيادة واعية داخل المدرسة الثانوية، لديها القدرة على الابتكار والإبداع، وتحفيز جميع العاملين

دائما نحو التميز والاختلاف، ولديها القدرة على معالجة جوانب القصور في طرائق التدريس وممارسة الأنشطة والاستثمار الأمثل لكافة الموارد البشرية والمادية داخل المدرسة، وغيرها من الجوانب التي سوف يتم التعرض لها خلال تحليل البيئة الداخلية والخارجية، هذه الجوانب وغيرها يمكن تلبية الكثير منها إذا توافرت قيادة متميزة داخل المدرسة الثانوية، واعية بأهمية التجديد المستمر في مهاراتهم ومعلوماتهم، وقادرة على الوفاء بالكثير من متطلباته، لتحقيق الرؤية الموضوعية، والتي تنصب بالدرجة الأولى على الطالب، والذي يعد رأس المال الفكري الذي تسعى إلى استثماره.

ومن هنا سوف يتناول هذا المحور ما يلي:

١- مهام الإدارة المدرسية.

٢- شروط الاختيار.

٣- شروط الترقية.

١-مهام الإدارة المدرسية.

انطلاقا من حرص الوزارة على التطوير والتجديد قامت بوضع هيكل جديد للإدارة المدرسية في ضوء استحداثها لوحدات جديدة بداخلها.

حيث قسمت المدرسة الثانوية إلى أربعة مستويات.

- المستوى الأول (أكثر من ٤٠ فصلا).

- المستوى الثاني (من ٢١ إلى ٤٠ فصلا).

- المستوى الثالث (من ١١ إلى ٢٠ فصلا).

- المستوى الرابع (أقل من ١١ فصلا).

وتم استحداث مهام واختصاصات جديدة لأعضاء الإدارة المدرسية تتلاءم مع التغييرات المحلية والعالمية [١].

(١) لمزيد من التفاصيل عن هذه المستويات ومهام الإدارة المدرسية، يرجى الرجوع إلى القرار رقم (٢٥٠) **وزارة التربية والتعليم،** قرار وزاري رقم (٢٥٠) بتاريخ ٢٠٠٥/٩/٦ بشأن تحديد معدلات وظائف الإدارة المدرسية بالمراحل التعليمية المختلفة بالمديريات والإدارات التعليمية، (القاهرة: مكتب الوزير، ٢٠٠٥).

وبنظرة تحليلية إلى هذا القرار وما استحدثه من هيكل إداري جديد داخل المدرسة الثانوية يتضح لنا ما يلي:

- أنه تم استحداث وحدات جديدة داخل المدرسة (وحدة التدريب- الوحدة المنتجة- وحدة تكنولوجيا التعليم -وحدة المعلومات والإحصاء- وحدة الجودة) وأن هذه الوحدات سوف يكون لها مردود إيجابي على المدرسة ككل، إذا تم العمل بها بشكل دقيق، كما ورد في الوثائق، فوحدة التدريب يمكن من خلالها تنمية قدرات المرءوسين الإبداعية، والوحدة المنتجة يمكن أن تحدث نقلة للمدرسة إذا تم النهوض بها من خلال مرءوسين لديهم قدرات معينة، كما أن وحدة تكنولوجيا التعليم يمكن أن تساعد على إنجاح العمل التقني، ووحدة المعلومات والإحصاء تساعد على توفير كافة المعلومات والبيانات التي تحتاجها الإدارة المدرسية للنهوض بالمدرسة، ووحدة الجودة والتي سوف تساعد على تحقيق جودة العملية التعليمية، وكل هذه الوحدات إذا تم العمل بها بشكل متكامل مع بعضها فسوف تساعد في إنجاح الرؤية الإستراتيجية الموضوعة للمدرسة الثانوية.

- هناك بعض المهام التي يمكن تفويضها للآخرين ومن هذه المهام اعتماد قبول الطلاب المستجدين، مجموعات التقوية، توزيع الطلاب على المجالات والتخصصات المختلفة.

- هناك مهام أخرى أكثر أهمية، والتي يتعين على أعضاء الإدارة المدرسية القيام بها ومنها ما يلي:

* تحديد رؤية ورسالة المدرسة وفقا للمعايير القومية: والتي سوف تساعد على رسم الصورة المستقبلية لها وتحديد الأهداف الإستراتيجية التي تحقق الخطط الموضوعة.

* التعامل مع الإدارة التعليمية والمديرية: والتي سوف تسهل عليهم إنجاز الكثير من المهام التي تحتاج إلى تدعيم من هذه الجهات عندما تعطي لهم الاستقلالية الكافية لتلبية احتياجات التجديد الذاتي.

* المشاركة في إعداد تقارير الكفاية السنوية للعاملين: والتي تمكنهم من الوقوف على المستوى الأكاديمي للعاملين وتساعدهم على وضع خطط التنمية المهنية المطلوبة وخاصة أن هذه المرحلة تحتاج إلى معلمين متميزين.

* التخطيط لكافة العناصر الموجودة داخل المدرسة: للتأكد من حسن الاستفادة منها وتفعيل التعامل مع الأنظمة المحلية ورجال الأعمال والمؤسسات الإنتاجية وبقية المهام التي أدرجها القانون والتي تحقق اندماج المدرسة مع البيئة الخارجية.

* متابعة المعلمين داخل الفصول.

* وضع برامج تدريبية للقائمين على العملية التعليمية بالمدرسة.

* الإشراف على عملية التعليم والتنمية المهنية وتكنولوجيا المعلومات، والتي يمكن من خلالها تحقيق التجديد الذاتي للقوى البشرية داخل المدرسة ونظم العمل المستخدمة بداخلها.

ويحتاج نجاح القائد المدرسي للقيام بهذه المهام بفاعلية إلى منحه درجة كبيرة من الاستقلالية حتى يتمكن من الخروج من إطار البينية الهرمية التقليدية " البيروقراطية "، والتي هيمنت على النظام التعليمي فترة زمنية طويلة، وكان لها تبعات سلبية عليه [1].

وبذلك نجد أن هذه التشريعات الجديدة تعد نقطة قوة للإدارة المدرسية، حيث إنها أتاحت لها مهام ومسئوليات جديدة تساعدهم عند وضعهم الخطة الإستراتيجية المرغوبة داخل مدارسهم، ولكن يتوقف تحقيق هذه المهام على مدى توافر القدرات الإبداعية لدى أعضاء الإدارة المدرسية، ومن هنا ننتقل إلى شروط الاختيار والترقي، والتي يجب أن تكون على مستوى قدرة هذه القيادات على تحقيق هذه المهام، وهو ما سوف يتم التعرض له في السطور التالية.

٢-شروط الاختيار:

يتم اختيار أعضاء الإدارة المدرسية بالمدرسة الثانوية بناء على شروط معينة وهي كما يلي [2]:

---

(١) **وزارة التربية والتعليم**، مبارك والتعليم: ٢٠ عاما من عطاء رئيس مستنير، (القاهرة: قطاع الكتب، ٢٠٠١)، ص ١٤٥.

(١) **وزارة التربية والتعليم**، قرار وزاري رقم (٢١٣) لسنة ١٩٨٧، (القاهرة: مكتب الوزير، ١٩٨٧).

- قضاء مدة بينية ثلاث سنوات على الأقل في الوظيفة الأدنى مباشرة.

- الحصول على مؤهل عالي مناسب.

- حصوله على تقدير امتياز في سنتين من السنوات الثلاث الأخيرة على ألا يقل التقدير الثالث عن (جيد) وذلك بالنسبة لمتوسط التقديرين الفني والسنوي، فإذا لم يوجد تقدير فني للمرشح فيكتفى بالتقدير السنوي.

٣-شروط الترقية:

وبعد الاختيار فإن هناك شروطا للترقية، حيث إن الترقية تتطلب ما يلي: اجتياز برنامج تدريبي لمدة ستة أيام وبالنظرة التحليلية لهذا البرنامج يتضح أنه يحتوي على الموضوعات التالية[١]:

* تنمية المهارات السلوكية.

* قواعد العمل بروح الفريق.

* عوامل نجاح وفشل التقويم.

* المتابعة والرقابة وتقييم الأداء.

* التقويم التربوي وتقويم الامتحانات.

* شئون مالية.

- اجتياز برنامج حاسب آلي مدته ٦ أيام، ويشتمل على عدة موضوعات، مثل: مقدمة الحاسب الآلي، (Windows) ٩٨، الإنترنت، وسائط متعددة، فيروسات الحاسب الآلي، البرنامج الكتابي (Word) ٩٧ [٢].

- اختبار تحرير مخصص له ١٠٠ درجة، ويعد ناجحا من يحصل على ٦٠% على الأقل من الدرجات.

(٢) **وزارة التربية والتعليم**، استمارة تخطيط برنامج تدريبي محلي لعام ٢٠٠٤/٢٠٠٥، بشأن المرشحين للترقية لوظيفة إدارة مدرسة وما في مستواها من التعليم العام، (القاهرة: الإدارة المركزية للتدريب/إدارة الخطة والبرامج والترقيات، ٢٠٠٤).

(٣) **مديرية التربية والتعليم**، برنامج الحاسب الآلي للقيادات التعليمية، (القاهرة: مركز التطوير التكنولوجي، ٢٠٠٤).

- مقابلة شخصية تخصص لها خمسون درجة ويستبعد من الترشيح نهائيا من لا يحصل على ٥٠% على الأقل من درجة الاختبار الشخصي [١].

- اجتياز الوكيل ونائب المدير لبرنامج الكفايات الأساسية لتنمية قدرات القيادات المدرسية.

- اجتياز المديرين برنامج القيادات التربوية مع إجادة لغة أجنبية [٢].

وبذلك نجد أن شروط الاختيار تعتمد بالدرجة الأولى على الأقدمية والخبرة، بالإضافة إلى شروط الترقية التي تعتمد على اجتياز برنامجين تدريبيين، ولعل الموضوعات التي تتضمنها هذه البرامج تحتوي على موضوعات مهمة بالنسبة للقادة المبدعين، والتي تمثلت في إدارة الشئون المالية والتي تمكنهم من تحقيق الاستقلالية المالية بنجاح، وإعداد الميزانية، وتوزيع بنودها التوزيع الأمثل، قواعد العمل بروح الفريق والتي تساعد على نجاح العمل وترابط العلاقات بين العاملين ونشر روح الود والتعارف، تنمية المهارات السلوكية والتي تمكنهم من التعامل مع الآخرين بنجاح، وغيرها من الموضوعات التي تتلاءم مع المهام والاختصاصات الجديدة لأعضاء الإدارة المدرسية، ولكن يعاب على هذه البرامج قصر الفترة التدريبية، وقد أكد عليه أحد الأبحاث: بأن قصر الفترة المخصصة تحول دون تحقيق التدريب للأهداف المرجوة منه [٣]، حيث تحتاج المهام والاختصاصات الجديدة إلى فترة طويلة للإعداد كي يكون أعضاء الإدارة المدرسية مؤهلين لهذه المهام الجديدة، بالإضافة إلى إغفال هذه البرامج للعديد من الموضوعات المهمة والمتعلقة بالاتجاهات الإدارية الحديثة والتي تتمركز حول استقلالية المدرسة. والأنماط القيادية الملائمة للألفية الجديدة، وبعض الأدوار الجديدة للإدارة المدرسية وغيرها من الموضوعات الهامة التي تؤهلهم للقيام بالتغيير والتطوير داخل مدارسهم بنجاح،

(١) بيومي محمد ضحاوي، "مدراء المدارس في مصر وسلطنة عمان في ضوء الخبرة الأمريكية ونماذج الفكر الإداري المعاصر"، من بحوث مؤتمر إدارة التعليم في الوطن العربي في عالم متغير، المنعقد في كلية التربية جامعة عين شمس، في الفترة من ٢٢-٢٤ يناير، القاهرة، جامعة عين شمس، ١٩٩٤، ص ص٣٤٦-٣٤٨.

(٢) سعاد بسيوني، تطوير نظام تدريب القادة التربويين بجمهورية مصر العربية في ضوء بعض الخبرات المعاصرة، (القاهرة: وزارة التربية والتعليم/ البنك الدولي، ١٩٩٨)، ص ١١٣.

(٣) أحمد كامل الرشيدي، مشكلات الإدارة المدرسية في الألفية الثالثة، (القاهرة: دار البحيري، ٢٠٠٠)، ص ص٤١-٤٢.

بالإضافة إلى برنامج الحاسب الآلي والذي يحتوي على موضوعات مهمة والذي يحتاج إلى شهور حتى يتمكنوا من استخدامه بنجاح، خاصة ونحن بصدد ثورة اتصال ومعلومات هائلة تركز على التكنولوجيا والتي تعد أحد متطلبات التخطيط الإستراتيجي داخل المدرسة الثانوية.

وبذلك نرى أن شروط الاختيار والترقية لا تتلاءم بشكل مطلق مع القادة العصريين، الملقى على عاتقهم العديد من المهام الحديثة، والمطالبين بالقيام بها بفاعلية؛ حيث إن هذه المهام تتطلب أفراد إدارة مدرسية على درجة عالية من القدرات الابتكارية المتميزة، والتي تمكنهم من الإبداع في عملهم، والتي يجب أن تكون أولى الشروط الواجب توافرها في أعضاء الإدارة المدرسية لتأهيلهم لشغل هذه الوظيفة، حيث ترتبط طبيعة عملهم بتوجيه العملية التعليمية، والتي تجمع بين طلاب ومعلمين يختلفون في قدراتهم ومهاراتهم وميولهم اختلافا واضحا، وما يحتاجه هذا الاختلاف من إدارة مدرسية تتمتع بقدرات عقلية ابتكارية تجعلها قادرة على توجيههم نحو المواقف التعليمية المختلفة، بالإضافة إلى معالجة المشاكل التي تقابلهم بذكاء ووعي كامل.

وبالإضافة إلى شرط توافر القدرات الابتكارية لدى أعضاء الإدارة المدرسية فإن هناك شروطا أكاديمية أخرى وهي: أن يكونوا على درجة علمية أعلى من المؤهل العالي. ولابد من تضمين هذه الشروط لشرط دبلوم الإدارة المدرسية، بالإضافة إلى تحقيق النمو المهني له أثناء الخدمة وحصولهم على الماجستير ثم الدكتوراه نظرا لخطورة وأهمية هذه المرحلة، حيث إن الترشيح لوظائف الإدارة المدرسية قد يغفل فيه بعض المعايير والتي منها ما يلي [(١)]:

- الحصول على مؤهل تربوي جامعي.
- العمل كمساعد فترة لا تقل عن عامين.
- اجتيازه دورة تدريبية طويلة في مجال الإدارة المدرسية، أو الحصول على دبلوم الدراسات العليا في الإدارة المدرسية.

---

(١) **رئاسة الجمهورية**، تقرير المجلس القومي للتعليم والبحث العلمي والتكنولوجيا، الدورة السابعة والعشرون، مرجع سابق، ص ص ٥٨، ٥٩.

- تنشيط الدراسات العليا بكليات التربية للحصول على درجة الماجستير والدكتوراه، تخصص إدارة تربوية، وأن يؤخذ بهذه الدراسات عند الترشيح لشغل الوظائف القيادية في مجال الإدارة المدرسية.

وبذلك نرى أن هناك عديدا من الشروط التي يجب على أساسها اختيار أعضاء الإدارة المدرسية، وأن إغفال هذه الشروط والاعتماد على الخبرة والأقدمية يؤدي إلى تدني القدرات المهنية لديهم، مما يكون له انعكاس سلبي على ضبط العملية التعليمية، والتي تحتاج إلى اختيار أفراد مؤهلين علميا ومشهود لهم بالكفاءة والقدرات الإبداعية لضبط المدرسة وتحمل المسئولية، حتى يكونوا قادرين على التطوير في مدارسهم[(١)].

هذا بالإضافة إلى أن هذه الشروط (الأقدمية والخبرة) تساعد على ثبات أساليب الإدارة وتحد من رؤيتها المستقبلية، فالإدارة المدرسية بوضعها الحالي وأساليبها التي تتبعها وأدواتها تكون عاجزة عن فتح الطريق أمام التصورات المستقبلية المنتظرة والمطلوبة خلال الأعوام القادمة[(٢)].

ونظرا لجوانب القصور السابقة فقد قامت الوزارة بوضع شروط جديدة لمدير المدرسة الثانوية باعتباره على رأس الإدارة المدرسية، وفي نفس الوقت تتلاءم هذه الشروط مع حزمة التشريعات الجديدة التي تم إصدارها في الفترة الأخيرة، حيث يتم الترشيح لهذه الشروط من خلال الإعلان عن الوظيفة في صحيفتين يوميتين، وبعد ذلك يتم تشكيل لجنة من مجموعة من الخبراء لفرز المتقدمين، ويتم عرض الترشيحات على مجلس الأمناء الذي يزكي أحد المرشحين، ويكون الندب لمدة عام دراسي واحد بعد ذلك تقيم أعمال المدير من خلال مجلس الأمناء وأعضاء من المديرية التعليمية والوزارة، لقياس مدى تحقيقه للأهداف والنتائج المحددة والتي تشتمل على جميع التخصصات والمهام المنوط بها مدير المدرسة، وتتمثل هذه الشروط فيما يلي[(٣)]:

---

(١) **نادية محمد عبد المنعم** من بحث **سعيد جميل**، دور مؤسسات التعليم والإعلام والمجتمع المدني في مواجهة المشكلة السكانية، (القاهرة: المركز القومي للبحوث التربوية، ٢٠٠٣)، ص ص ٧٥ - ٧٦.

(٢) **أحلام عبد الغفار**، "اختيار وإعداد مدير المدرسة الثانوية العامة وتدريبه"،مجلة التربية (بنها)، ١٩٩٩، ص ١٥٦.

(٣) **وزارة التربية والتعليم**، قرار وزاري رقم (٢٥٣) بتاريخ ٢٠٠٥/٩/٦ بشأن الضوابط والمعايير الخاصة باختيار مديري المدارس الثانوية العامة، (القاهرة: مكتب الوزير، ٢٠٠٥).

- مدة خبرة لا تقل عن سبعة عشر عاما في مجال التعليم.

- مؤهل عال مناسب ويفضل الحاصل على مؤهل أعلى.

- حسن السير والسمعة الطيبة.

- الكفاءة والجدارة للمرشح من واقع السجلات.

- توافر مستوى جيد من التعامل مع الحاسب الآلي ومستوى جيد من اللغات الأجنبية.

وبذلك نجد أن هذه الشروط سوف تساعد على انتقاء العناصر القيادية الشبابية القادرة على التجديد بنجاح، كما أن توافر مستوى جيد من الحاسب الآلي واللغات سوف يساعدهم على استخدام تكنولوجيا المعلومات بنجاح، وهو ما سوف يحقق مستوى تنمية للقوى البشرية داخل المدرسة تساعدها على التكيف مع التطورات المتسارعة، مما يكون له مردود إيجابي على تهيئة الطالب الذي تسعى جميع التطورات التعليمية الحادثة نحو إعداده.

وباستكشاف واقع الإدارة المدرسية يتضح عجز الإدارة المدرسية الحالية على الوفاء باحتياجات هذه المرحلة نتيجة ضعف توافر القيادة المبدعة القادرة على الخروج من القوالب النمطية في التفكير والعمل، وربما يرجع هذا العجز بالدرجة الأولى إلى شروط الاختيار والترقية وإعقال القدرات الإبداعية للإدارة المدرسية، والتي من المفترض أن تصبح أولى هذه الشروط خاصة في قائد اليوم، وهو ما دفع الوزارة إلى وضع شروط جديدة لمديري المدارس الثانوية.

ب -المعلمون:

يلعب المعلمون دورا حيويا في العملية التعليمية؛ حيث إنهم يمثلون الركن الأساسي في إنجاحها، ولذلك عليهم أن يجددوا دائما في معارفهم، لاسيما ونحن على مشارف ألفية جديدة تغيرت فيها أدوار المعلم، ولم يقتصر دوره على التلقين والحفظ والاستظهار، ولكن أصبح يلعب دورا أساسيا ومحوريا في البحث عن المعرفة واكتسابها ونقلها.

ومن هنا فإن وظيفة المعلم أصبحت لا تمثل فقط قدرته على تعليم الطلاب، ولكن في قدرته على اكتساب المعرفة واستخدامها معتمدا على نفسه، وبذلك يستطيع مواكبة

التغييرات والتطورات المتلاحقة، بالإضافة إلى تدريب تلاميذه على التعلم الذاتي والذي يضع الأساس لديهم للتفكير المستقل [١].

وقد تعددت أدواره، حيث يمكن أن يمارس أدوارا ومهاما جديدة في ظل الظروف والتغيرات الحالية والمستقبلية والتي منها ما يلي:

- يحفز على التفكير والبحث، وموجه ومرشد ومنظم ومشرف.

- يكيف النظام التعليمي ويشارك في تعديله.

- يقوم كفايات المتعلمين ويستفيد من التقويم في مراجعة النظام التعليمي.

- يفتح فصله والمدرسة على البيئة الخارجية للاستفادة منها [٢].

- يتعاون مع أقرانه في المهنة من أجل إعداد أجيال جديدة أكثر إنتاجا.

- يتفاعل مع التغيرات المتلاحقة المحيطة به من أجل التطوير والتجديد في تخصصه [٣].

- قادر على زيادة فاعلية الطلاب ورفع تحصيلهم الأكاديمي.

- لا يعتمد على طريقة واحدة في التدريس، ولكن يتكيف حسب الموقف والظروف المحيطة [٤].

ومن هنا فإن المعلم يواجه عديدا من المتغيرات خلال عمره الوظيفي هذه المتغيرات فرضت عليه أدوارا ومهاما جديدة لا يستطيع مواكبتها إلا بالخبرات والمعرفة التي تؤهله إلى القيام بها بنجاح وتتطلب منه القدرة على استخدام إستراتيجيات تعلم مختلفة تحقق له النمو المعرفي اللازم لمواجهتها بفاعلية من ناحية؛ ومن ناحية أخرى تمكنه من الارتقاء بمستواه الأكاديمي لتحقيق المهام الموكلة له بنجاح، وعلى الرغم من تعدد هذه المهام

(١) **مجدي عزيز إبراهيم**، رؤى مستقبلية في تحديث منظومة التعليم، (القاهرة: الأنجلو المصرية، ٢٠٠١)، ص ٢٢٠.

(٢) **محمد نجاتي**، "الأدوار المتجددة للمعلم"، بناء الأجيال (سوريا)، العدد ٢٤٨ صيف ٢٠٠٣، ص ٢٥.

(٣) **عرفات عبد العزيز**، "سمات المعلم وأدواره في مجتمع الغد"، صحيفة التربية، السنة الرابعة والخمسون، العدد الرابع، مايو ٢٠٠٣، ص ٧٢٦.

(٤) **أحمد إبراهيم أحمد**، الإدارة المدرسية في الألفية الثالثة، (الإسكندرية: المعارف الحديثة، ٢٠٠٢) ص ٣٢٧.

الجديدة والتي تتطلب أن يكون لدى المعلم القدرة على التنمية الذاتية إلا أن هناك بعض المعوقات التي تحول دون تحقيق معلمي هذه المرحلة هذه التنمية الذاتية، والتي تتضح فيما يلي:

بعض المعوقات التي تحول دون تحقيق معلمي هذه المرحلة التنمية الذاتية:

- **ضعف برامج التدريب المقدمة لهم:** فعلى الرغم مما تبذله الوزارة من جهود كثيرة في سبيل الارتقاء بالمستوى الأكاديمي للمعلم، من خلال برامج التدريب التي تقدم له أثناء الخدمة، أو برامج الفيديو كونفرانس، إلا أن هذه البرامج لم تقدم الدعم المهني المطلوب الكافي له أو تحقق الارتقاء بمستواه الأكاديمي، ولم تمنح لهم فرصا كافية للتنمية المهنية للمعلمين [١].

- **ضعف امتلاكهم لمهارات النمو الذاتي:** حيث يحتاج معلمو هذه المرحلة إلى امتلاك مهارات النمو الذاتي، والتي تحقق لهم التجديد الذاتي المستمر في مهاراتهم ومعلوماتهم والتي لم تستطع برامج إعدادهم بكليات التربية وبرامج التدريب- المقدمة لهم أثناء الخدمة - إكسابهم لهذه المهارات، هذا إلى جانب أن البرامج المقدمة لهم مهما كانت درجة جودتها لا يمكن لها في عصر يحفل بمثل هذه التغيرات الكثيرة أن تمد المعلمين بحلول للعديد من المشكلات التي تعترض العمل التعليمي ولا تستطيع أن تسد الفجوة التي يحدثها هذا التغيير المعرفي، مما يستلزم معه ضرورة اكتساب المعلم لمهارات النمو الذاتي، وأن يتم تحفيزه على اكتسابها من خلال إتاحة ٢٠% من وقته لعملية المتابعة المهنية [٢].

- **التباين في مؤهلات معلمي هذه المرحلة:** حيث إنه بالاطلاع على الإحصاءات المتعلقة بمؤهلات معلمي المرحلة الثانوية نجد أن هناك تنوعا وتباينا في مؤهلاتهم، والذي يمكن توضيحه من خلال الجدول التالي [٣]:

---

(١) **ناجي شنودة من بحث عوض توفيق عوض**، التنمية المهنية لمعلمي التعليم الثانوي العام، (القاهرة: المركز القومي للبحوث التربوية والتنمية، ٢٠٠٣)، ص ٢٣٩.

(٢) **محمد مالك محمد محمود أحمد شوق**، معلم القرن الحادي والعشرين: اختياره وإعداده وتنميته في ضوء التوجهات الإسلامية، (القاهرة: دار الفكر العربي، ٢٠٠١)، ص ٤٩.

(٣) **وزارة التربية والتعليم**، هيئة التدريس موزعين حسب المؤهلات بالتعليم الثانوي العام، (القاهرة: الإدارة العامة للإحصاء والحاسب الآلي، ٢٠٠٧/٢٠٠٨).

جدول رقم (١)

هيئة التدريس موزعين حسب المؤهلات بالتعليم الثانوي العام

البيان	الأعداد	النسبة
مؤهلات ممتازة تربوية	٧٠٧	٠.٨%
مؤهلات ممتازة غير تربوية	٥٢٤	٠.٥%
مؤهلات عليا تربوية	٥٩٣١١	٧٠%
مؤهلات عليا غير تربوية	٢٤٣٢١	٢٨.٧%
الإجمالي	٨٤٨٦٣	١٠٠%

ويتضح من الجدول السابق تضاءل المؤهلات الممتازة (دبلوم، ماجستير، دكتوراه)، بينما تتزايد المؤهلات التربوية وتعد أعلى نسبة تليها المؤهلات غير تربوية (خريجي كليات العلوم – الآداب الألسن – الترجمة الفورية....إلخ)، وهي تعد نقطة قوة داخل المدرسة الثانوية، ولكن يجب كذلك أن تزداد نسبة المؤهلات التربوية الممتازة لمواجهة التغيرات الكثيرة التي تواجه هذه المرحلة.

مما سبق يتضح لنا تباين مؤهلات المعلمين وضعف برامج التنمية المهنية المقدمة لهم وعدم قدرتها- في ظل التغيرات التكنولوجية والثورة المعرفية التي تتميز بها الألفية الجديدة- على تحقيق الأهداف المرجوة منها، لذلك فإن على المعلم بأن يبذل المزيد من الجهد لتحقيق التنمية المستمرة له، من خلال اكتسابه لمهارات النمو الذاتي المرغوب فيها والتي تمكنهم من التجديد الذاتي لمعارفهم، وذلك من خلال استخدام أساليب وطرق تدريس مبتكرة تواكب التغيرات الجديدة الحادثة في كافة أرجاء العملية التعليمية، كما يحتاج تحفيزهم إلى إدارة مدرسية مبدعة لديها الوعي بهذه التغيرات الحادثة وقادرة على توظيف كافة الموارد والإمكانيات الموجودة داخل المدرسة لتحقيق هذا الهدف.

ج - الطالب.

تعقد الكثير من الآمال والطموحات- سواء كانت مجتمعية أو والدية أو شخصية للطلاب ذاتهم- على طالب المرحلة الثانوية ومدى قدرته على تكوين مجتمع الغد

والنهوض به، حيث تعد هذه المرحلة هي الخطوة الأولى نحو هذا المجتمع، وتبذل الدولة المزيد من الجهود حتى يكون طالب هذه المرحلة قادرا على ما يلي[1]:

- التواصل مع الآخرين واستقبال ونقل المعلومات بكفاءة.
- الفهم والتحليل والتقويم للمعلومات التي تقدم له وتطبيقاتها الحياتية والعملية.
- التعامل مع الكمبيوتر وإجراء التطبيقات المختلفة الخاصة بتكنولوجيا المعلومات.
- الوعي بالتطورات العلمية والتكنولوجية.
- امتلاك مهارات التفكير المنطقي والنقدي والابتكاري والقدرة على حل المشكلات.
- اتخاذ القرارات المتعلقة بذاته ومجريات حياته.
- التعاون والتنافس وتقبل الرأي الآخر.
- امتلاك المهارات الضرورية للاستمرار في التعلم مدى الحياة.

ومن أجل ذلك فقد بذلت الدولة مزيدا من الجهد في تطوير المنهج وتدريب المعلمين على أساليب وطرق تدريب مختلفة والتغيير في أنظمة التقويم والامتحانات، وإدخال بعض العناصر المادية التي تسعى إلى تنمية الجانب المعرفي والمهني لديهم، آملة أن تحقق الأهداف المنشودة من التعليم الثانوي، ومن هنا سوف يتم التعرض لبعض العناصر ذات التأثير المباشر على المستوى الأكاديمي للطالب للوقوف على مدى إسهامها في تحقيق الرؤية الإستراتيجية المرغوب فيها والتي منها ما يلي:

(١) المناهج.

تلعب المناهج دورا فعالا وكبيرا في تنمية الجانب الأكاديمي والمهني لدى طلاب المرحلة الثانوية، حيث تكون مقررات الدراسة عامة في الصف الأول الثانوي، أما في المرحلة الثانوية والتي تنقسم إلى عامين فتتكون المقررات من مواد إجبارية ومواد اختيارية، مقررات المستوى الرفيع (اختيارية)[2].

---

(١) وزارة التربية والتعليم، خمس سنوات على طريق تطوير التعليم الثانوي في مصر (١٩٩٧-٢٠٠٠)، مرجع سابق، ص ٢١.

(٢) **المركز القومي للبحوث التربوية والتنمية**، تطور التعليم في جمهورية مصر العربية في الفترة من ١٩٩٠-٢٠٠٠، (القاهرة: المركز القومي للبحوث التربوية والتنمية، ٢٠٠١)، ص ٥٩.

ونظرا للدور الكبير الذي تلعبه هذه المناهج في تكوين الشخصية المتفتحة المبتكرة للتعليم، فقد أولت الدولة أهمية كبيرة لتطوير المناهج، والذي بني على الأسس التالية [١]:

- تخفيف كم المقررات بنسبة تصل إلى ٢٠% دون الإخلال بالمستوى العلمي.
- اعتبار الأنشطة العلمية جزءا لا يتجزأ من المقرر.
- دمج التكنولوجيا التعليمية في العمل التربوي.

ويتضح من الأسس الموضوعة مدى حرص الوزارة على مواكبة الثورة التكنولوجية ودمج التكنولوجيا في العملية التعليمية، بالإضافة إلى الاهتمام بالأنشطة وإزالة الحشو من المقررات، وبالرغم من ذلك فإن مناهج التعليم الثانوي لا زالت عاجزة عن مقابلة احتياجات الطلاب، نظرا لغياب البعد المستقبلي في هذه المناهج، بالإضافة إلى أنها لا تلبي احتياجات المجتمع، نظرا لافتقادها المعلومات والمهارات التي تسد احتياجاته الأساسية وتساعد على التكيف مع المتغيرات الحالية والمستقبلية التي أوجدها التطور العلمي والتكنولوجي [٢].

هذا إلى جانب عجز المناهج بصورتها الحالية على إكساب الطلاب مهارات البحث العلمي والتعليم الذاتي وذلك لاعتمادها بالدرجة الأولى على الحفظ والتلقين، وتركيزها على الجانب النظري دون التطبيقي مما يشجع الطلاب على الحفظ إلى جانب ضعف الارتباط بين موضوعات المقرر ذاته [٣].

هذا بالإضافة إلى بعض جوانب القصور والتي ترجع إلى أسباب أخرى، والتي يشير أحد أبرز الأبحاث أنها تتمثل فيما يلي [٤]:

(١) **وزارة التربية والتعليم**، وزارة التربية والتعليم: النقلة النوعية في المشروع القومي للتعليم، (القاهرة: قطاع الكتب، ٢٠٠٢)، ص ٦٠.

(٢) **مها عبد الباقي الجويلي**، تنظيم التعليم على ضوء ثورة المعلومات: دراسات تربوية في القرن الحادي والعشرين، (الإسكندرية، دار الوفاء،٢٠٠١)، ص ١٢٩.

(٣) **سعيد جميل سليمان**، تحقيق التميز للتعليم الثانوي العام استرشادا بالصعوبات التي تواجه خريجيه في دراستهم الجامعية، (القاهرة: المركز القومي للبحوث التربوية والتنمية،٢٠٠١)، ص٧٥.

(٤) **عايدة أبو غريب**، تطوير مناهج المرحلة الثانوية العامة في ضوء المستجدات المحلية والعالمية، (القاهرة: المركز القومي للبحوث التربوية والتنمية، ١٩٩٨)، ص ١٧.

- عدم تقديم الدعم المناسب للمنهج الدراسي من قبل الهيئات والمؤسسات المساندة لدور المدرسة، مثل الخدمات المكتبية والإعلام والتي يمكن أن تجعل بيئة التعلم محفزة للطلاب ومدعمة للمقررات المدرسية.
- نقص باقي عناصر المنهج والمتمثلة في الوسائل المعينة والتجارب المعملية والزيارات الميدانية.
- عدم قدرة المنهج بعناصره المختلفة على التكيف مع مجمل المتغيرات المحلية والعالمية والمعرفية والعلمية والمجتمعية.
- تنفيذ المنهج قد لا يكون بنفس مستوى إعداده وتطويره، والذي قد يرجع إلى: تدني مستوى إعداد وتدريب المعلمين، عدم ملائمة إستراتيجيات التدريس للمنهج المطور، أو أن الاختبارات تركز على الحفظ وبالتالي يركز المعلم على طريقة التلقين التي تتفق مع طبيعة هذه الاختبارات.

مما سبق يتضح مدى قصور مناهج التعليم الثانوي العام في الإعداد الجيد لطلاب هذه المرحلة ومقابلة الأهداف الموضوعة، والذي يرجع إلى العديد من الأسباب ومنها: ضعف جدية هذه المناهج مع حداثتها والتي تعجز عن ربط وتكيف الطالب مع المتغيرات المتلاحقة المحيطة بالمدرسة، بالإضافة إلى ضعف جوانب القصور الأخرى المرتبطة بتنفيذ المنهج والتي تجعل الطالب غير قادر على امتلاك المعرفة المتجددة، وأنه كان يمكن في ظل توجه الوزارة نحو اللامركزية أن تنتقي العناصر القيادية المبدعة داخل المدرسة الثانوية، والتي يمكن أن تقوم بإعداد مناهج وبرامج تعليمية أخرى بجانب المنهج القومي، يشترك فيها جميع أعضاء المجتمع المدرسي بمن فيهم الطلاب، كما تستخدم فيها إستراتيجيات تعلم مبتكرة، وبذلك يمكن أن ينموا القدرات الإبداعية لديهم ويمكنوهم من التجديد الذاتي لمعارفهم ومهاراتهم، وإن كان المحور السابق أوضح ضعف قدرات هذه القيادات، وهو ما سوف يعيقها عن القيام بهذه المهمة.

(٢) أساليب التدريس.

يلعب التنوع في استخدام أساليب وطرائق التدريس دورا مهما وكبيرا في تنمية مهارات التفكير النقدي والابتكاري لدى طلاب المرحلة الثانوية ويحفزهم على الاطلاع والبحث وتنمية مهارات التعلم المستمر لديهم، وعلى الرغم من هذا فقد ظلت الأساليب والطرق المستخدمة تعتمد على الطرق التقليدية التي لا تستثير حماس ودوافع الطلاب

نحو عملية التعلم، حيث ساعدت طرق التدريس المستخدمة على تهميش البحث العلمي لـدى الطلاب الذين ابتعدوا عن المكتبات واكتفوا بالكتاب المدرسي للحصول على المعرفة، كما أنها تعتمـد كذلك على حشو الأذهان بالمعارف والمعلومات دون تنمية مهارات التحليل التي هـي الطريق إلى الإبداع والتفكير[1].

بالإضافة إلى أن الاعتماد على التلقين دون تدريب الطلاب على التفكير في كيفيـة الحصول علـى المعلومات أضعف القدرة لديهم على التعلم الـذاتي وكيفيـة توظيـف هـذه المعلومات في الحياة ممـا أضعف من الدور التربوي للمدرسة والتي أنشئت أساسا من أجله[2].

ويتضح مما سبق أن هناك تقليدية في طرق التدريس المستخدمة، وأنها لا تلبي حاجات الطلاب، مما يضعف من كفاءة العملية التعليمية وقدرة الطلاب على اكتساب المهارات اللازمة لممارسة التجديد الذاتي، وإن كانت تقليدية هذه الطرق ترجع إلى عـدم وعـي الإدارة الحاليـة وإلمامهـا بإستراتيجيات التعلم الحديثة - الخبير الإليكتروني، التعلم البحثي وغيرها من الإستراتيجيات - والتي يمكن من خلالهـا تمكين الطلاب من التجديد المستمر في معارفهم.

(٣) نظم التقويم والامتحانات.

تتم الامتحانات وبالتالي التقويم على مرحلتين، في الصف الأول الثانوي، أما الحصول عـلى شهادة إتمام الثانوية العامة فإنه يتم على مرحلتين واللتان حددهما قانون رقم ١٦٠ لسنة ١٩٩٧؛ "بأن المرحلة الأولى تكون في نهاية السنة الثانية والأخرى في نهاية السنة الثالثة ويعقد في نهاية الصف الثاني مـن التعليم الثانوي العام امتحان عام من دورين، وينقل الناجحون في جميع المـواد إلى الصف الثالـث، ويسمح للراسب في الدور الأول في مادة أو مادتين بالتقدم لامتحان الدور الثاني فيما رسب فيه، كـما ينقل إلى الصف

(١) هاني محمد يونس، دراسة تحليلية لآراء النخبة في تطوير التعليم العام المصري في ضوء المتغيرات المجتمعية المعاصرة، رسالة ماجستير غير منشورة مقدمة إلى قسم أصول التربية - كلية التربية - جامعة الزقازيق، فرع بنها، ٢٠٠١، ص ١١٨.
(٢) يوسف صلاح الدين قطب، "التربية للتنمية البشرية هـي الـدور الرئيسيـ للمدرسة"، مجلة صحيفة التربية، السنة التاسعة والعشرين، العدد الثالث، مارس ١٩٩٨، ص ٧.

الثالث الراسب في مادة واحدة ويشترط قبل حصوله على شهادة إتمام الدراسة الثانوية أن يجتاز الامتحان في هذه المادة بنجاح[1].

ويتضح مما سبق أن نظم التقويم تعتمد بالدرجة الأولى على الامتحانات، وقد تقيس الامتحانات جانبا مهما من جوانب التكوين المعرفي لدى الطلاب، ولكنها لا تقيس كل الجوانب، هذا بالإضافة إلى أنه بالنظر إلى هذا القانون نجد أن امتحان الشهادة الثانوية يتم على مرحلتين، وبالرغم من أن هذا التطوير في نظام الامتحانات في الشهادة الثانوية العامة في مصر- قد استعير من نظم الامتحانات في إنجلترا، إلا أن هناك فرقا كبيرا؛ حيث إن النظام التعليمي هناك يركز على تقويم مختلف جوانب أداء الطلاب أثناء الدراسة بالمرحلة الثانوية[2].

وبذلك يتضح أن الامتحانات تفتقر إلى نظم التقويم الشامل للطلاب، وذلك لأنها لا تقيس كل نشاط يقوم به الطالب، وكما أنها لا تقوم جميع الجوانب التي تتعلق بنمو الطالب في المعلومات، القدرة على التفكير، ميول الطلاب، التكيف الشخصي- الاجتماعي لهم، نقاط الضعف في التدريس والصعوبات التي يقابلها التلميذ، هذا بالإضافة إلى أن هذه الامتحانات تعاني من مشكلة الثبات مما يجعل المدرس يقوم بالتدريس طوال العام دون تقويمه لنمو الطالب في أي جانب من الجوانب[3].

ولعل الوزارة قد وقفت على هذه الجوانب من القصور، ومن هنا فقد أصدرت القرار الوزاري رقم (٢٥٥) بشأن تطبيق نظام التقويم الشامل، والذي بدأت تطبيقه على الصفوف الثلاثة الأولى من مدارس الحلقة الابتدائية من التعليم الأساسي، والذي يعتمد على مرتكزات أساسية وهي:[4]

---

(١) **وزارة التربية والتعليم**، قانون رقم (١٦٠) لسنة ١٩٩٧ بتعديل بعض أحكام قانون التعليم الصادر بالقانون رقم (١٣) لسنة ١٩٨١، (القاهرة: مطبعة الوزارة، ١٩٩٧).

(٢) **كامل جاد**، التعليم الثانوي في مصر في مطلع القرن الحادي والعشرين، (القاهرة: دار قباء، ٢٠٠٢)، ص ١٢٠.

(٣) **رئاسة الجمهورية**، تقرير المجلس القومي للتعليم والبحث العلمي والتكنولوجي، الدورة التاسعة والعشرين، (القاهرة: المجالس القومية المتخصصة، ٢٠٠١/٢٠٠٢)، ص ص ٢٧-٣٣.

(٤) **وزارة التربية والتعليم**، قرار وزاري رقم (٢٥٥) بتاريخ ٢٠٠٥/٩/١٠ بتطبيق نظام التقويم التربوي الشامل على الصفوف الثلاثة الأولى من الحلقة الأولى من التعليم الأساسي، (القاهرة: مكتب الوزير، ٢٠٠٥).

- إن التقويم الشامل عملية مستمرة طوال العام وتشتمل كافة الأنشطة التي يزاولها الطالب في المدرسة.

- الشمول لجميع جوانب نمو الطالب (المهارية والمعرفية والوجدانية والحياتية ومهارات التفكير) مع تنوع أساليب التقويم.

- استخدام ملف الطالب "البورتفيليو" والذي من خلاله يتم جمع عينات من عمل التلميذ وأنشطته وتسجيل مدى ما حققه من تقدم في مزاولة الأنشطة المختلفة.

(٤) الأنشطة المدرسية.

تساعد الأنشطة المدرسية على تكوين الشخصية المتكاملة، كما أنها تدعم الجانب المعرفي والتربوي والتي تسعى المدرسة الثانوية نحو تحقيقه؛ لذلك فقد أولت الوزارة أهمية لهذه الأنشطة من خلال إنشاء مجمعات للأنشطة بالمحافظات، وذلك للتغلب على مشكلة الأفنية الصغيرة وحتى يتمكن تلاميذ المدارس ذات المساحات الصغيرة من ممارسة الأنشطة [١].

وبرغم ما كتب ونادى به كثير من الباحثين من الدور المهم الذي تلعبه هذه الأنشطة في تكوين الشخصية السوية السليمة، وبالرغم من الجهود التي تبذلها الوزارة، إلا أن هناك جوانب سلبية في ممارسة هذه الأنشطة، **والتي ترجع إلى الأسباب التالية:**

- قلة أعداد المدرسين المؤهلين في هذا المجال.

- تعنت القيادات المدرسية وتراجع دورها على الاهتمام بالأنشطة داخل المدرسة وخاصة الأنشطة الرياضية [٢].

- التدريس ينصب بالدرجة الأولى على المقررات المدرسية المنفصلة، بينما تأتي الخدمة التربوية منفصلة عنه وليست مكملة له.

- اهتمام المدرسة بالجانب المعرفي في العملية التعليمية على حساب الجانبين الوجداني والمهاري، بالرغم من تأثيرهم الإيجابي على العملية التربوية.

ـــــــــــــــــــــــــــــ

(١) **وزارة التربية والتعليم**، مبارك والتعليم: ٢٠ عاما من عطاء رئيس مستنير، (القاهرة: قطاع الكتب، ٢٠٠٠)، ص ص ٦٥-٦٦.

(٢) **أيمن محمد الخولي**، أصول التعليم: رؤى مستقبلية لتطوير التعليم في القرن الحادي والعشرين في جمهورية مصر العربية، (بيروت: دار الراتب الجامعية، ٢٠٠٠)، ص ١٠٧.

- ربط مفهوم التعليم بالعمل وذلك لتحقيق الربط بين الجوانب النظرية والتطبيقية.
- ربط المناهج بالبيئة المحلية واحتياجات المجتمع بأسلوب غير تقليدي.
- إكساب الطلاب مهارات التفكير وأسلوب حل المشكلات بطريقة عملية.
- بلورة الميول المهنية للطلاب والتعرف على اتجاهاتهم بطريقة علمية.
- إكساب الطلاب قيم احترام العمل وتعزيز العمل اليدوي وتعليمهم الصبر وتحمل المسئولية وتقدير العمل التعاوني وتحفيزهم على الابتكار والإبداع.

وبذلك يتضح مدى حرص الوزارة على تطوير التعليم الثانوي وإدخال النواحي المهنية جنبا إلى جنب النواحي الأكاديمية، هذا بالإضافة إلى عديد من الفوائد التي سوف تعود على المدرسة من وراء تطبيق هذا المشروع، من حيث جعلها بيئة تعلم شيقة بالنسبة للطلاب، ومنطقة جذب لا نفور لهم بالإضافة إلى تأكيد ذاتهم واكتشاف ميولهم المهنية من خلالها، هذا إلى جانب ربط المدرسة باحتياجات المجتمع المحلي.

ولكن عدم وضوح الأهداف التربوية للوحدة المنتجة لدى مديري المدارس والمعلمين والطلاب، بالإضافة إلى اللوائح التنظيمية داخل المدرسة والتي تحد من الابتكار والإبداع داخل هذه الوحدة، هذا إلى جانب وجود فصل بين النشاطات المنتجة المقترحة والأنشطة المنهجية في كل مناهج التعليم بالمدرسة الثانوية وعدم الترويج إعلاميا لهذه الوحدة، حد من قدرة الإدارة المدرسية على الاستثمار الأمثل لإمكانيات هذه الوحدة في تحقيق الهدف الأساسي منها وهو دمج الجانب الأكاديمي بالمهني للطلاب[1].

وبذلك نجد أنه على الرغم من الفوائد العديدة التي كانت يمكن أن تعود على الطلاب والمعلمين والإدارة سواء كانت فوائد مهنية أم مادية من هذه الوحدة والتي كانت تستطيع أن تفجر من طاقاتهم الابتكارية والإبداعية، وفي الوقت نفسه كان يمكن أن تكون الجسر الذي يربط الطلاب بسوق العمل الحالية والمستقبلية، إلا أن التطبيق الفعلي لهذا المشروع قد كشف على عديد من الصعوبات التي تحول دون تحقيق الهدف المنشود منه.

---

(١) **نادية محمد عبد المنعم، محمد فتحي قاسم**، الخصائص التنظيمية لبيئة المدرسة الابتكارية وعلاقتها بدعم المدرسة كوحدة منتجة في ضوء الاتجاهات المعاصرة، مرجع سابق، ص ص ١٣٨-١٣٩.

(٣) المكتبة:

تعد المكتبات مصدرا مهما من مصادر المعرفة، لذلك فقد اهتمت الوزارة بتزويد المكتبات المدرسية بالمواد المطبوعة وغير المطبوعة، وذلك بموجب القرار الوزاري رقم (٣٦٩) والذي نص على تزويد المدارس بالمطبوعات السابقة، وأن يتم ذلك مركزيا عن طريق الإدارة العامة للمكتبات بالوزارة[1].

حيث يتم اختيار هذه الكتب من قبل لجنة مشكلة من العاملين داخل الوزارة ومن خارجها من أساتذة الجامعات، حيث تختص هذه اللجنة بما يلي:

- مراجعة واختيار الكتب التي ترى تزويد المكتبات المدرسية بها.
- يجوز للجنة إضافة أو حذف العناوين التي ترى عدم مناسبتها للمكتبات[2].

وبذلك نرى مدى حرص الوزارة على تزويد المدارس بالمكتبات وذلك من خلال وعيها بمدى أهمية المكتبة في تنمية مهارات البحث العلمي لدى طلاب المرحلة الثانوية، وإتاحة الفرص أمامهم لتعدد مصادر المعرفة، ولكن يفتقد هذا القرار الوزاري إلى إشراك بعض أعضاء الإدارة المدرسية، بل وكذلك الطلاب ضمن لجنة اختيار الكتب، ذلك لتلبية احتياجاتهم ورغباتهم ومقابلة لميول الطلاب واتجاهاتهم، كما أن هذه المكتبات يجب ألا تعتمد على توافر الكتب فقط ولكن كذلك يجب أن تزود بالعديد من وسائل الاتصال الحديثة والوسائط المتعددة التي يجعل منها منهل للمعرفة، حتى تكون مصدرا لتحقيق التجديد والتطوير الذاتي لجميع القوى البشرية داخل المدرسة وتساعدهم على التحسين المهني المستمر في أدائهم، ويحتاج هذا إلى إدارة مدرسية قادرة على توظيف كافة الموارد البشرية والمادية داخل وخارج المدرسة لتحقيق هذا الهدف، وواعية بأهمية هذه الوحدة بداخلها.

ب - نظم الاتصال والمعلومات:

تلعب نظم الاتصال والمعلومات دورا مهما في اتخاذ القرارات السريعة والرشيدة، بالإضافة إلى سهولة تدفق البيانات والمعلومات بين العاملين داخل المنظمة وبينها وبين

---

(١) **وزارة التربية والتعليم**، قرار وزاري رقم (٣٦٩) بتاريخ ٢٠٠٣/١١/٥ بشأن تزويد المكتبات المدرسية بالمواد المطبوعة وغير المطبوعة والأجهزة، (القاهرة: مكتب الوزير، ٢٠٠٣).

(٢) **وزارة التربية والتعليم**، قرار وزاري رقم (٢٧٦) بتاريخ ٢٠٠٣/١١/٢٢ بشأن إعادة تشكيل لجنة اختيار كتب المكتبات المدرسية، (القاهرة: مكتب الوزير، ٢٠٠٣).

البيئة الخارجية، وانطلاقا من وعي الإدارة بأهمية هذه النظم داخل المدرسة الثانوية، فقد تم إنشاء وحدة "المعلومات والإحصاء" والتي تهدف إلى "المساهمة في تحقيق نظام المعلومات الشامل والمتكامل، الذي يلبي كافة متطلبات المستويات الإدارية المختلفة من معلومات وبيانات ومؤشرات داعمة لاتخاذ القرارات بصورة دقيقة وسريعة ابتداء من المدرسة والإدارة التعليمية والمديرين، حتى ديوان الوزارة في ظل الحكومة الإليكترونية"[١].

وبالرغم من توافر هذه الوحدة داخل المدرسة إلا أن مسئولياتها اقتصرت على تسجيل بيانات جميع العاملين من الطلاب داخل المدرسة، ولم تتفرع إلى نظم معلومات فرعية - إستراتيجية، تنفيذية، مالية، معرفية - وغيرها من النظم التي يمكن من خلالها تحقيق الاستفادة القصوى من الموارد البشرية والمالية داخل المدرسة وتحقيق ميزة تنافسية لها؛ وقد أكد أحد الأبحاث أنه على الرغم من الأهمية الكبيرة التي سوف تعود على المدرسة الثانوية من توافر نظم الاتصال والمعلومات الفعالة داخل المدرسة، إلا أن هذه النظم لم يتم تفعيلها بالقدر اللازم لمواجهة والتكيف مع التغيرات التكنولوجية الجديدة مما حد وأثر على درجة الاستفادة منها[٢]، وهو ما يمكن أن يكون له مردود سلبي على مدى إمكانية تنفيذ الخطة الإستراتيجية الموضوعة للمدرسة الثانوية، والذي تعد نظم المعلومات والاتصال أحد المتطلبات الأساسية فيها.

ج -الموارد المالية.

تلعب الموارد المالية دورا فعالا في إتاحة الفرص أمام الإدارة المدرسية لتحقيق التحسينات المستمرة، ولكن نجد أن نظم تمويل التعليم قبل الجامعي بصفة عامة تتسم بالمركزية، والذي قد يرجع بالدرجة الأولى إلى طبيعة النظام التعليمي وهو ما لا يمكن المدرسة الثانوية من تحقيق الاستقلالية المالية التي يمكن أن تعود عليها بعديد من الفوائد وتحقق الأهداف المرجوة.

وبالنظر إلى ميزانية المدرسة الثانوية نجد أنها مقسمة على: النشاط - التربية الاجتماعية - المعلمين - مصاريف أخرى، وجميع هذه المبالغ توضع في حساب البنك

---

(١) **وزارة التربية والتعليم**، قرار وزاري رقم (٩٩) بتاريخ ٢٠٠٢/٨/٦ بشأن إنشاء المدارس بجميع المراحل التعليمية المختلفة وحدة المعلومات والإحصاء، (القاهرة: مكتب الوزير، ٢٠٠٢).

(٢) **نادية محمد عبد المنعم**، معوقات أداء الإدارة المدرسية عن تحقيق أهداف التعليم الثانوي العام، مرجع سابق، ص ١١٥.

باسم مدير الإدارة، ولا يحق لأحد السحب منها إلا بتوقيع منه، وقد يؤدي ذلك إلى تعطيل أوجه الإنفاق الضرورية في حالة غياب مدير الإدارة أو معارضته للصرف [١].

وقد قامت الوزارة بالسعي جاهدة لتحقيق بعض الوفورات المالية للمدرسة الثانوية، وذلك من خلال جعل نسبة ٨٠% من المصروفات المدرسية من حق المدرسة، وذلك حتى تتمكن من القيام بعمليات التجديد المطلوبة [٢].

وبذلك يتضح اتجاه الوزارة نحو تحقيق بعض الوفورات المالية، والتي تساعد الإدارة المدرسية على الوفاء بكثير من متطلبات التجديد الذاتي، كما أن هذا الاتجاه يحتاج إلى إدارة مدرسية متميزة تستطيع أن تحقق أقصى استفادة ممكنة من الموارد المالية المتاحة في تلبية احتياجات الخطة الإستراتيجية الموضوعة، ولديها كذلك القدرة على توفير المزيد من خلال ما يلي:

- الاستغلال الأمثل للوحدات الموجودة لديها مثل الوحدة المنتجة والتي يمكن من خلال تفعيلها توفير بعض الوفورات المالية للمدرسة، كما أنه من خلال تفعيل وحدة التدريب يمكن توفير بعض الموارد المالية من الميزانية والمخصصة للتدريب.
- بالإضافة إلى الموارد المتاحة في البيئة الخارجية من خلال منظمات ومؤسسات المجتمع المدني، والتي يمكن للإدارة المدرسية من خلال حسن استثمارها تحقيق بعض الوفورات المالية للمدرسة.

وفي مقابل ذلك يمكن تأسيس نظام محاسبي صارم يحاسب على النتائج المحققة؛ حيث إن الاستقلالية المالية سوف تساعد على نشر مناخ تنافسي داخل المدرسة يحقق لهذه المرحلة الأهداف المرجوة.

د - نظم العمل والتقنية اللازمة لأداء الأعمال داخل المدرسة .

يلعب العمل الجماعي داخل المدرسة الثانوية دورا كبيرا في نشر روح الحب والتعاون بين الأفراد والمشاركة الإيجابية في تحمل مسئوليات العمل؛ حيث تتألف البنية التنظيمية

---

(١) **أحمد إبراهيم أحمد**، القصور الإداري في المدارس: الواقع والعلاج، (القاهرة: دار الفكر العربي، ٢٠٠٠)، ص ٢٧.

(٢) **وزارة التربية والتعليم**، قرار وزاري رقم (٢٢٦) بتاريخ ٢٠٠٥/٨/٢٤ بشأن تحديد الرسوم والغرامات والاشتراكات ومقابل الخدمات التي تحصل من طلبة وطالبات المدارس بمختلف مراحل التعليم للعام الدراسي ٢٠٠٥/٢٠٠٦، (القاهرة: مكتب الوزير، ٢٠٠٥).

لفرق العمل في المدارس المعاصرة من قادة ومعلمين وأخصائيين وإداريين وطلبة وأولياء أمور وعمال وأعضاء من المجتمع المحلي، ويعتبر كل واحد منهم مسئول عن جزئية معينة من هذا العمل والذي يحتاج إلى تشجيع مدير المدرسة المنافسة داخل الفريق والمنافسة مع الفرق الأخرى وتطبيق مبادئ واحدة في تقويم الأعضاء تحقيقا للعدالة والمساواة [١].

وبذلك تتضح الأهمية القصوى التي يمكن أن تعود على تحسين مستوى الأداء الكلي للمدرسة من ممارسة العمل من خلال فرق العمل.

وبالنظر إلى التقنية الحديثة المستخدمة في العملية التعليمية والتي ينصب التركيز فيها على مدى قدرة الإدارة والمعلمين وأولياء أمور الطلاب على استخدام الحاسب الآلي، نجد ضعف برامج التدريب المقدمة للإدارة المدرسية والمتعلقة بإمكانية استخدام الحاسب الآلي ومدى أهميته في العمل الإداري والتي قد تعوقه عن استخدامه والتي تم توضيحها في المحور السابق، أما بالنسبة للمعلمين وأولياء الأمور فنجد عدم الاستعداد الكافي من قبل أولياء الأمور لاستخدامه بالإضافة إلى ضعف الإعداد والتأهيل الكافي للمعلمين وعدم وعيهم بأهميته الكبرى والعوائد التربوية التي يمكن أن تعود من استخدامه في تفعيل العملية التعليمية [٢].

أما فيما يتعلق بالطلاب، فإن أهمية الحاسب الآلي في المدارس الثانوية تكمن في مدى قدرتهم على استخدام شبكة المعلومات، والتي تساعدهم إلى حد كبير في التدريب والحصول على المعلومات والمعرفة التي هم بحاجة إليها، مما ينمي مهارات البحث الذاتي لديهم، ولكن هناك العديد من الصعوبات التي تواجه هؤلاء الطلاب ولعل من أهمها [٣]:

- تدني مستوى إلمام الطلاب باللغة الإنجليزية، حيث إن معظم الدارسين والمشاركين يتحدثون الإنجليزية.

(١) **نادية محمد عبد المنعم**، المتطلبات الفنية لمدير المدرسة العصري، (القاهرة: المركز القومي للبحوث التربوية، ٢٠٠٠)، ص ص ٥١-٥٢.

(٢) **محمد سيف الدين**، " مصر وتحديات المستقبل- قطاع التعليم وتحدياته"، المجلة المصرية للتنمية والتخطيط، المجلد العاشر- العدد الثاني، ديسمبر ٢٠٠٢، ص ٢١٥.

(٢) **فتحي درويس عشيبة، علي عبد الرؤوف نصار**، " دور المدرسة الثانوية العامة في إعداد الطلاب لمجتمع المعلوماتية .. الواقع وسبل التفعيل"، مجلة التربية، الزقازيق، عدد ٤٥ سبتمبر ٢٠٠٣، ص ص ٣٠٤-٣٠٦.

- ضعف مهارات استخدام الطلاب للحاسب الآلي والذي قد يرجع إلى تدني مؤهلات وقدرات معلمي الحاسب الآلي، وبالتالي عدم قدرة هؤلاء المعلمين على تنمية مهارات التعلم الذاتي وتكوين العقلية الناقدة لدى الطلاب.

- قصور الدور الذي تقوم به الإدارة المدرسية في إعداد الطلاب لمجتمع المعلوماتية.

وبذلك يتضح مدى أهمية اللغة الإنجليزية في استخدام شبكة المعلومات، ونظرا لحرص الدولة على ذلك، أصدرت القرار الوزاري رقم (٩٩) بتاريخ ٢٠٠٣/٦/٨ بجعل مادة اللغة الإنجليزية مادة أساسية تدرس اعتبارا من العام الدراسي ابتداء من الصف الأول الابتدائي للعام الدراسي ٢٠٠٣/٢٠٠٤.

ومن هذا المحور نجد أن **هناك عديدا من جوانب القصور فيما يتعلق بالعناصر المادية داخل** المدرسة الثانوية، والتي يعد توافرها بداخلها أحد أهم المتطلبات الأساسية لتنفيذ الخطة الإستراتيجية الموضوعة.

٤- العناصر المعنوية.

تتمثل العناصر المعنوية في مدى قدرة الإدارة المدرسية على تهيئة بيئة إبداعية داخل المدرسة الثانوية تساعد جميع الموجودين على إطلاق القدرات الابتكارية والإبداعية، حيث تتأثر هذه البيئة بمجموعة من العناصر، والتي سوف يتم التعرض لها للوقوف على مدى تكاملها لتوفير مثل هذه البيئة ومدى قدرة الإدارة المدرسية على الوفاء بهذه العناصر وهي تتمثل فيما يلي:

أ-مناخ العمل السائد داخل المدرسة.

يؤثر مناخ العمل على العلاقات السائدة بين العاملين، هل هو مناخ جيد يساعد على تكوين علاقات إيجابية بين العاملين تساعد على انتشار روح الود والتعاون والحب بينهم؟ أم هو مناخ منفر وداعي للتفكك وغير مشجع على تبادل الخبرات بين العاملين داخل المدرسة الثانوية؟ حيث يحتاج هذا المناخ إلى إدارة مبدعة لديها القدرة على توطيد العلاقات بين جميع العاملين لضمان تعاونهم ومشاركتهم في تحقيق الرؤية الموضوعة لدى المدرسة، حيث إن توافر هذا المناخ يحتاج إلى قائد ناجح يحترم شخصية كل فرد، ومؤمن بأهمية المشاركة والتعاون في العمل، وقادر على تحقيق العدل والمساواة بين الأفراد

بالإضافة إلى قدرته على تغذية هذه العلاقات ودعمها، حتى يستطيع تحقيق التحسين والتجديد المستمر داخل مدرسته[1].

ورغم أهمية هذا المناخ وضرورة توافره داخل المدرسة الثانوية، نجد افتقار المدرسة الثانوية لهذا المناخ والذي يؤدي إلى ضعف العلاقات بين العاملين من ناحية، وبينهم وبين أولياء الأمور والبيئة الخارجية من ناحية أخرى، مما ينعكس سلبا على جميع الموجودين داخل المدرسة ويجعلهم أكثر حرصا على تنفيذ اللوائح دون محاولة الابتكار أو الإبداع داخل عملهم[2].

ب - نظم الحوافز.

يؤدي ارتباط الحافز بالأداء إلى تشجيع وحث جميع العاملين على العمل وابتكار أساليب وطرق جديدة للعمل، سواء على مستوى الإدارة المدرسية من خلال سعيها لإيجاد حلول مبتكرة للمشكلات التي تتعرض لها، أو على مستوى المعلمين من خلال سعيهم المستمر لاستخدام أساليب وطرق تدريس مبتكرة مما يكون له أثره الإيجابي على العملية التعليمية وإنجاح عملية التحسينات المستمرة التي تسعى المدرسة لإحداثها.

وبالنظر إلى الوضع الحالي داخل المدرسة، نجد الحوافز التي يحصل عليها العاملون بالمدرسة **يمكن تصنيفها على النحو التالي:**

- حوافز بحد أدنى ستون جنيها وأقصى خمسة وسبعين جنيها، حيث تعطى هذه الحوافز لجميع المعلمين بالإضافة إلى الإدارة المدرسية[3].

- حافز الأداء المتميز والذي يمنح الحاصلين على الماجستير حافز مائة جنيه والحاصلين على الدكتوراه حافز مائتين جنيه[4].

---

(١) **أحمد إبراهيم أحمد**، العلاقات الإنسانية في المؤسسة التعليمية، (الإسكندرية، دار الوفاء، ١٩٩٩)، ص ص ٣٠-٣١.

(٢) **نادية محمد عبد المنعم ومحمد فتحي قاسم**، الخصائص التنظيمية لبيئة المدرسة الابتكارية وعلاقتها بدعم المدرسة الثانوية كوحدة منتجة في ضوء الاتجاهات المعاصرة، مرجع سابق، ص ص ١٣٧، ١٣٨ .

(٣) **وزارة التربية والتعليم**، قرار وزاري رقم (١٨١) بتاريخ ١٩٩٣/٨/١ بشأن الحوافز الإضافية لجميع العاملين، (القاهرة: مكتب الوزير، ١٩٩٣).

(٤) **مجلس الوزراء**، قرار رئيس مجلس الوزراء رقم (٧٣٤) لسنة ٢٠٠٥ في شأن قواعد وإجراءات منح حافز أداء متميز للعاملين المدنيين بالدولة الحاصلين على درجة الدكتوراه وما يعادلها ودرجة الماجستير وما يعادلها، (القاهرة: مجلس الوزراء،٢٠٠٥).

- المكافآت التي سوف يحصل عليها أعضاء الإدارة المدرسية في حالة توافر الشروط الجديدة التي وضعتها الوزارة بموجب القرار الوزاري رقم (٢٥٣) بتاريخ ٢٠٠٥/٩/٦ والتي سوف تتراوح بين ثمانمائة جنيه وألفين جنيه حسب عدد الفصول في المدرسة[١].

وبذلك نجد أنه على الرغم من أن الوزارة ظلت لسنوات طويلة تحقق المساواة بين جميع العاملين بالمدارس في الحوافز والمكافآت، إلا أنها أدركت ضرورة تخصيص حوافز ترتبط بالأداء المتميز، وهذا بلا شك يعد خطوة مهمة في سبيل إتاحة الفرصة أمام جميع العاملين إلى تجديد أنفسهم باستمرار والوصول إلى مستويات عالية من الإبداع في وظائفهم.

ج- نظم الأجور.

يعد توزيع جميع العاملين على مستوى المدرسة طبقا للمؤهلات والخبرات والدرجات العلمية التي يحصلون عليها شيئا مهما، ولكن ربط الأجر بالأداء ومدى التميز والابتكار فيه يعد هو الآخر شيء لا يقل أهمية في خلق مناخ تنافسي- تعاوني يسعى الجميع فيه لتحقيق التقدم والتميز باستمرار ويدفعهم لتجديد مهاراتهم ومعلوماتهم بصفة مستمرة والبحث عما هو جديد في المجال.

ولكن الواقع يكشف لنا أن هناك عدم تناسب في رواتب المعلمين مع هيكل الوظيفة وحجم الجهود التي تقدم، نظرا للهيكل النمطي للرواتب والذي يتيح لجميع المدرسين بل والعاملين - على حصولهم على أجر واحد، مع وجود فروق في المرتبات بناء على المؤهلات الأكاديمية وعدد سنوات الخبرة دون النظر إلى الجهود المبذولة[٢].

ولعل التشريعات الأخيرة المتعلقة بتعديل هيكل الأجور طبقا لما يحصل عليه العاملون من مؤهلات ممتازة، حيث يتم زيادة الأجر بواقع مائة جنيه للماجستير ومائتين للحاصلين على درجة الدكتوراه[٣]، هذا التعديل سوف يساعد على التمييز بين العاملين

(١) وزارة التربية والتعليم، قرار وزاري رقم (٢٥٣) بتاريخ ٢٠٠٥/٩/٦، مرجع سابق.

(٢) محمد متولي غنيمة، تمويل التعليم والبحث العلمي العربي المعاصر: نموذج مقترح لقياس العلاقة بين التعليم الثانوي بشقيه العام والفني والنمو الاقتصادي للحد من الهدر في ميزانيات الإنفاق التعليمي، (القاهرة: الدار المصرية اللبنانية، ٢٠٠٢)، ص ٤٣.

(٣) مجلس الوزراء، قرار رئيس مجلس الوزراء رقم (٧٣٤) لسنة ٢٠٠٥، مرجع سابق.

وخلق جو ومناخ تنافسي يسعى فيه الجميع إلى تحسين مستواهم الأكاديمي قدراتهم ومهاراتهم، مما يمكن أن يكون له مردود إيجابي على تحسين العملية التعليمية.

ويتضح من المحور السابق **المتعلق بالعناصر المعنوية** ضعف قدرة بيئة المدرسة الثانوية بوضعها الحالي عن خلق مناخ تنافسي وتعاوني يشجع على التميز والابتكار والإبداع، والذي يرجع إلى المناخ الموجود داخل المدرسة الثانوية، ولعل هيكل الحوافز الذي تسعى الوزارة نحو تطبيقه سوف يساعد على توفير العناصر البشرية الجادة القادرة على تحقيق التجديد والتطوير الذاتي داخل مدارسهم، كما أنها تسعى جاهدة إلى تحقيق الرؤية الإستراتيجية الموضوعة.

ثانيا: استكشاف الواقع الميداني للبيئة الداخلية للمدرسة .

وقد تم استكشاف هذا الواقع من خلال الاستبيان والمقابلة الشخصية، ومن هنا فسوف يتناول هذا المحور العناصر التالية.

١- النتائج التي أفرزتها المقابلة الشخصية.

٢- النتائج التي أفرزها تطبيق الاستبيان.

١-النتائج التي أفرزتها المقابلة الشخصية.

تم الاعتماد على المقابلة الشخصية كأحد أدوات الدراسة الميدانية، التي تقوم على الاتصال الشخصي وجها لوجه بين الباحث والمبحوثين كل منهم على حدة، لجمع المعلومات عن الموضوع الذي تدور حوله الدراسة، حيث تعد المقابلة أداة مساعدة يمكن من خلالها الاسترسال في طبيعة الأسئلة، والتعمق بدرجة تسمح للباحث الكشف عن دوافع ورغبات المبحوثين[1]، وتمثلت عينة المقابلة الشخصية في عدد من الخبراء وبلغ عددهم (٢٣)، مقسمين كالآتي:

(٥) من المديريات التعليمية، (٤) من الإدارات التعليمية، (٣) من الأحزاب، (٢) من الجامعات، (٢) من المراكز البحثية، (٦) من الجمعيات الأهلية، (١) من التعليم الخاص، وقد تضمنت أسئلة المقابلة الشخصية سؤالين يتعلقان بالبيئة الداخلية وهما:

١- ما الشروط الواجب توافرها لدى القيادات المدرسية المبدعة القادرة على التخطيط الإستراتيجي ؟

---

(١) **حسين عبد الحميد أحمد رشوان**، العلم والبحث العلمي: دراسة في مناهج العلوم، (الإسكندرية: المكتب الجامعي الحديث،٢٠٠٤)، ص٧٦.

٢- ما المعوقات التي يمكن أن تعوق المدرسة الثانوية عن تنفيذ الخطة الإستراتيجية الموضوعة من وجهة نظر سيادتكم؟

وقد ركزت الإجابات على ما يلي:

١- فيما يتعلق بالشروط الواجب توافرها لدى القيادات المدرسية المبدعة القادرة على التخطيط الإستراتيجي، فإن هذه القيادة يجب أن تتمتع بالقدرات الآتية، وجاءت نسب الاستجابات كالتالي:

* أن نسبة حوالي ٨٠% من أفراد العينة ذكروا أهمية توافر القدرات التالية:

- أن يكون متمكنا من مهارات الحاسوب.

- أن يكون لديه القدرة على تحمل المخاطر وقبول تحديات التجديد.

- أن يهتم بالجانب الإنساني ومراعاة الفروق الفردية بين أفراد المجتمع.

- أن يتمكن من وضع وتحديد الرؤية الإستراتيجية وتوجيه المجتمع المدرسي نحو تحقيقها.

* أن نسبة حوالي ٧٦% من أفراد العينة ذكروا أهمية توافر القدرات التالية:

- أن يكون قادرا على حث أفراد المجتمع المدرسي على المشاركة في وضع وصياغة الرؤية الإستراتيجية.

- أن يستطيع فتح قنوات اتصال بالبيئة الخارجية المحيطة بالمدرسة.

- أن يكون لديه وعي بالمفاهيم والأساليب الإدارية الحديثة.

- أن تتكامل شهاداته وخبراته ودوراته التدريبية مع الاتجاهات الجديدة في الإدارة.

- أن تكون لديه المرونة في العمل وفي تطبيق اللوائح والتشريعات.

- أن يخضع لاختبارات من قبل لجنة علمية للتأكد من مدى قدرته على القيادة.

- أن تكون لديه القدرة على الاستفادة القصوى من الإمكانيات البشرية والمادية المتاحة داخل المدرسة.

* نسبة حوالي ٥٥% من أفراد العينة ذكروا أهمية توافر التالي:

- أن يستطيع تهيئة بيئة إبداعية محفزة على التغيير والتطوير الذاتي.

* نسبة حوالي ٤٠% من أفراد العينة ذكروا أهمية توافر القدرات التالية.

- أن يتمكن من الاستفادة من كافة الوحدات المستحدثة داخل المدرسة.

- أن يكون لديه الوعي بأهمية العمل الفريقي.

- أن تكون لديه الرغبة على مواصلة تثقيفه الإداري.

٢- ما المعوقات التي يمكن أن تعوق المدرسة الثانوية عن تنفيذ الخطة الإستراتيجية الموضوعة من وجهة نظر سيادتكم؟ وقد تركزت أهم هذه المعوقات فيما يلي:

* نسبة حوالي ٩٦% من أفراد العينة ركزوا على المعوقات التالية:

- مركزية النظام المالي والإداري المتبع داخل المدرسة الثانوية.

- ضعف تعاون المدرسة مع المجتمع المحلي لدعم ومساندة هذا التجديد.

- تدني المستوى التقني داخل المدرسة.

* نسبة حوالي ٩٠% من أفراد العينة ركزوا على المعوقات التالية:

- ضعف الكوادر البشرية (الطالب – المعلم – المدير) المتفهمة للتجديد والتطوير.

- تضارب القرارات الوزارية.

- ضعف الرؤية المشتركة بين المدير وأعضاء المجتمع المدرسي لإحداث التجديد والتطوير.

* نسبة حوالي ٨٥% من أفراد العينة ركزوا على المعوقات التالية:

- غياب التخطيط الإستراتيجي.

- ضعف قناعة المعنيين بأهمية التخطيط الإستراتيجي.

* نسبة حوالي ٧٣% من أفراد العينة ركزوا على المعوقات التالية:

- غياب فكرة العمل الجماعي.

- مشاكل تنظيمية تتصل بالجداول.

- وجود مشاكل تنظيمية تتصل بالمناهج والخطط والأنشطة.
- ضعف اقتناع أفراد المجتمع المدرسي بالحاجة إلى التجديد والتطوير.

٢-النتائج التي أفرزها تطبيق الاستبانة.

تم الاستعانة بالاستبانة بجانب المقابلة الشخصية، حيث يعد الاستبيان أحد الأساليب المهمة لجمع البيانات والمعلومات المطلوبة والتي تتعلق بموضوع أو موضوعات بهدف الحصول على المعلومات المطلوبة حول هذا الموضوع من خلال التعرف على استجابات المستجيبين [١]، ونظرا للصعوبة البالغة لإجراء التطبيق على المجتمع الأصلي بأكمله، فإنه يكتفي بعدد قليل من تلك المفردات يأخذها في حدود الوقت والجهد والإمكانيات المتاحة، ويبدأ بدراستها وتعميم نتائجها على المجموع [٢].

وقد تم اختيار عينة عشوائية عنقودية Cluster Random Sampling؛ حيث تم اختيار فئات المجتمع عشوائيا، ثم نختار عشوائيا بعض أجزاء من هذه الفئات، ويستمر هذا التسلسل حتى نصل إلى مفردات المجتمع، حيث تعد هذه الطريقة من أكثر الطرق استخداما في البحوث الميدانية [٣].

وتم اختبار عينة تمثلت في (١٥٠) مديرا من المجتمع الأصلي البالغ عدد (١٥٤٧)، و(١٥٥) ناظرا من إجمالي (١١٩٥)، و(١٤٠) وكيلا من إجمالي (٧٠٣٩)، و(١٥٠) مدرسا أول من إجمالي (٢٠١٨٩).

وقد تم التطبيق على محافظات (القاهرة الكبرى - الإسكندرية - قنا - بني سويف - الشرقية)، حيث تضمنت هذه المحافظات بيئات متعددة حضرية وريفية وساحلية، كما أنها ممثلة لمناطق من الوجه البحري والقبلي، وقد كانت أهم النتائج التي تم التوصل إليها ما يلي [٤]:

(١) **كمال عبد الحميد زيتون**، منهجية البحث التربوي والنفسي من المنظور الكمي والكيفي، (القاهرة:عالم الكتب، ٢٠٠٤)، ص ٨٢.
(٢) **محمد شفيق**، الخطوات المنهجية لإعداد البحوث الاجتماعية، (الإسكندرية: المكتب الجامعي الحديث، ٢٠٠٢)، ص ١٨٤.
(٣) **صلاح أحمد مراد**، الأساليب الإحصائية: في العلوم النفسية والتربوية والاجتماعية، (القاهرة: مكتبة الانجلو المصرية، ٢٠٠٠)، ص ٢٠٤.
(٤) **انظر:** استبانة استكشاف البيئة الداخلية ص ص ١٣٤ - ١٣٨.

- فيما يتعلق بالعناصر البشرية.

* إيجابيات العناصر البشرية:

- اهتمام أعضاء الإدارة المدرسية بتنظيم الوقت؛ لأن ذلك سوف يتيح لهم تخصيص جزء من وقتهم للنشاط الابتكاري.

- واهتمامهم بإعداد برامج تطويرية للعاملين، والتي ربما ترجع إلى خبرتهم الطويلة في مجال التعليم.

- انتهاج الإدارة لأسلوب العصف الذهني للحصول على الحلول المبتكرة للمشكلات التي تقابلهم.

- وعي الإدارة بأهمية التفويض في تنمية الجانب الإبداعي لديهم.

- تحفيز الإدارة المعلمين لتبني أساليب جديدة ومبتكرة للتدريس داخل فصولهم.

- وعي الإدارة بأهمية مشاركة العاملين في تقديم الأفكار الإدارية.

- إتاحة الإدارة للمرءوسين أن يكونوا قادة في موقعهم، والتي تعكس أهمية العمل الفريقي في الإثراء بالتفكير الإبداعي لدى جميع العاملين.

- الإدارة المدرسية: اهتمام القرارات الوزارية بإكسابهم كثير من الاختصاصات مع السلطات الإدارية والمالية، واهتمام برامج التدريب بإكسابهم العديد من القدرات التي تساعدهم على تنفيذ الرؤية الموضوعة لمدارسهم.

- المعلمين: الاهتمام ببرامج تدريبهم، وارتفاع نسبة المعلمين ذوي التأهيل التربوي، بالإضافة إلى رغبتهم في استخدام تكنولوجيا المعلومات في العملية التعليمية.

- الطلاب: تركيز نظم التقويم الحالية على الجوانب المعرفية.

* سلبيات العناصر البشرية:

- الإدارة المدرسية: إغفال جوانب تدريبهم للأمور المالية رغم إعطائهم السلطات المالية بموجب القرارات المنظمة لأعمالهم.

- المعلمين: ضعف امتلاكهم لمهارات استخدام الحاسب الآلي، وشبكة الإنترنت، بالإضافة على ضعف توافر العدد الكافي من معلمي الأنشطة، مما

يقف عائقا أمام القيادات المدرسية عند قيامها بعملية التجديد والتطوير، حيث يعد المعلمين هم أساس إنجاح العملية التعليمية.

- الطلاب: إغفال نظم التقويم للجوانب السلوكية وجوانب الإرشاد المهني، مما يكون له أثره السلبي على العملية التعليمية.

- ضعف الوعي لدى الكثير من أفراد العينة بالأساليب والطرق المختلفة لتنمية مهارات التفكير الإبداعي واعتمادهم على التدريب فقط.

- قصور الإدارة المدرسية في تهيئة البيئة الشيقة والجاذبة لتعلم الطلاب.

- الروتينية في تطبيق اللوائح والتشريعات والتي تعكس ضعف مرونة الإدارة المدرسية في التنفيذ مما انعكس بشكل مباشر وسلبي على تهيئة البيئة الملائمة لإبداع المعلمين.

- ضعف وعي أفراد العينة بأهمية نظم الاتصال المفتوحة مع المدارس الأخرى لتبادل الخبرات.

- ضعف قدرات الإدارة المدرسية في تهيئة البيئة المدرسية المحفزة للطلاب على التعلم الذاتي.

-فيما يتعلق بالعناصر المادية:

* إيجابيات العناصر المادية:

- تسجيل الإنجازات على شبكة الإنترنت.

- واستخدام أساليب الاتصال التقليدية المتمثلة في الأحاديث المفتوحة وصناديق الشكاوى.

* سلبيات العناصر المادية:

- افتقار المدرسة لنظم المعلومات المختلفة.

- ضعف قدرة وحدة التدريب عن القيام بمهامها.

- ضعف قدرة الوحدة المنتجة عن ربط المدرسة بالبيئة الخارجية.

-فيما يتعلق بالعناصر المعنوية:

* إيجابيات العناصر المعنوية:

- استخدام الإدارة المدرسية لعناصر التحفيز المعنوي؛ ليقينهم بما تتركه هذه العناصر من أثر طيب في نفوس العاملين ورضا عن العمل وتحسين مستمر في قدراتهم.

- تحفيز المعلمين للطلاب في البحث على الإنترنت، رغبة منهم في الإثراء بالجانب الأكاديمي.

- إعداد جداول مرنة، حرص أعضاء الإدارة المدرسية على قيام المعلمين بعمليتي التعليم والتعلم.

- اتخاذ القرارات المشتركة لرغبة أفراد العينة في تحمل الجميع مسئولية تنفيذ القرارات.

- وعي أفراد العينة بأهمية اتجاه الوزارة نحو اللامركزية.

- وعي أفراد العينة بأهمية العمل الفريقي.

* سلبيات العناصر المعنوية:

- نظم الحوافز المادية المطبقة حاليا: والتي جنحت إلى المساواة بين العاملين داخل المدرسة وعدم إثابتها للمتميزين مما يحد من خلو جو تنافس بينهم.

- جمود المناخ المدرسي الداخلي وإعاقته لأعضاء الإدارة المدرسية عن تحقيق الرؤية الإستراتيجية الموضوعة داخل مدارسهم.

* نتائج الأسئلة المفتوحة.

١- المشكلات التي تعوق الإدارة المدرسية من تحقيق الخطة الإستراتيجية الموضوعة لمدارسهم.

- جمود بعض القرارات مثل القرار (٢٣٧) لسنة ٢٠٠٤/٩/٦ - والذي يعطي الطلاب فرصة للغياب بموجب شهادة مرضية من أي طبيب - والذي أتاح الفرصة أمام الطلاب للتمارض مما يترتب عليه إشاعة الفوضى في المدرسة.

- قلة خبرة المعلمين حديثي التخرج للعمل بالمدرسة الثانوية.

- ضعف قدرات الإدارة المدرسية على الاستخدام الأمثل للأساليب التكنولوجية في الإدارة.

- ضعف مواكبة العناصر البشرية للتطورات والتغييرات المحيطة.

- شكلية الوحدات المستخدمة مثل وحدة التدريب، الإحصاء، المنتجة وقلة توافر الموارد المالية والبشرية المؤهلة للعمل بهذه الوحدات.

- ضعف الموارد والإمكانيات المالية اللازمة للتجديد.

- أن ٨٠% من المصروفات المدرسية يذهب إلى صندوق المشروعات والتأمين الصحي والإدارة، كل بنسبة معينة، ولا يتبقى للصرف على المدرسة إلا القليل.

- ضعف نظم الاتصال والمعلومات داخل المدرسة.

- ضعف التحفيز المعنوي المقدم من المديريات / الإدارات التعليمية لأعضاء الإدارة المدرسية، لحثهم على استمرار النجاح.

- تقارير الكفاية لا يراعي في بعضها الموضوعية وإنما تقدم لإرضاء الجميع.

- المناخ الذي يعمل فيه المدير والإدارة المدرسية لا يشجع على التجديد نظرا لكثرة المتابعين.

٢- مقترحاتكم بشأن تفعيل هذه العناصر: فقد شملت أهم هذه المقترحات ما يلي:

- مشاركة أعضاء الإدارة المدرسية في صنع القرارات حتى تكون أقرب إلى الواقع.

- إعطاء فرص للمدارس بإصدار بعض القرارات التي تخدم العمل في ظل الاتجاه إلى اللامركزية.

- إعطاء مدير المدرسة سلطة إلغاء نشرة أو قرار يصدر ولا يكون في صالح العملية التعليمية، مثل نقل مدرس متعاون ومجتهد مثلا.

- سن قوانين واضحة للمحاسبية، لضمان استمرار الإدارة المدرسية في عمليات التحسين وتحقيق الأهداف والنتائج المرجوة.

- توفير تشريعات خاصة بالتجديد المدرسي وتدريب الأفراد على ذلك.

- تجريب التشريعات على حيز ضيق قبل تنفيذها لتلافي أوجه القصور.

- وضع التشريعات على CD لسهولة التعامل معها والوصول إليها بسرعة.

- عمل جمعية مدرسية تقوم بعرض منتجات الوحدة المنتجة لأبناء الحي.

- السماح باستخدام برامج القروض والمنح التي لا ترد من قبل البنوك.

- التزام جميع الطلاب بدفع المصروفات، وأن تكون مخصصة بالكامل للمدرسة.

- ترحيل الوفورات المالية للأعوام التالية للاستغلال العاجل.

- تخصيص بعض الموارد المالية المتاحة لتدريب المعلمين (في المديريات) للنهوض بوحدة التدريب داخل المدرسة.

- توفير نظم عمل دقيقة وتقنية.

- الاستعانة ببعض الكفاءات الخارجية لتفعيل وحدة التدريب.

- الاستعانة بمراكز الشباب لممارسة الأنشطة من خلال يوم رياضي في الأسبوع.

- أن تتم الترقية من خلال تقديم أعضاء الإدارة المدرسية أبحاث تربوية مع الاهتمام بالدراسات العليا.

- وضع منهج استثنائي بجانب المنهج المدرسي يشترك فيه جميع الأطراف المعنية، وأن يتم تزويده بكافة الوسائل والمعينات التي تجعله شيق بالنسبة للطلاب.

- تنفيذ عملية التقويم التراكمي للمعلم، حتى يستمر في التجديد والتطوير ويستبعد من العملية التعليمية المعلم الضعيف أو يحول لأي عمل آخر.

- تعميم إستراتيجيات التعليم الذاتي التي تجعل الطالب باحثا ومشاركا ومكتسب للمهارات والمعلومات.

- الرجوع إلى المقابلة الشخصية عند القبول بكليات التربية.

- إعطاء مدير المدرسة سلطة إعطاء الحوافز المادية للمتميزين من الطلاب / المعلم / الإداريين.

- توفير وحدة داخلية لدعم متخذي القرار على مستوى الوزارة والإدارات والمديريات التعليمية تقوم بإمدادهم بكافة المعلومات التي يحتاجها مما يدعم ويقوي القرار.

- وضع ضوابط لحضور وانتظام الطلاب.

ثالثا: فيما يتعلق بنتائج الواقع النظري والميداني للبيئة الداخلية للمدرسة.

- فيما يتعلق بالعناصر البشرية.

١- بالنسبة للإدارة المدرسية نجد ما يلي:

* تدني القدرات الإبداعية لدى أعضاء الإدارة المدرسية، والتي قد ترجع بالدرجة الأولى إلى إغفال برامج تدريبهم على كيفية تنمية هذه القدرات، بالإضافة إلى غياب هذه القدرات ضمن شروط الاختيار والترقية.

* أهمية البرامج التدريبية التي يحصل عليها أعضاء الإدارة المدرسية، وكذلك المؤهل التربوي في تقييمهم الدقيق للبيئة الداخلية والوقوف على سلبياتها وإيجابياتها.

* إن مديري المدارس هم الأقدر على الإبداع الإداري داخل مدارسهم، وهم كذلك الأكثر خبرة في تقييم البيئة الداخلية لها.

* ظهور حزمة من التشريعات منحت الإدارة مزيدا من السلطات والاختصاصات، بالإضافة إلى الاهتمام ببرامج التدريب المقدمة لهم في الفترة الأخيرة، إلى جانب إدخال برامج الحاسب الآلي ضمن برامج الترقية، لإكسابهم مهارات الحاسب الآلي، وجميع هذه العناصر تساعد الإدارة المدرسية على التجديد والتطوير في مهنتهم، وبالتالي داخل مدارسهم؛ حيث إنها تساعدهم على القيام بأدوار جديدة ومختلفة.

٢- إغفال برامج التدريب المقدمة لهم للنواحي المالية، بالإضافة إلى عدم استخدام الحاسب الآلي لإعداد الميزانية وتواضع السلطات المالية المتاحة لهم، رغم أنها من الأمور المهمة التي تدعم الاستقلالية المالية للمدارس.

٣- تزايد أعداد المعلمين ذوي التأهيل التربوي المناسب من أجل تفعيل العملية التعليمية، والذي يلقي بالعبء على الإدارة لوضع خطط لتحقيق أقصى ـ استفادة ممكنة من هذه القوى البشرية.

٤- إجادة المعلمين لاستخدام تكنولوجيا المعلومات، برغم أن الإحصائيات أكدت افتقارهم لمهارات استخدام الحاسب الآلي وشبكة الإنترنت والتي حاولت برامج تدريبهم تلافيها وإكسابهم لهذه المهارات، بجانب إستراتيجيات التعلم والتدريس الجديدة.

٥- افتقار المدارس لمعلمي الأنشطة والتجهيزات اللازمة لممارستها رغم توفير الأماكن المخصصة لمزاولتها ولكن ليست بالقدر الكافي.

٦- افتقار نظم تقويم الطلاب إلى التقويم الشامل وتركيزها على النظم المعرفية فقط، والتي لا يمكن من خلالها إعداد طالب القرن الواحد والعشرين.

- **فيما يتعلق بالعناصر المادية.**

تفتقر المدرسة الثانوية لعديد من العناصر المادية، والتي تعد أحد المتطلبات الأساسية لتحقيق الرؤية الإستراتيجية الموضوعة للمدرسة ويتضح ذلك من النتائج التالية:

١- ضعف قدرات وحدة التدريب على القيام بالمهام الموكلة لها نتيجة تدني قدرات القائمين بها وقلة توافر الأجهزة والمستلزمات والأماكن المخصصة لها بالقدر الكافي مما ينعكس على تنمية قدرات المعلمين داخل المدرسة.

٢- افتقار المدرسة لنظم المعلومات المختلفة التي تمكنها من القيام بعملية التجديد بنجاح.

٣- تدني إمكانية الوحدة المنتجة من ربط المدرسة بالبيئة الخارجية والتي تعكس فشل هذه الوحدة في دمج الجانب الأكاديمي والمهني للطلاب؛ وذلك من أجل إعداد الطالب لعالم المهنة والعمل.

٤- توافر نظم الاتصال التقليدية المتمثلة في صندوق الشكاوى والمقترحات والأحاديث المفتوحة، وافتقارها لنظم الاتصال التكنولوجية والتي تعكس ضعف البنية التحتية للمدرسة والتي يكون لها مردودها السلبي على استخدام الأساليب التكنولوجية الحديثة.

٥- ضعف التمويل المتاح وما يحدثه من صعوبة في تمكين الإدارة من تحقيق التحفيز والاختلاف والذي يعد أحد المؤثرات التي تعوق المدرسة عن تحقيق الرؤية الموضوعة، ولعل التشريعات الجديدة المتعلقة بالنواحي المالية والتي صدرت في العام الدراسي الحالي ٢٠٠٥/٢٠٠٦ يمكن أن تسد الفجوة في هذا الجانب.

٦- قلة توافر العدد الكافي من أجهزة الكمبيوتر اللازمة للعملية الإدارية والتعليمية مما يعوق العاملين في المدرسة عن استخدام الأساليب التكنولوجية الحديثة والذي يكون له مردود سلبي على تجديد وتطوير للمدرسة.

-فيما يتعلق بالعناصر المعنوية:

توافر بعض العناصر اللازمة للبيئة الإبداعية داخل المدرسة وافتقادها لبعض العناصر الأخرى التي تعوق التهيئة الجيدة لهذه البيئة، ويتضح ذلك فيما تم التوصل إليه من نتائج وهي كما يلي:

١- افتقار نظام الحوافز والأجور المطبق حاليا على خلق روح التنافس بين العاملين والذي يحد من قدراتهم على الإبداع في عملهم، ولعل القرارات الوزارية الجديدة سوف تعالج هذا الجانب.

٢- استخدام الإدارة للحوافز المعنوية لرفع الروح المعنوية للعاملين، وهذا النوع من الحوافز يساعد العاملين على التجديد في عملهم.

٣- ضعف تحفيز المعلمين للطلاب للبحث عبر شبكة الإنترنت، والذي يعكس قصور الطلاب على تحقيق التعلم الذاتي.

٤- إعداد الإدارة جدولا مرنة للمعلمين يمكنهم من التدريس والتعلم.

٥- اهتمام الإدارة بالقرارات المشتركة لإشعار العاملين بالمسئولية عن تنفيذ هذه القرارات.

٦- اتفاق نسبة كبيرة من الإدارة المدرسية على أن اتجاه الوزارة نحو اللامركزية سوف يساعدهم على تحقيق التجديد الذاتي داخل مدارسهم؛ لأن ذلك سوف يعطيهم مزيدا من السلطات.

٧- وعي الإدارة بأهمية العمل الفريقي، حيث إن العمل الفريقي سوف يساعد على تحقيق التنمية المهنية للمعلمين، بجانب أنه يساعد على مشاركة هذه الفرق في توليد الأفكار الإبداعية وتغيير المنهج والثقافة المدرسية السائدة.

٨- قصور المناخ المدرسي الحالي على تشجيع الإدارة على التطوير والتجديد داخل مدارسهم.

رابعا: تحليل الفجوات فيما يتعلق بالبيئة الداخلية.

يساعد تحليل الفجوات في التركيز على نقاط القوة والضعف والتي تعوق فريق التخطيط الإستراتيجي داخل المدرسة من تنفيذ الرؤية الإستراتيجية الموضوعة؛ حيث إن هذا التحليل يتم من خلال إجراء مقارنة بين الواقع الذي تم التوصل إليه في هذا

الفصل- وبين المأمول المتمثل في المرتكزات النظرية التي تم التوصل إليها في الفصل السابق؛ حيث إن هذه المقارنة قد كشفت عن نقاط القوة والضعف التالية:

-نقاط القوة وتمثلت فيما يلي :

١- توافر حزمة من التشريعات الجديدة المحددة لمهام واختصاصات الإدارة المدرسية.

٢- اتجاه الوزارة نحو تعيين بعض مديري المدارس بشروط تتلاءم مع قائد المدرسة العصري.

٣- وضع نظام جديد للحوافز (حوافر الأداء المتميز) لجميع العاملين داخل المدرسة، يشجعهم على الارتقاء بمستواهم الأكاديمي.

٤- تأسيس وحدة منتجة داخل المدرسة لربط التعليم الأكاديمي بالمهني.

٥- وجود وحدة للمعلومات والإحصاء تمكن الإدارة من وضع الرؤية المدرسية.

٦- توافر بعض الحاسبات الآلية داخل المدرسة.

٧- توافر وحدة للتدريب داخل المدرسة لتحقيق التنمية المستمرة للمعلمين.

٨- توافر المعلمين ذوي التأهيل التربوي الملائم للعملية التعليمية.

٩- اهتمام الوزارة في الآونة الأخيرة ببرامج التدريب المقدمة للمعلمين.

١٠- بدء الوزارة في الاتجاه نحو اللامركزية.

١١- سعي الوزارة نحو تطبيق نظام التقويم الشامل وإدخال اللغة الإنجليزية ابتداء من المرحلة الابتدائية والتي سوف يكون لها مردود مستقبلي على طلبة التعليم الثانوي.

١٢- زيادة حصة المدارس من المصروفات المدرسية والذي سوف يساعد على زيادة ميزانيتها.

-نقاط الضعف وتمثلت فيما يلي:

١- ضعف كفاية برامج إعداد وتأهيل المعلمين لمقابلة المهام والأدوار الجديدة.

٢- إغفال برامج تدريب الإدارة المدرسية تدريبهم على النواحي المالية.

٣- ضعف البنية التحتية الملائمة للعمل التقني.

٤- ضعف المناخ المدرسي المشجع على الإبداع والابتكار داخل المدرسة الثانوية.

٥- القيود الحاكمة لنظم الصرف المالية والتي تحول دون اتخاذ القرارات المناسبة في الوقت المناسب.

٦- ضعف الاستفادة من الوحدات المستحدثة داخل المدرسة الثانوية كما كان مرجوا منها.

٧- قلة الاهتمام بالأنشطة المدرسية والتي تعد عنصرا مكملا للعملية التعليمية، ومشجعا على بناء بيئة تعلم شيقة داخل المدرسة.

٨- ضعف نظم المعلومات والاتصال عن إحداث التميز داخل المدرسة الثانوية.

جدول رقم (٢) استبانة البيئة الداخلية

م	العبارات	درجة الموافقة		
		أوافق	أوافق إلى حد ما	أرفض
١	البيئة الداخلية: **** العناصر البشرية. أرى أن القرارات المنظمة لعملي منحتني: * السلطات الكافية للتغلب على المشكلات التي تواجهني. * الاختصاصات الضرورية لتأدية عملي بكفاءة. * السلطة اللازمة لإدارة الشئون المالية.			
٢	تتيح لي برامج تدريبي التي اجتزتها في الفترة الأخيرة ما يلي: * وضع الرؤية الناجحة لمدرستي. * ممارسة أعمالي بطريقة مبتكرة. * الإدارة الجيدة للشئون المالية دون الوقوع في أخطاء. * التقييم المستمر لجميع العاملين. * تبني إستراتيجيات تعلم ذاتي تساعدني على النمو المعرفي.			

م	العبارات	درجة الموافقة		
		أوافق	أوافق إلى حد ما	أرفض
	* التوجيه التربوي للعملية التعليمية. * استخدام فعال لجميع الإمكانات المادية والبشرية في المدرسة.			
٣	يتوافر في مدرستي المعلمين ذوي التأهيل التربوي الذين يساعد على تطوير الأداء المدرسي.			
٤	أستفيد من معلمي الحاسب الآلي الموجودين داخل مدرستي لمحو الأمية الكمبيوترية لجميع الموجودين بها.			
٥	يجيد معلمو مدرستي استخدام تكنولوجيا المعلومات لتفعيل العملية التعليمية من حيث: * امتلاك مهارات الحاسب الآلي. * استخدام الحساب الآلي. * استخدام شبكة الإنترنت في البحث عن أساليب جديدة في التدريس والتعلم. * استخدام الفيديو التعليمي.			
٦	أرى أن برامج التدريب المقدمة للمعلمين مكنتهم من: * استخدام إستراتيجيات تعلم مبتكرة داخل الفصل تحفز الطلاب على البحث والتعلم الذاتي. * تعلم أساليب جديدة تمكنهم من النمو المهني. * امتلاك مهارات استخدام الأساليب التكنولوجيا الحديثة.			
٧	يتوافر في مدرستي ما يلي:			
	* العدد الكافي من معلمي الأنشطة المختلفة.			
	* الأماكن المخصصة لمزاولتها.			

م	العبارات	درجة الموافقة		
		أوافق	أوافق إلى حد ما	أرفض
	* التجهيزات اللازمة			
٨	نظم التقويم بوضعها الحالي تساعد على التقييم الشامل للطالب في الجوانب التالية: * الجوانب المعرفية. * الجوانب السلوكية. * جوانب الإرشاد المهنى.			
٩	*** العناصر المادية. تم الإعداد الجيد للقائمين على وحدة التدريب.			
١٠	يتوافر لوحدة التدريب بمدرستي ما يلي: * الأجهزة والمستلزمات اللازمة لتشغيلها بكفاءة. * الأماكن المخصصة لها.			
١١	ساعدت هذه الوحدة المعلمين على تبادل الخبرات ورفع مستواهم الأكاديمي.			
١٢	يتوافر في مدرستي العدد الكافي من أجهزة الكمبيوتر المستخدمة في: * الأعمال الإدارية. * العملية التعليمية.			
١٣	يوجد لمدرستي موقع على شبكة الإنترنت أسجل عليه الإنجازات.			
١٤	يتوافر في مدرستي نظم المعلومات التي تمكنني من: * التنبؤ بالمخاطر التي يمكن أن تحيط بالمدرسة. * المنافسة مع المدارس الأخرى.			

م	العبارات	درجة الموافقة		
		أوافق	أوافق إلى حد ما	أرفض
	* اتخاذ القرارات الرشيدة. * الاستفادة القصوى من الموارد المالية. * إمداد المعلمين بالمعرفة التي تساعد على التجديد المستمر لمهاراتهم. * امتلاك مهارات الحاسب الآلي.			
١٥	التمويل المتاح حاليا يمكنني من تحقيق التميز في مدرستي.			
١٦	الوحدة المنتجة داخل مدرستي بإمكانياتها المتاحة استطاعت ربط المدرسة بالبيئة الخارجية.			
١٧	أوفر في مدرستي نظم الاتصال سواء من خلال: * البريد الإلكتروني. * شبكة العمل. * صندوق الشكاوى والمقترحات. * الأحاديث المقترحة.			
١٨	استخدام الحاسب الآلي بكفاءة فيما يلي: * إعداد الميزانية. * تخزين البيانات التي تتعلق بالعاملين داخل المدرسة * عمل جداول توضح نتائج الطلاب خلال أشهر العام الدراسي. * تخزين البيانات التي بالموارد والإمكانيات المتاحة بالمدرسة. * عمل جداول توضح نتائج الطلاب خلال أشهر العام الدراسي.			

م	العبارات	درجة الموافقة		
		أوافق	أوافق إلى حد ما	أرفض
١٩	يستخدم المعلمون الحاسب الآلي بكفاءة فيما يلي: * شرح الدرس لتبسيط المنهج. * وضع خطط علاجية للطلاب الضعاف. * المتابعة المستمرة مع الإدارة المدرسية.			
٢٠	*** العناصر المعنوية. تساعد الحوافز المادية المطبقة حاليا على خلق روح التنافس بين المعلمين والعاملين في المدرسة.			
٢١	استخدام كلمات الشكر والمدح لرفع الروح المعنوية للعاملين.			
٢٢	يحفز المعلمين الطلاب على البحث عبر شبكة الإنترنت.			
٢٣	أقوم بإعداد جداول مرنة تتيح الوقت للقيام بالتدريس والتعلم.			
٢٤	أجد أن أفضل القرارات تأتي في الغالب من خلال آراء ومقترحات الآخرين.			
٢٥	اتجاه الوزارة نحو اللامركزية ساعدنا على التجديد الذاتي داخل مدارسنا.			
٢٦	المناخ المدرسي الحالي مشجع على التجديد الذاتي داخل مدارسنا.			
٢٧	أشجع معلمي مدرستي على العمل الفريقي.			

* * *

الفصل الثالث
استكشاف واقع البيئة الخارجية

الفصل الثالث
استكشاف واقع البيئة الخارجية

مقدمة:

يعد استكشاف البيئة الخارجية ثاني خطوات التخطيط الإستراتيجي، حيث تمثل البيئة الخارجية بأعضائها وهيئاتها ومنظماتها وكياناتها أحد الدعامات الأساسية التي تساعد الإدارة المدرسية على الوفاء بمتطلبات الخطة الإستراتيجية الموضوعة للمدرسة الثانوية، ومن هنا فسوف يتعرض هذا الفصل إلى الواقع النظري والميداني للبيئة الخارجية من خلال التشريعات والقوانين المنظمة والحاكمة لها. هذا فيما يتعلق بالشق النظري، أما الشق الميداني فإنه سوف ينقسم إلى عدد من الأجزاء؛ ابتداء من إجراء مقابلة شخصية مع مجموعة من الخبراء في الميدان، إلى تطبيق استبيان على عينة من الإدارة المدرسية في بعض المحافظات، وذلك بهدف رسم صورة راهنة عن علاقة المدرسة الثانوية بالبيئة الخارجية، ثم ينتهي الفصل بتحليل الفجوات للوقوف على الفرص والتهديدات بهذه البيئة.

ومن هنا سوف يتناول هذا الفصل المحاور التالية:

أولا : استكشاف الواقع النظري للبيئة الخارجية.

ثانيا: استكشاف الواقع الميداني للبيئة الخارجية.

ثالثا: نتائج واقع البيئة الخارجية.

رابعا: تحليل الفجوات.

أولا: استكشاف الواقع النظري للبيئة الخارجية:

تضم البيئة الخارجية كل ما يحيط بالمنظمة من مؤسسات وكيانات تتصل بعملها بشكل مباشر أو غير مباشر، حيث يترتب على استكشاف هذه البيئة التعرف على الفرص المتاحة أو المحتملة والمخاطر المهددة القائمة أو المتوقعة [1].

وسوف يتناول هذا المحور عديدا من العناصر وهي كما يلي:

---

(١) **على السلمي**، إدارة الموارد البشرية الإستراتيجية، مرجع سابق، ص ٨٣.

١- العملاء.

٢- المؤسسات والكيانات ذات الصلة المباشرة وغير المباشرة بالمدرسة الثانوية.

٣- التغييرات والتحديات المحلية والدولية المحيطة بالمدرسة الثانوية.

(١) العملاء:

يعد ولي الأمر هو العميل الأول والذي يلعب دورا كبيرا في التأثير على المدرسة لتغيير خططها ورؤيتها المستقبلية، وفي الوقت نفسه يتعاون معها في سبيل تحقيق هذه الرؤية؛ حيث إنه المستفيد الأول من العملية التعليمية والذي يتطلع دائما إلى أن تحقق هذه العملية طموحاته وطموحات أبنائه، وأن مشاركته سوف تساعد على ما يلي [١]:

- أن يكون له دور فعلي في اتخاذ القرارات سواء كانت إدارية أو مهنية.

- تحفيزه على مساعدة أبناءه في حل الواجبات المنزلية، أو الإشراف عليهم أثناء المذاكرة.

- التواصل بينهم وبين الطلاب والمعلمين.

- مساعدة المعلمين لهم في إقامة بيئة منزلية صحية تساعد أبنائهم على الدراسة والتطور.

ومما سبق يتضح أهمية مشاركة أولياء الأمور في العملية التعليمية وأن هذه المشاركة سوف تعود بالفائدة على المدرسة والطالب وولي الأمر، وسوف تعمق جسور التواصل بينهم وبين المدرسة، ومن هنا حرصت كثير من الدراسات على إبراز دور أولياء الأمور في العملية التعليمية؛ ونادت بأهمية إقامة شراكات معهم، لما تلعبه الشراكة مع أولياء الأمور من دور في حدوث دمج بين المدرسة والمنزل، وأن عناصر هذه الشراكة يمكن أن تكون بالفكر أو الرأي أو النواحي المالية لإمداد المدارس بالتجهيزات المطلوبة [٢]، بالإضافة إلى أنها تتيح الفرصة لهم للمشاركة في صنع القرار التربوي، وتيسير سبل الاتصال بينهم وبين العاملين داخل المدرسة، والإعلام الكافي للإدارة المدرسية لهم عن

---

(١) غازي عنيزان الرشيدي، "دور الوالدين في متابعة دراسة أبنائهم"، مجلة التربية (الزقازيق)، العدد ٢٤، مايو ٢٠٠٣، ص ص ٢٩، ٣٠.

(٢) **نادية جمال الدين**، التعليم بين الطموحات القومية والمقاومة المجتمعية، مجلة التربية والتعليم، العدد السابع والعشرون، شتاء ٢٠٠٣، ص ١١.

العمليات التربوية والتعليمية التي تتـم في المدرسـة، وإعطـائهم الحريـة للتعبـير عـن آرائهـم في الخدمة التعليمية المقدمة لأبنائهم[1].

ونظرا لحرص الوزارة ووعيها بالدور الكبير لأولياء الأمور في إنجـاح العمليـة التعليميـة، فقـد تـم دمج مجلس الآباء والأمناء تحت مسمى: " مجلس الأمناء والآبـاء والمعلمـين "، وذلـك بعـد أن كشـفت عديد من الدراسات والأبحاث عن كثير من جوانب القصور المتعلقة بمجلس الآبـاء والمعلمـين السـابق، والذي تم تنظيمه بالقرار الوزاري رقـم (٥) لسنة ١٩٩٣، وتم تعديله بالقرار رقم (٢٦٩)؛ حيث تركـزت أهم جوانب القصور في هذا المجلس فيما يلي[2]:

- عدم الوعي الكافي لدى القاعدة العريضة من أولياء الأمور بأهمية هذه الاجتماعات.
- خوف أولياء الأمور من الحضور حتى لا ترهقهم المدرسة بأعباء مالية وعدم تنفيذ بعض مـنهم للوعود التي يعطيها من إسهامات.
- عدم حضور مندوبي الحي أثناء الاجتماعات رغم مطالبة المدرسة بحضورهم مما يعـوق إصـدار بعض القرارات المتعلقة بالمدرسة.

ونظرا لجوانب القصور السابقة فقد تم تفعيل مجلس الآباء من خلال دمجه بمجلس الأمناء، وأوكلت للمجلس الجديد الكثير من المهام والسلطات الواسعة، والتي تتمثل فيما يلي[3]:

- الاشتراك مع الإدارة المدرسية لتحقيق أهداف المجلس، والتي تتمثل فيما يلي:
  * تحقيق اللامركزية في الإدارة والتقويم والمتابعة وصنع واتخاذ القرارات.
  * تشجيع الجهود الذاتية والتطويع لأعضاء المجتمع المدني.

(١) **نادية جمال الدين ورسمي عبد الملك**، "التعليم والمشاركة المجتمعيـة في مصر: المفهـوم، الواقـع، طموحـات المسـتقبل"، مـن بحوث المؤتمر العربي الإقليمي، المنعقد في منظمة اليونسيف، يونيو٢٠٠٤، القاهرة، وزارة التربية والتعليم ومنظمة اليونسـيف، ٢٠٠٤، ص ص ٣٦، ٣٧

(٢) **أحمد إبراهيم أحمد**، الإدارة المدرسية في مطلع القرن الحـادي والعشريـن، (القـاهرة: دار الفكـر العـربي، ٢٠٠٣)، ص ص ٢٤٦-٢٤٧.

(٣) **وزارة التربية والتعليم**، قرار وزاري رقم (٣٣٤) بتاريخ ٢٠٠٦/٩/١٤ بشأن مجلـس الأمنـاء والآبـاء والمعلمـين، (القـاهرة: مكتـب الوزير،٢٠٠٦).

* تحقيق الرقابة الذاتية على الأداء داخل المدرسة.

- إبداء الرأي في اختيار المدير الجديد للمدرسة وتقييم أدائه في فترات التجديد.

- تقرير أوجه التصرف في ميزانية المجلس والرقابة على الموارد الذاتية للمؤسسة التعليمية.

- العمل على دعم العملية التعليمية وتطويرها وتحديثها بمصادر تمويل غير تقليدية من خلال تشجيع الجهود الذاتية للأفراد القادرين ورجال الأعمال.

- التعاون مع إدارة المدرسة في وضع خطط تنفيذية لصيانة المباني والمرافق الخاصة بالمدرسة وكذلك الأجهزة والأدوات والوسائل التعليمية الحديثة.

- العمل على دعم الأنشطة التربوية المدرسية ومتابعة تنفيذها، من أجل تنمية شخصية الطلاب.

- متابعة أداء الإدارة المدرسية وتحقيق الجودة الشاملة للعملية التعليمية والأنشطة التربوية.

- التعاون بين المدرسة والمؤسسات الأخرى كالجامعات ومراكز الشباب والجمعيات الأهلية والإعلام والثقافة لاستغلال ما يوجد بها من إمكانيات (ملاعب، مكتبة، معلم كمبيوتر، أجهزة وأدوات .... إلخ).

- تعزيز دور المدرسة في خدمة البيئة المحيطة.

- العمل على دعم إعداد قاعدة بيانات بالمدرسة.

- تقديم الخبرة والرأي لإدارة المدرسة في مختلف المجالات التربوية والتعليمية والمعاونة في تذليل الصعوبات والمشكلات الطلابية والتعليمية والمشاركة في برامج تقويم سلوك الطلاب.

ومما سبق تتضح المهام الكبيرة التي سوف يقوم بها مجلس الأمناء والآباء لتوفير متطلبات الخطة الإستراتيجية الموضوعة، وذلك من خلال الاشتراك الفعلي في إدارة المدرسة وانتقاء العناصر البشرية التي سوف تقود المدرسة(مدير المدرسة) ومتابعة أدائها، وتوفير العناصر المادية من خلال توفير قاعدة للبيانات وتحقيق بعض الوفورات المالية، وصيانة الوسائل والأجهزة والمباني، هذا بالإضافة إلى دعم الأنشطة التربوية التي تلاقي

إهمالا جسيما من قبل الإدارة المدرسية، والتي يمكن من خلالها تعديل سلوكيات الطلاب وتنمية قدراتهم، هذا إلى جانب الدور الهام الذي تقوم به في توسيع قاعدة المشاركة المجتمعية مع منظمات البيئة الخارجية من مراكز شباب وجمعيات أهلية وجامعات وإعلام.

(٢) المؤسسات والكيانات ذات الصلة المباشرة وغير المباشرة بالمدرسة:

تتعدد المؤسسات والكيانات التي تلعب دورا فعالا في المدرسة الثانوية، مما يعود بالفائدة المباشرة وغير المباشرة عليها، حيث تتعدد فوائد هذه الكيانات وتلعب دورا في التجديد والتطوير لها، ومن هذه المؤسسات ما يلي:

أ - الجامعات.

ب- الجمعيات الأهلية ومنظمات الأعمال.

ج - وزارة الإعلام.

د - الأحزاب السياسية.

أ - الجامعات:

تلعب كليات التربية على مستوى الجمهورية دورا كبيرا مهما، ابتداء من إعداد المعلمين في المرحلة الجامعية إلى الدبلومات والدرجات العلمية التي تمنحها لهم، وللقيادات التعليمية والتي تمكنهم من الارتقاء بمستواهم الأكاديمي، بالإضافة إلى مشاركة أساتذة هؤلاء الجامعات في المجلس الأعلى للتعليم قبل الجامعي ومشاركتهم في برامج التدريب للمعلمين والقيادات التعليمية على مختلف مستويات التعليم قبل الجامعي، والذي يكون له مردود إيجابي على تحقيق التنمية الذاتية للعناصر البشرية داخل المدرسة الثانوية.

ومن هنا رأت الوزارة أهمية إقامة شراكة فاعلة بينها وبين كليات التربية لتحقيق الإعداد الجيد لخريجيها حتى يأتوا متوافقين مع متطلبات تحقيق الرؤية المستقبلية للوزارة، بالإضافة إلى سعيها من خلال هذه الشراكة الحصول من هذه الكليات على الاعتراف الأكاديمي بالبرامج التي تقدمها لمعلميها ليتوافق إعدادهم مع المعايير العالمية لإعداد المعلم، وهو ما يطلق عليه الاعتماد الأكاديمي[١]، وبذلك يتضح أن الاعتماد الأكاديمي

(١) **وزارة التربية والتعليم**، مبارك والتعليم: النقلة النوعية في المشروع القومي للتعليم، مرجع سابق، ص ٥٦.

للمعلمين سوف يساعدهم على التجديد المستمر لمعارفهم ومهاراتهم وسعيهم المستمر لتحقيق ذلك حتى يصبحوا متوافقين باستمرار مع المعايير العالمية المرغوب فيها للمعلم.

ب - الجمعيات الأهلية ومنظمات الأعمال:

تلعب الجمعيات الأهلية دورا حيويا في مجال التعليم، وانطلاقا من حرص الوزارة على تدعيم هذا الدور؛ فقد قامت بإنشاء إدارة للجمعيات الأهلية بالوزارة عام ١٩٩٨، تقوم بعديد من المهام والتي منها ما يلي[١]:

- حصر الجمعيات العاملة في نطاق التعليم.
- اقتراح مشروعات القرارات التي تخدم العملية التعليمية.
- اقتراح مشروعات على الجمعيات تسهم في دعم العملية التعليمية.
- التعاون مع المجلس الأعلى للآباء والمعلمين لدعم أهداف العملية التعليمية وزيادة مشاركة الأعضاء الممثلين لهذه الجمعيات في المجلس.

ولقد أصبح للجمعيات الأهلية دورا أساسيا في التعليم بعد صدور القانون رقم (٨٤)، والذي شجع الجمعيات الأهلية على العمل في الميادين المختلفة لتنمية المجتمع، وفتح مجالات جديدة أمام عمل الجمعيات الأهلية ومنها مجال التعليم[٢].

ويتضح مما سبق مدى حرص الوزارة على توسيع قاعدة المشاركة المجتمعية من خلال مشاركة الجمعيات الأهلية وتأكيدها لهذا الدور من خلال إقامة إدارة للجمعيات الأهلية داخل الوزارة وصدور القرار الوزاري الذي شجع على مشاركتها في مجال التعليم.

حيث إن هناك جهودا كبيرة للجمعيات الأهلية في تحسين التعليم من خلال برامج معلنة وواضحة ومحددة الأهداف، ومن هذه الجهود إيجاد علاقة بين المجتمع المحلي والمدرسة وأولياء الأمور، وتقريب وجهات النظر بين المديرين والإدارة والتوجيه والمعلم، وتزويد المدرسة بالأدوات والأثاثات والكتب والمعامل مع متابعة المعلمين للتأكد من حسن استخدامها[٣].

---

(١) **المركز القومي للبحوث التربوية**، تطور التعليم في جمهورية مصر العربية (١٩٩٠-٢٠٠٠)، (القاهرة: المركز القومي للبحوث التربوية، ٢٠٠٢)، ص ٢٥.

(٢) **رئاسة الجمهورية**، قانون رقم (٨٤) لسنة ٢٠٠٢ بشأن إقامة الجمعيات والمؤسسات الأهلية، (القاهرة: مطبعة الوزارة، ٢٠٠٢).

(٢) **رؤوف عزمي من بحث عوض توفيق**، التنمية المهنية لمعلمي التعليم الثانوي العام، مرجع سابق، ص ص ٢١٢، ٢١٣.

وعلى ذلك تلعب الجمعيات الأهلية دورا فعالا في العملية التعليمية إلا أن هذا الدور يكتنفه بعض جوانب القصور، حيث إن كثيرا من الجمعيات الأهلية ليس لديها تصورات إستراتيجية مدروسة لعملها في مجال التعليم، بالإضافة إلى أن العديد منها لا يمتلك الخبرة الكافية لتطوير التعليم، هذا على الرغم من عقد بعض المؤتمرات القومية للجمعيات الأهلية المهتمة بالتعليم إلا أنها لم تتمكن من بلورة مشروع ذي توجه قومي ينظم رؤية الجمعيات الأهلية في مجال تطوير التعليم المصري[1].

هذا بالإضافة إلى ضعف الدور الذي تلعبه الجمعيات الأهلية في التعليم الثانوي مقارنة بمراحل التعليم الأخرى للتعليم قبل الجامعي مما يكشف عن حاجته إلى مزيد من الجهود[2].

وبنظرة تحليلية لما سبق يتضح لنا الدور الفعلي الذي يمكن أن تلعبه الجمعيات الأهلية داخل المدارس، وأن هذا النوع من المشاركة يحتاج إلى إدارة مدرسية متميزة قادرة على القيام بعمل دراسات مسحية عن الجمعيات الأهلية الموجودة في البيئة المحيطة، ووضع خطط إجرائية لتحقيق أقصى استفادة ممكنة منها، والتي يمكن أن تساعدهم على توفير متطلبات الخطة الإستراتيجية، سواء كانت بشرية من خلال إمدادهم بفرص التنمية المهنية التي يحتاجونها، أو العناصر المادية من خلال الاستفادة من تبرعات هذه الجمعيات في شراء الأجهزة والمعدات التي تحتاجها، والتي تساعد على تحقيق البعد التقني في العمل، والذي سوف يساعدها على التكيف مع الثورة التكنولوجية الحادثة، والتي تسعى كل النظم التعليمية نحو التكيف معها، كما أن الوزارة عليها انتقاء عناصر الإدارة المدرسية التي لديها القدرة على استغلال موارد البيئة الخارجية، وهو ما تؤكد عليه شروط اختيار مديري التعليم الثانوي في القرار الوزاري رقم (٢٥٣) لسنة ٢٠٠٥، هذا إلى جانب ضرورة إمداد المدرسة بالاستقلالية الكافية التي تمكنها من الاتصال مباشرة مع هذه الجمعيات وعقد شراكات معها.

وبجانب الجمعيات الأهلية فإن هناك دورا كبيرا لمنظمات الأعمال، حيث أبرز أحد

---

(١) **كمال حامد مغيث من بحث رسمي عبد الملك**، تفعيل دور الشراكة المجتمعية في العملية التعليمية وسلطات المحافظات في إدارة التعليم، (القاهرة: المركز القومي للبحوث التربوية والتنمية، ٢٠٠٣)، ص ٢٢.

(٢) **رئاسة الجمهورية**، تقرير المجلس القومي للبحث العلمي والتكنولوجي، الدورة الحادية والثلاثون، مرجع سابق، ص ٤٣.

التقارير إلى الجهود الكبيرة التي قامت بها بعض الشركات مثل شركة بترول السويس والتي قامت من خلال مشروع تبني مدرسة بتبني أكثر من مدرسة وإمدادها بمستلزماتها واحتياجاتها، كذلك بالنسبة لعديد من الشركات في مختلف مناطق الجمهورية [١]، كما أن الشراكة مع هذه المنظمات لن يتوقف فقط على بناء مدارس جديدة أو تحديث مدارس أخرى، ولكن يمكن أن يمد المدارس بدورة تدريبية حقيقية للطلاب تساعدهم على دمج الجانب الأكاديمي بالمهني، وتمدهم بفرص عمل حقيقية تساعدهم على تحديد ميولهم المهنية، هذا بالإضافة إلى أن المشاركة الفعلية لرجال الأعمال في هذه المنظمات في مجلس الأمناء والآباء سوف يدعم هذا المجلس ويحقق الأهداف المرجوة منه.

ج - وزارة الإعلام:

انطلاقا من حرص الوزارة على توفير الدعم الكافي لأولياء الأمور وأبنائهم، فقد قامت الوزارة بالاشتراك مع اتحاد الإذاعة والتليفزيون بتخصيص أوقات لبث بعض البرامج التعليمية عبر القناتين الثانية والثالثة، حيث ساعدت هذه البرامج على وصول الخدمات التعليمية عالية الجودة إلى المناطق البعيدة والنائية وتحسين مكونات العملية التعليمية، بالإضافة إلى تعزيز مبدأ التعلم الذاتي واعتماد الطلاب على أنفسهم [٢].

وبذلك يتضح الدور الكبير الذي تلعبه وسائل الإعلام في مواجهة ظاهر الدروس الخصوصية والتي تعد من أشد المنافسين للتعليم داخل المدرسة الثانوية ومن أكثر العوامل التي ساعدت على انتشار الفوضى وتكبيد الأسر المصرية أعباء مالية كبيرة.

حيث كان لهذه الظاهرة آثار سلبية على كل من [٣]:

* **الأسرة:** بتحملها المزيد من الأعباء المالية الضخمة.

---

(١) **وزارة التربية والتعليم**، إنجازات وزارة التربية والتعليم في ضوء وثائق سياسات الحزب الوطني في التعليم: تقرير رقم (٦)، (القاهرة: وزارة التربية والتعليم، ٢٠٠٤)، ص ص ٥- ١٩.

(٢) **وزارة التربية والتعليم**، مبارك والتعليم: النقلة النوعية في المشروع القومي للتعليم، مرجع سابق، ص ص ١١٤- ١١٦.

(٣) **يراجع في هذا الصدد ما يلي:**

- **رئاسة الجمهورية**، تقرير المجلس القومي للتعليم والبحث العلمي والتكنولوجيا، العدد التاسع والعشرين، (القاهرة: المجالس القومية المتخصصة، ٢٠٠١/٢٠٠٢)، ص ص ٦٦-٦٧.
- **أحمد إبراهيم أحمد**، نظم التعليم في جمهورية مصر العربية: دراسات في التربية المقارنة ونظم التعليم: منظور إداري، من كتاب "الدروس الخصوصية: ظاهرة.. حقيقة.. مرض" دراسة ميدانية، (الإسكندرية، مكتبة المعارف الحديثة، ٢٠٠٠/٢٠٠١)، ص ص ١٣٠-١٣١.

* **التلاميذ:** حصولهم على درجات عالية خادعة لا تعبر عن مستوياتهم الحقيقية، بدليل تعثرهم بعد التحاقهم بالجامعات، بالإضافة إلى تكوين ثقافة الذاكرة والتي تعتمد على الحفظ كثيرا والفهم قليلا، هذا إلى جانب تعويدهم على السلبية والاتكالية، والتي تفقدهم القدرة على المبادأة والمبادرة والتي تعتبر صفة لازمة للإنسان الإيجابي في المجتمع.

* **المجتمع:** تفرز له أعضاء سلبيين لا يعتمد عليهم في إنجاز أي مهام، كما أنهم لا يعتمدون على أنفسهم حتى في تحقيق مطالبهم الشخصية، هذا إلى جانب أنها تحدث فاقدا كبيرا في مصادر التمويل المخصصة لهم.

* **المدرسة:** تعمل على تدمير الأساس التربوي الذي أقيم عليه النظام التعليمي كنظام يستهدف النمو الشامل في جميع جوانب شخصية التلاميذ، بالإضافة إلى أنها تدمر العلاقة بين الطالب والمعلم وزملائه والإدارة المدرسية، مما يكون له تأثير سلبي على أداء كل من المعلم والتلميذ في المدرسة كما ونوعا، هذا إلى جانب أنها شجعت على تقلص دور المدرسة وخلق اتجاهات سلبية اتجاهها.

ونظرا للفوائد المتعددة التي تعود من وراء هذه البرامج على الطالب بتدعيم الجانب الأكاديمي لديه، وأولياء الأمور بتوفير الموارد المالية المهدرة في الدروس الخصوصية والمدرسة الثانوية من خلال تدعيم الاتجاهات الإيجابية بينها وبين الطالب وعودة هيبة المعلم وتحقيق الدعم التربوي للمدرسة؛ حيث إنه يمكن تفعيل دور هذه البرامج لمواجهة ظاهرة الدروس الخصوصية من خلال ما يلي[1]:

- زيادة مدة عرض البرامج التليفزيونية.
- التركيز على المقررات الدراسية التي يقبل الطلاب على تلقي دروس خصوصية فيها.
- الاستعانة بأحدث التقنيات والوسائط المتعددة التي تقدم المحتوى الدراسي بشكل شيق.

(١) **محمد السيد حسونة**، أدوار البرامج التعليمية التليفزيونية في مواجهة مشكلة الدروس الخصوصية، (القاهرة: المركز القومي للبحوث التربوية والتنمية، ٢٠٠٣)، ص ٩٦.

- توفير وسائل استقبال القنوات الفضائية المتخصصة في جميع المدارس ومراكز الشباب لتقديم هذه البرامج لأكبر عدد من الطلاب.

- رفع مستوى أداء معلمي البرامج التعليمية ومخرجيها من خلال دورات تدريبية، حيث يختلف أسلوب وطريقة التدريس عن بعد في الإستديو عن التدريس في الفصل.

ويتضح مما سبق الجهود التي تبذلها وسائل الإعلام في محاربة ظاهرة الدروس الخصوصية والتي سوف تعود بعديد من الفوائد على الطالب وأولياء الأمور من حيث إنها توفر الكثير من ميزانية الأسرة، بالإضافة إلى أنها سوف تعيد للمعلم والمدرسة هيبتها ومكانتها التي أهدرتها الدروس الخصوصية، وتمكن الإدارة المدرسية من تهيئة البيئة الإبداعية، والتي تمكن جميع الموجودين من إطلاق القدرات الإبداعية لديهم، هذا ويمكن للإدارة المدرسية التي لديها رغبة في تحسين العملية التعليمية القيام بعمل تسجيلات لهذه البرامج وإتاحة الفرصة للطلاب لتداولها والاطلاع عليها، والتي سوف تثري العملية التعليمية من جانب، ومن جانب آخر تشعر الطالب بالانتماء إلى المدرسة الحريصة- بكافة الوسائل- على تحقيق نموه الأكاديمي، كما أنها من جانب آخر تساعد على تحقيق التجديد الذاتي لمعارفه.

د- الأحزاب السياسية:

تلعب الأحزاب السياسية دورا مهما في العملية التعليمية، حيث إنها تشكل بتنظيماتها ومستوياتها القيادية ولجانها المتعددة وكذلك صحفها، نطاقا اجتماعيا يتفاعل مع بقية النظم والتي منها المؤسسات التعليمية، حيث إنها تعمل على بث القيم والاتجاهات لدى الأفراد وفق البرامج المعدة لذلك، كما أنها تساعد على خلق الشخصية المشاركة بالقول والفعل في القضايا المجتمعية وتنمية روح العمل الجماعي والإحساس بالمسئولية، وتنمية روح النقد البناء وطرح البدائل للقضايا المثارة، وتدعيم الانتماء الوطني لدى الصغار[1]، هذا على النطاق النظري ولكن من الناحية العملية نجد أن غالبية الأحزاب السياسية تلعب دورا ضعيفا في دعم العملية التعليمية من الناحية الفنية والمادية[2].

---

(١) **على خليل مصطفى أبو العينين**، تأملات في علوم التربية: كيف نفهمها ؟، (القاهرة: الدار الهندسية، ٢٠٠٣/٢٠٠٤)، ص ص ١٩٢-١٩٤.

(٢) **عوض توفيق عوض وناجي شنودة نخلة**، أدوار مؤسسات المجتمع المدني في دعم العملية التعليمية، (القاهرة: المركز القومي للبحوث التربوية والتنمية،٢٠٠٥)، ص ٣٢.

وبذلك نجد أن الأحزاب السياسية بتشكيلاتها المتعددة يمكن أن تلعب دورا فعالا في العملية التعليمية من خلال تنمية المواطن القادر على التفكير النقدي والانتماء إلى وطنه وخاصة المؤسسات التعليمية في ظل التغيرات الثقافية -التي سوف يتم التعرض إليها في المحور التالي - تواجه تحديا كبيرا، ولعل وجود مثل هذه الأحزاب ببرامجها المتعددة سوف يساعد على إيجاد توازن داخل المجتمع يساعد على خلق الهوية القومية للوطن وتدعيم الانتماء لدى الطلاب.

ويتضح من المحور السابق والمتعلق بالهيئات والكيانات ذات الصلة المباشرة وغير المباشرة بالمدرسة الثانوية مدى الجهود التي يمكن أن تقدمها هذه الهيئات في تدعيم التجديد والتطوير داخل المدرسة، ولكن في مقابل ذلك نجد أن ضعف الكفاءات الإدارية داخل المدرسة الثانوية، والتي تم توضيحها في الفصل السابق، وضعف السلطات الممنوحة لديها وقد يحد من قدرتها على استغلال إمكانيات هذه الهيئات والكيانات.

٣-التغيرات والتحديات المحلية والدولية المحيطة بالمدرسة:

تلعب التغيرات والتحديات المحلية والدولية المحيطة بالمدرسة الثانوية دورا كبيرا في إتاحة الفرص أو إقامة تهديدات تؤثر مباشرة على المدرسة الثانوية، ولذلك فإن على مدير المدرسة عند وضع رؤيته المستقبلية أن يستبصر بهذه التغيرات والتحديات حتى يحاول الاستفادة منها على الوجه الأفضل مع السعي المستمر لتحسين جودة العملية التعليمية لمواجهتها، ومن هذه التغيرات والتحديات ما يلي:

أ- التغيرات التكنولوجية:

تعد التغيرات التكنولوجية واحدة من أهم التحديات العالمية التي تؤثر على المدرسة الثانوية، وتحتاج إلى عديد من المتطلبات لمواجهة مثل هذه التغيرات؛ وإلا سوف تبتعد تماما عن احتياجات السوق المحلية والدولية والعالمية.

وتمثل التغيرات التكنولوجية مزيجا من التقدم التكنولوجي والثورة المعلوماتية الفائقة، حيث تتطور الثورة التكنولوجية الحديثة تطورا سريعا ومذهلا في شتى المجالات، وقد واكب الثورة التكنولوجية ثورة معلوماتية وثورة اتصالات لم يسبق لها مثيل، وأصبحت المعرفة الإنسانية في ظل هذه الثورة (الاتصالات) تتضاعف بشكل مذهل

وبذلك فقد انتقلت المجتمعات من الاعتماد على الإنتاج كثيف العمالة إلى الإنتاج كثيف المعرفة، ومن الإنتاج للسلع والآلات إلى الإنتاج للخدمات وبرامج الأفكار [١].

وفي ظل هذه الثورة بات من الضروري إدراك أن تزويد الطلبة في أي مكان في العالم بأكبر قدر من المعلومات في أقصر وقت ممكن ليس بالأهمية التي تعادل كيفية استخدام تلك المعلومات والقدرة على الاستجابة إلى التقنية المبدعة لها [٢].

ولكن اتضح من استكشاف البيئة الداخلية للمدرسة الثانوية ضعف الوعي لدى الإدارة المدرسية والمعلمين بأهمية استخدام التكنولوجيا الحديثة في إنجاز أعمالهم، والذي يرجع إلى ضعف قدراتهم على استخدام هذه التكنولوجيا من جانب، وعدم قدرتهم على توظيف الإمكانيات المادية المتاحة من جانب آخر، مما كان له مردوده السلبي على الطلاب وتدني قدراتهم في استخدام الحاسبات وشبكة الإنترنت، والذي أبرز عدم قدرة النظام التعليمي على مسايرة التغيرات التكنولوجية وما استتبعه من ثورة معلوماتية وأن المؤسسات التعليمية لازالت تلهث وراء التغيرات التي تحدث في المجتمع لمحاولة الأخذ بأسباب التقدم العلمي في مجالات الممارسة التربوية.

ومن هنا وفي ظل هذه التغيرات فقد ركزت الوزارة في رؤيتها المستقبلية على أمرين أساسيين وهما [٣]:

الأمر الأول: البعد المستقبلي للتعليم، أي إعداد الطلاب ليس للسنوات القليلة القادمة ولكن للعيش والتكيف بعد ١٥ أو ٢٠ عاما.

الأمر الثاني: البعد العالمي عند التخطيط لإعداد الطلاب، والذي يستلزم قيامها بإجراء تغييرات في: المناهج، طرائق التدريس، اللغة المستخدمة، وتحديث التخصصات التي تحتاجها الدولة والتخطيط لها.

ومما سبق يتضح لنا أن هذه الثورة التكنولوجية قد ركز الطلب فيها على عمالة المعرفة، والذي يحتاج من المؤسسات التعليمية بصفة عامة والمدرسة الثانوية بصفة خاصة

---

(١) **حسين كامل بهاء الدين**، الوطنية في عالم بلا هوية، (القاهرة، دار المعارف، ٢٠٠٠)، ص ص ٩- ٣٠.

(٢) **دلال حلمس**، " مستقبل التربية العربية لموجهة التحديات الداخلية والخارجية "، من بحوث مؤتمر التربية العربية وتحديات المستقبل، المنعقد في كلية التربية جامعة الفيوم، في الفترة من ٩-١٠ مارس٢٠٠٤، ،ص ص ٦، ٧.

(٣) **حسين كامل بهاء الدين**، التعليم والمستقبل، (القاهرة: دار المعارف، ١٩٩٧)، ص ص ٣٥-٣٦.

باعتبارها مرحلة مهمة والخطوة الأولى في إعداد هذه العمالة من الاستفادة من هذه الثورة وإحداث تغييرات في نظم الامتحانات والتقويم والمناهج وطرق التدريس للاستفادة منها ومواكبتها والتكيف معها، ذلك لأن عدم القدرة على الاستفادة من هذه الثورة سوف يصبح تهديدا للنظم التعليمية وربما فشلها.

ويكشف لنا التحليل السابق مدى التهديد الذي يمكن أن يواجه المدرسة الثانوية في حالة عدم قدرتها على مسايرة التغيرات التكنولوجية في البيئة الخارجية المحيطة بها، كما أن الاستفادة من هذه التغيرات والنجاح في التكيف معها سوف يساعدها على وضع الرؤية المستقبلية المرغوبة، نظرا لاحتياجها للتكنولوجيا في الوفاء بعديد من متطلبات التطوير سواء التي تتعلق بتطبيق إستراتيجيات التعلم الحديثة أو استخدام وسائل الاتصال والمعلومات بكفاءة وغيرها من الاستخدامات التي يعد توافرها وحسن تطبيقها من الضروريات داخل المدرسة الثانوية، وهو ما يؤكد على ضرورة توافر قيادة مدرسية واعية بهذه التغيرات، وقادرة على التكيف معها وتحفيز جميع أعضاء المجتمع المدرسي على استخدام هذه التكنولوجيا الحديثة.

ب - التغيرات الاجتماعية:

وتتمثل التغيرات الاجتماعية في مصر في انحياز الطلب الاجتماعي نحو التعليم الثانوي وزيادة الإقبال عليه دون غيره، والذي يرجع إلى عديد من الأمور منها ما يلي[1]:

- أن التعليم الثانوي كان ولا يزال رمزا للتميز الاجتماعي وعلامة على النبوغ العلمي والتفوق الدراسي.
- أن نظام الأجور وما يرتبط به من حوافز ومكافآت يتحدد على أسس نظام الدرجات الجامدة، والذي يستند إلى المؤهلات التعليمية دون اعتبار لواجبات ومسئوليات الوظيفة أو مهارات ومواهب المرشحين للتعيين.
- أن نظام الترقية والتطور الوظيفي في مصر نادرا ما يسمح لغير الجامعيين بالوصول إلى الوظائف العليا.

---

(1) **كامل جاد**، التعليم الثانوي في مصر في مطلع القرن الحادي والعشرين، مرجع سابق، ص ص ١٠٦، ١٠٧.

- أن البدائل المتاحة غير واضحة المعالم بشكل يطمئنهم ويقنعهم بالتحول إليها، ومن ثم فإن نظرة التبجيل والاحترام والتقدير التي تتوارثها الأجيال في مصر تتجه دائما نحو الشهادة الجامعية.

ويتضح مما سبق تزايد الطلب الاجتماعي على التعليم الثانوي والذي يعود إلى الأسباب السالف ذكرها.

ج - التحديات الاقتصادية:

أثرت تكنولوجيا الاتصالات وظاهرة العولمة على الجوانب الاقتصادية بشكل رئيسي؛ حيث إنها ساعدت على انهيار حاجز المسافات بين الدول والقارات والذي يعني: تزايد إمكانيات التأثير والتأثر المتبادلين وتوزيع العملية الإنتاجية الصناعية بين أكثر من دولة. كما أنه أسهم في تزايد دور الهيئات والمؤسسات والشركات والنظم متعددة الجنسيات أو عابرة القارات والتي ساعدت على تحقيق المزيد من الاحتكارات على المستوى الدولي وصولا إلى أقصى درجة من النجاح في تحقيق ميزة تنافسية على المستوى الدولي [(١)].

ومما سبق نجد أنه في ظل التحديات الاقتصادية والانفتاح الاقتصادي الذي حدث في جميع أنحاء العالم فإن التركيز على التعليم سوف يكون الحل الأمثل لإيجاد ميزة تنافسية لأي بلد من خلال الإعداد الجيد لعمالة المعرفة، والتي تلعب المرحلة الثانوية دورا كبيرا فيه من خلال إكساب الطلاب المهارات والمعارف المهنية الضرورية، مع التأكيد على أهمية إكسابه مهارات التعلم الذاتي والتي تمكنه من التجديد المستمر لمهاراته، وذلك من خلال تدريبه على إستراتيجيات تعلم مختلفة تسهم بشكل مباشر في تكون وإعداد هذه العمالة، ومما يؤكد على ضرورة تواجد مدير مدرسة وإدارة مدرسية قادرة على صنع الاختلاف والتميز.

د - التغيرات السياسية:

نظرا للتحديات الاقتصادية التي شهدتها الدولة والتي فرضت عليها مزيدا من التطوير الاقتصادي لتتكيف وتتواكب مع هذه التحديات، بدأ اهتمام الدولة بالتعليم باعتباره الأداة الحقيقية التي تحقق لها هذا الهدف، ومن هنا بدأ الاهتمام بالتعليم قبل الجامعي عامة وبالتعليم الثانوي خاصة.

---

(١) **وزارة التربية والتعليم**، مبارك والتعليم: ٢٠ عاما من عطاء رئيس مستنير، مرجع سابق، ص ص ٢٠، ٢١.

فقد رأت السيادة السياسية الأهمية القومية لوضع مستويات معيارية قومية لمكونات العملية التعليمية في مصر، لمواجهة التحديات الجسام التي تواجه المواطن في المرحلة القادمة، ومن هنا تم تشكيل اللجنة العليا لإعداد المستويات القومية لمخرجات التعليم؛ حيث إنها حددت مجالات أساسية للمستويات المعيارية والتي انقسمت إلى خمس مجالات، وهي: المدرسة الفعالة، المعلم، الإدارة المتميزة، المنهج الدراسي ونواتج التعلم، المشاركة المجتمعية؛ حيث إن لكل مجال من هذه المجالات جوانبه المتعددة[١].

هذا فضلا عن إنشاء مشروع تحسين التعليم الثانوي ٢٠٠٠-٢٠٠٧ والذي حمل في طياته ملامح تطوير جديدة، حيث تضمن خطة لتحويل ٣١٥ مدرسة فنية تجارية إلى ثانوي عام بهدف تحقيق ٥٠% ثانوي عام مقابل ٥٠% ثانوي فني بدلا من ٣٧% مقابل ٦٣% ، هذا فضلا عن الدراسات المستفيضة التي قدمها المشروع حول تطوير نظام التعليم الثانوي وتحسين كفاءة خريجيه[٢].

ويتضح حرص الدولة واهتمامها بالتعليم الثانوي وتجديده بصفة مستمرة حيث إنه يعد الخطوة الأولى لتكوين عمالة المعرفة التي يمكن من خلالها التصدي للتحديات الاقتصادية التي تواجهها الدولة والتي يمكن أن تعيق مسيرة التطوير الاقتصادي إذا لم توليه الدولة الاهتمام المطلوب.

هـ- التغيرات الثقافية:

قابلت التغيرات المذهلة في نظم المعلومات والاتصالات تغيرات كبيرة ثقافية في معظم دول العالم، والتي أطلقت عليها تغيرات القطيع الإلكتروني، حيث تميزت هذه الثقافة بأنها تمجد الاستهلاك وتمهد للعنف، وتمجد الفردية والأنانية، بالإضافة إلى أنها ثقافة مادية بحتة تستهين بجميع القيم المجتمعية[٣].

ومن هنا كان على النظم التعليمية أن تلعب دورا بارزا مهما في التهيئة للحوار مع الثقافات الأخرى والتصدي والدفاع عن الهوية وخصوصية الذات الوطنية والقومية،

(١) **وزارة التربية والتعليم**، الخطة الوطنية للتعليم للجميع ٢٠٠٢/٢٠٠٥،٢٠٠٣/٢٠١٦، (القاهرة: المركز القومي للبحوث التربوية/ اليونسكو،٢٠٠٣)، ص ص١٣٢-١٣٣.

(٢) **الحزب الوطني الديمقراطي**، "الفكر الجديد وأولويات الإصلاح"، من بحوث المؤتمر السنوي للتعليم، المنعقد في الحزب الوطني الديمقراطي، ٢٠٠٤، القاهرة، ص ٢٦.

(٣) **حسين كامل بهاء الدين**، الوطنية في عالم بلا هوية، مرجع سابق، ص ص ١٣٥، ١٣٦.

حتى يحدث التوازن بين الأصالة والمعاصرة وتجنب الوقوع في مستنقع العولمة من غير وعي وذلك وصولا إلى المستقبل المرغوب[1].

ومما سبق نجد أن التغيرات الثقافية الناجمة عن التطور التكنولوجي المذهل سمحت بدخول ثقافات جديدة غير مرغوب فيها على جميع المؤسسات التعليمية والتي منها المدرسة الثانوية، هذه التحديات ساعدت على ظهور سلوكيات جديدة لدى الطلاب مثل: العنف والإدمان وغيرها من السلوكيات غير المرغوب فيها؛ حيث تعد هذه الثقافات غريبة عن مجتمعنا وتمثل تهديدا للبيئة الداخلية، مما يلقي بالعبء على المدرسة الثانوية وقياداتها في محاولة إيجاد بيئة شيقة تستطيع أن تتصدى لمثل هذه التحديات من خلال تدعيمها للأنشطة التربوية المختلفة، وقيام المعلمين بغرس القيم الإيجابية في نفوس الطلاب وتحفيزهم على الاستفادة من إيجابيات الثقافات المختلفة والبعد عن سلبيات هذه الثقافات، بالإضافة إلى الاستعانة برجال الدين لعمل ندوات دينية تؤكد للطلاب ضرورة وأهمية تمسكهم بالقيم الدينية.

و- التغيرات البيئية:

شهد العالم منذ منتصف القرن السابق وأوائل القرن الحالي عديدا من المتغيرات البيئية التي عبرت عن الوجه الآخر للتقدم التكنولوجي السريع، والتي تمثلت في عديد من الظواهر والتي منها تآكل طبقة الأوزون وانتشار التصحر في مناطق مختلفة في العالم وارتفاع نسبة التلوث البيئي وتناقص الموارد المائية، هذا بالإضافة إلى النمو المتسارع في عدد السكان[2].

كل هذه المشكلات البيئية تحتاج إلى وقفة من النظم التعليمية وذلك لإعداد الفرد الذي لديه قدرة على مواجهة مثل هذه التحديات بتفكير مبدع وقدرة خلاقة على حل المشكلات، بالإضافة إلى تخريج أجيال قادرة على التفاعل الإيجابي مع النظم البيئية الجديدة.

(١) **وضيئة محمد أبو سعده وآخرون**، العولمة وانعكاساتها على التعليم: من كتاب قراءات حول بعض القضايا التربوية المعاصرة، (القاهرة: الدار الهندسية، ٢٠٠٢/٢٠٠٣)، ص ص ١٢٣-١٢٤.

(٢) **بيومي محمد الضحاوي**، قضايا تربوية مدخل إلى العلوم التربوية، (القاهرة: دار الفكر العربي،١٩٩٩/٢٠٠٠)، ص ٦٥.

ومن خلال محور التحديات والتغيرات المحيطة بالمدرسة الثانوية، نجد أن هذه التحديات والتغيرات تلقي بالكثير من الأعباء على المدرسة من أجل إعداد المواطن القادر على التفاعل الجيد مع بيئته، والذي يلقي بمزيد من العبء على الإدارة المدرسية ومدى قدرتها على حسن توظيف كافة الموارد البشرية والمادية والاستفادة من البيئة الخارجية وتوفير البيئة الإبداعية، وذلك لإطلاق كافة القدرات والإمكانيات الكامنة لدى جميع العاملين بالمدرسة الثانوية، والتي يكون لها مرود إيجابي على تكوين الطالب المهيأ للتكيف مع التحديات والتغيرات الحالية والمستقبلية.

ثانيا: استكشاف الواقع الميداني للبيئة الخارجية المحيطة بالمدرسة:

وقد تم استكشاف هذا الواقع من خلال الاستبيان والمقابلة الشخصية، ومن هنا فسوف يتناول هذا المحور العناصر التالية:

١- النتائج التي أفرزتها المقابلة الشخصية.

٢- النتائج التي أفرزها تطبيق الاستبانة.

نتائج المقابلة الشخصية:

للوقوف على ما تساهم به الهيئات والكيانات والمنظمات الموجودة في البيئة الخارجية لتدعيم جهود فريق التخطيط الإستراتيجي بالمدرسة الثانوية، تم عمل مقابلة شخصية مع عدد من خبراء الهيئات والمنظمات المختلفة المحيطة بالمدرسة الثانوية من أجل التعرف على آرائهم ومقترحاتهم المختلفة، والتي تساعد في التوصل إلى الدور المزمع من قبل هذه الهيئات والمؤسسات ذات الصلة المباشرة وغير المباشرة بالمدرسة في تدعيم الرؤية المستقبلية للمدرسة الثانوية، وقد بلغ عدد الخبراء (٢٥) مقسمين كالآتي:(٥) من المديريات التعليمية، (٤) من الإدارات التعليمية، (٣) من الأحزاب، (٢) من الجامعات، (٢) من المراكز البحثية، (٦) من الجمعيات الأهلية، (١) من التعليم الخاص.

وقد تضمنت استمارة المقابلة الشخصية سؤالا يتعلق بالبيئة الخارجية ويتمثل فيما يلي:

- ما الدور الحالي والمتوقع من منظمتكم لتدعيم التجديد الذاتي للمدرسة الثانوية؟

(أ) بالنسبة للمديريات التعليمية:

* **فإن أبرز المهام**، والتي تقوم بها حاليا ما يلي:

- المتابعة والتوجيه الفني والإداري، للوقوف على نقاط الضعف والانحرافات في أداء المعلمين والإدارة المدرسية ومحاولة إيجاد حلول علاجية لها.

- تدريب أعضاء الإدارة المدرسية بهدف الترقي، حيث يشترك قادة المديريات التعليمية في برامج ترقية أعضاء الإدارة المدرسية.

- التوجيه المالي.

- سد العجز من المعلمين بقدر المستطاع من خلال العقود، وإن كان هذا البند يخضع للمحسوبية إلى حد كبير.

- إصدار بعض النشرات لضبط العملية التعليمية داخل المدارس.

- الاتصال الجيد بالمدارس لتوزيع القرارات الوزارية في الوقت المناسب لسرعة تنفيذها.

- الاتصال بالجمعيات الأهلية لمحاولة الاستفادة من خبراتهم.

- تفعيل دور مجالس الأمناء والآباء.

* وأهم الأدوار المتوقعة لها ما يلي:

- الاختيار: من خلال اختيار أعضاء الإدارة المدرسية طبقا لشروط ومواصفات مقننه تتواكب مع قائد التجديد.

- المحاسبية: بوضع نظام محاسبي صارم لاستبعاد القائد المدرسي غير القادر على التجديد والتطوير.

- التحفيز: من خلال المتابعة الجادة للوقوف على الحالات الجادة والمتميزة وتحفزها ماديا ومعنويا وتعيين حالات التقصير ومحاسبتها.

- تفعيل الأنشطة المدرسية: بسد العجز من معلمي الأنشطة من خلال (العقود).

- تفعيل مجالس الأمناء والمعلمين: من خلال الاتصال بأولياء الأمور وبالمعنيين والمهتمين بالعملية التعليمية ومحاولة الاستفادة من جهودهم المادية والعلمية.

- تبادل الزيارات بين مجالس الأمناء في المدارس المختلفة لتبادل الخبرات ونشر المسئولية.

- عمل مقابلات لأولياء الأمور وطرح بعض المشكلات والتعرف على مقترحـاتهم إزاءهـا، بالإضافة إلى الاستفادة من خبرات بعض أولياء الأمور وخاصة أساتذة الجامعات في التدريب.

- إعداد وتنفيذ محاضرات للطلاب عـن: (العنـف، الإدمـان، التربيـة الدينيـة، التربيـة الجنسيـة، الإرهاب).

- تفعيل وحدة التدريب داخل المدرسة: من خلال تخصيص جزء من مـواد التـدريب، وتوجيهها إلى وحدة التدريب داخل المدرسة لتوفير الأجهزة والمستلزمات التـي نحتاجهـا، بالإضافة إلى الاستفادة من خبرات أولياء الأمور وأعضاء المجتمع الخارجي.

- التدعيم التكنولوجي: من خـلال الاتصـال بمركز التطـوير التكنولوجي والشركات الموجـودة في البيئة الخارجية للاستفادة من خبراتهم في تصميم نظم معلومات داعمة للتجديـد، وتـدريب المعلمين والإداريين.

- الدعم المالي: من خلال الاستفادة من التعليم الخاص والاستفادة مـن تـدعيم رجال الأعمال والمنظمات المعنية بالتعليم.

- الاستقلالية المالية: من خلال إعطاء أعضاء الإدارة المدرسية مزيدا من السلطات المالية لتحقيق التحسينات المستمرة في الأداء المدرسي ككل.

(ب) الإدارات التعليمية:

⁕ **فإن أبرز المهام** التي تقوم بها حاليا ما يلي:

- المتابعة والإشراف على الوحدات المستحدثة دخل المدرسة.

- المتابعة الفنية والإدارية والمالية.

- الاستفادة من تدعيم رجال الأعمال والمنظمات المعنية بالتعليم.

- التعرف على احتياجات المدرسة مـن خـلال إدارة (الجمعيـات الأهليـة) ومحاولـة سـد هـذه الاحتياجات.

⁕ **أما الدور المتوقع** فإنما يتمثل فيما يلي:

- دور استشاري: للقضاء على أي مشكلة داخل المدرسة.

- تفعيل دور الوحدات المستحدثة: من خلال تزويدها بكافة الإمكانيات المادية والبشرية التي نحتاجها مع إضافة نظام محاسبي صارم يحاسب بالنتائج.

- فتح قنوات اتصال مباشرة مع البيئة الخارجية: من خلال إمداد إدارة الجمعيات الأهلية المدرسة بعناوين وأسماء الجمعيات المحيطة بالمدرسة وكيفية الاستفادة منها.

- المشاركة في إعداد الخطة الإستراتيجية: من خلال مشاركة أعضاء الإدارة المدرسية في وضع الرؤية والخطة اللازمة لتحقيق هذه الرؤية.

(ج) الجامعات:

* **الدور الحالي:** ولعل من أهم الأدوار الحالية التي تقوم بها الجامعات هي:

- إعداد وتأهيل المعلمين (الطلاب).

- الدراسات العليا (الدبلومات والماجستير والدكتوراه).

- تدريب جميع العاملين في حقل التعليم قبل الجامعي.

* **الدور المتوقع:** فإن هناك عديدا من الأدوار المتوقعة للجامعات والتي منها ما يلي:

- التنمية المهنية: من خلال:

● إعداد ووضع قائمة بالكفايات المطلوبة للقائد المستقبلي وإعداد دورات تدريبية لإكسابهم هذه الكفايات.

● تقديم منح دارسيه لرفع المستوى الأكاديمي والإداري لجميع العاملين.

● إعداد وتأهيل القيادات الشبابية (من طلاب كليات التربية).

- دعوة أعضاء الإدارة المدرسية لحضور المؤتمرات المعنية بهم وطرح المشكلات ومناقشتها.

- تقديم استشارات إدارية للمدرسة، وتقديم مقترحات تساعد على تحسين مستوى الأداء المدرسي.

- عقد شراكة بين الجامعات والوزارة: من أجل بناء خطة قومية لدعم فكرة تجديد وتطوير للمدرسة وكيفية تنفيذها، بحيث تشتمل هذه الخطة على ملامح مشتركة للخطة القومية والسماح لكل مدرسة أن تضع الخطة الإستراتيجية التي تلائمها.

- وضع خطط وتنبؤات وتقديم أساليب مبتكرة للمشاركة المجتمعية.

- المشاركة في تقويم تجارب التجديد والتطوير في ضوء ما يستجد وتوجيه مسارها للأفضل.

- البحث التربوي للمشكلات التي تعوق المدارس عن تحقيق التطوير.

(د) المراكز البحثية:

* فإن الدور الحالي يتمركز حول إجراء البحوث والدراسات الخاصة بما يلي:

- الأنماط العالمية لتطوير المدرسة من وجهة نظر الإبداع والابتكار.

- تنظيم الإدارة المدرسية وكيفية الانتقال من مراحل التبعية إلى الاستقلالية.

- بناء الهياكل داخل المدارس، وتبني نظم اتصال بين المدرسة ومجتمعها المحلي والمنظمات التربوية الأخرى (في العالم).

- التطوير التقني للعملية التعليمية (تدريس- وتدريب- اتصال).

* أما فيما يتعلق بالدور المستقبلي فإنه يركز على ما يلي:

- إعداد القيادات: من خلال إعداد برامج لتطوير نظم إعداد القيادات المدرسية وكيفية إحداث التنمية الذاتية والمستمرة لها.

- ربط المدارس بالمركز، من خلال بناء نظام فعال للتغذية المرتدة بين مؤسسات التعليم والمركز.

- الاتصال: تطوير نظم الاتصال من خلال اتصال شبكة المركز بمؤسسات التعليم لتقديم الدعم الفني في مجالات الإدارة الإبداعية وأساليب مواجهة المشكلات القائمة، بما يسمح بوجود صيغة تفاعلية تتيح للمركز والقيادات المدرسية المشاركة في حل المشكلات وتطوير الأداء.

- توفير المواد العلمية التطبيقية (الأدلة) التي تفيد الإدارة المدرسية في تطوير إمكانياتهم الإبداعية والإدارية.

- التنمية المهنية: بناء البرامج التنموية المستديمة لتنمية قدرات أعضاء الإدارة المدرسية وتحسين مستوياتهم.

- وضع نظم فعالة لقياس الأداء المحقق وتحديد الفجوات وأساليب المعالجة.

(هـ) الجمعيات الأهلية:

* الدور الحالي: تلعب الجمعيات الأهلية عديدا من الأدوار والتي منها ما يلي:

- بالنسبة للطلاب فإنها تقوم بالآتي:

  ▪ دفع المصروفات لغير القادرين.

  ▪ ندوات توعية عن خطر (الإدمان- العنف- الإرهاب..... إلخ).

  ▪ لقاءات ثقافية.

  ▪ ندوات دينية يشترك فيها بعض رجال الدين.

  ▪ برامج تدريبية للطلاب لتكسبهم مهارات التعامل مع الآخرين، قيادة الفريق، إعداد القيادات الشبابية، التنشئة السياسية.

  ▪ برامج إثرائية لتنمية معارفهم بشكل عملي، من خلال ورش العمل وداخل المعامل مثل معمل الطاقة الشمسية والهندسة الوراثية.

  ▪ علاج بعض الحالات النفسية داخل مركز الإرشاد النفسي لدى بعض المراكز.

  ▪ عمل برامج استثمارية لاستثمار أوقات الفراغ في العطلات الصيفية مثل: (برامج الكمبيوتر- أشغال يدوية للفتيات- تعليم بعض الحرف والمهن للطلاب).

  ▪ تصميم اختبارات لقياس الاتجاهات لدى طلاب للتعرف على ميولهم العلمية أو الأدبية.

- المعلمين: عمل دورات تدريبية للمعلمين كل في تخصصه.

- تحسين بيئة المدرسة: من خلال برامج تجميل البيئة داخل وخارج المدرسة التي يشترك فيها طلاب المدارس الثانوية.

- رفع مستوى الأداء المدرسي: بتبني بعض البحوث التربوية ومحاولة إيجاد حلول إجرائية لها تساعد على رفع مستوى الأداء المدرسي ككل.

* الدور المتوقع لهذه للجمعيات الأهلية: أما فيما يتعلق بالدور المستقبلي فإنه يتمثل في الإستراتيجية المستقبلية لهذه الجمعيات والتي تركز على ما يلي:

- بالنسبة للطلاب:

* إنشاء مراكز إبداع في المدارس تقوم بتنمية مهارات التفكير النقدي والإبداع لدى الطلاب واكتشاف النابغين وتنمية مهاراتهم.

* إشراك الطلاب في أنشطة المجتمع المدني، وإعطاء عضوية للطلاب المشاركين، بحيث يمكنهم الاستمرار في هذه الجمعيات، وبذلك يتولد لديهم الشعور بالمسئولية والولاء والانتماء.

* محاربة الدروس الخصوصية من خلال تشجيع E-learning وذلك بتحويل المناهج إلى مناهج إليكترونية، يقوم بشرحها متخصصون يمكن الاتصال بهم والاستفسار منهم عن أية أسئلة.

* الأنشطة المدرسية: عمل بروتوكول بين هذه الجمعيات ووزارة الشباب والرياضة لتدعيم الأنشطة الرياضية بالمدارس.

- رفع وتحسين الأداء المدرسي: من خلال تشكيل لجنة لرفع كفاءة المدرسة مكونة من: (المدير، الناظر، بعض المدرسين، عضو الجمعية المنفذ للمشروعات داخل المدرسة) من أجل تحديد احتياجات المدرسة، وذلك من أجل التخطيط ووضع الرؤية المستقبلية لكيفية تلبية هذه الاحتياجات لربط المدرسة بالبيئة الخارجية وإمكانية الاستفادة منها.

- إنشاء مركز معلومات تربوي على مستوى المحافظة، يشتمل على كافة البحوث والدراسات التربوية التي تفيد المدارس وتساعد على تحسين أدائها.

- تعيين مندوب من هذه الجمعيات داخل المدارس لحصر احتياجات المدارس (البشرية، المادية)، ووضع خطط زمنية لمتابعة هذه الاحتياجات.

- الرقابة والإشراف وتقييم العملية التعليمية.

- خطط مستقبلية مرتبطة بالتشبيك مع الجمعيات الأخرى واستثمار وتوزيع طاقات كل جمعية.

(و) الأحزاب:

* أما الدور الحالي للجنة التعليم للأحزاب فإنه يتمثل فيما يلي:

- وضع الرؤية الإستراتيجية للتعليم والتي يتم الاستعانة بها عند وضع الرؤية المستقبلية للتعليم وما يتضمنه من عناصر تطوير للمنهج ونظام الدراسة والتقويم والأنشطة والهيكل الإداري وكل ما يتعلق بالعملية التعليمية.

- نقد العملية التعليمية وما تتضمنه من إيجابيات وسلبيات ونشر ما تم التوصل إليه في صحف المعارضة وذلك بالنسبة لأحزاب المعارضة.

- عقد مؤتمرات تعليم لمناقشة كل ما هو جديد في مجال التعليم.

- تقديم المقترحات لبعض المشكلات التعليمية، مثل: ظاهرة الدروس الخصوصية، التمويل، نظم التقويم والامتحانات وكل المشكلات الحالية التي يتعرض لها التعليم الثانوي.

- مجموعات تقوية للطلاب.

- التعاون مع الجمعيات الأهلية لدفع المصروفات لغير القادرين.

- تقديم دورات كمبيوتر ولغات لطلبة التعليم الثانوي.

* الدور المستقبلي للجان التعليم في الأحزاب: فإن أهم هذه الأدوار يتمثل فيما يلي:

- عقد ندوات توعية للطلاب لتشجيع الممارسات الديمقراطية داخل المدرسة، والتأكيد على أعضاء الإدارة المدرسية من تفعيل اتحادات الطلاب لتحقيق هذا الهدف.

- عقد دورات تدريبية لأعضاء الإدارة المدرسية عن كيفية تطبيق الرؤية الجديدة، وما تستلزمه من تغيير.

- الاتصال المباشر بين الأحزاب والمدرسة للوقوف على مشكلاتها ومحاولة إيجاد حلول سريعة لها، من خلال مندوب الحزب في الحي القاطنة فيه هذه المدرسة.

وسوف يتم الاستفادة من نتائج المقابلة الشخصية عند وضع الأهداف الإستراتيجية، وتحديد الجهات الرئيسية الداعمة والفرعية التي سوف تساعد على تحقيق هذه الأهداف.

٢- نتائج تطبيق الاستبانة [١]:

-النتائج الإيجابية:

حيث تكشف النتائج الإيجابية عن الدعم الذي يمكن أن تقدمه الهيئات والمؤسسات المحيطة بالمدرسة الثانوية والذي يمكن أن يساعدها في تلبية احتياجات الرؤية الإستراتيجية حيث تمثلت أهم النتائج فيما يلي:

- إن الوزارة والمديريات التعليمية تسعى لتفعيل دور أولياء الأمور من خلال (مجالس الآباء سابقا والأمناء والمعلمين حاليا).
- مساعدة المديريات التعليمية المدارس على فتح قنوات اتصال بينها وبين الجمعيات الأهلية الموجودة في البيئة الخارجية، وإن كان هذا الدور متواضع، كما أن هذه الجمعيات ينحصر دورها في مساعدة غير القادرين نظرا لضعف وعي الإدارة المدرسية، بما يمكن أن تقدمه هذه الجمعيات من خدمات تربوية، كما أنهم قد يكونون غير مؤهلين للاتصال.
- إن الوزارة والمديريات والإدارات التعليمية يقدمون الدعم للمدرسة الثانوية من خلال سد العجز في المعلمين، المشاركة في صنع واتخاذ القرارات، وضع الخطط الإجرائية لتنفيذ الرؤية الموضوعة.

-النتائج السلبية:

كشف الواقع الميداني عن بعض النتائج السلبية والذي يعبر عن تواضع الدعم الذي تقوم به الهيئات والكيانات والمؤسسات المحيطة بالمدرسة الثانوية، والذي يحد من قدرة قياداتها على الوفاء بمتطلبات الخطة الإستراتيجية، كما أنه يكشف كذلك ضعف قدرات هذه القيادات عن تحقيق أقصى استفادة ممكنة من هذه المؤسسات حيث تمثلت أهم هذه السلبيات فيما يلي:

- تواضع الدور الذي يلعبه أولياء الأمور في مجالس الآباء سابقا والأمناء والمعلمين حاليا وتركيز اهتمامهم على ما يخص أبنائهم فقط دون الالتفات إلى المشكلات المدرسية الأخرى والتي تؤثر بشكل مباشر على أبنائهم.

---

(١) **انظر:** استبانة البيئة الخارجية، ص ١٧٠-١٧١.

- تدني التعاون الذي يقدمه مسئولو إدارة الجمعيات الأهلية في الوزارة وتواضع دور هذه الإدارة في الإدارات التعليمية، مما يحد من قدرة الإدارة المدرسية في التعرف على هذه الجمعيات وتحقيق أقصى ــ استفادة منها، سواء كانت بشرية أم مادية للوفاء بمتطلبات الرؤية الإستراتيجية للمدرسة.

- ضعف ما تقدمه كليات التربية للمدارس الثانوية.

- تضاؤل السلطات الإدارية والمالية الممنوحة للإدارة المدرسية.

- ضعف دور البرامج التعليمية في التصدي لظاهرة الدروس الخصوصية.

- ضعف الدعم المقدم من الوزارة والإدارات التعليمية والمديرية في كثير من الأمور، الذي يمكن أن تساعد المدرسة على تحقيق التحسين المستمر لأداء القوى البشرية بداخلها، والذي يساعد على تحسين الأداء الكلي للمدرسة.

- تواضع الدور الذي توليه الوزارة لمجالس الأمناء وما يمكن أن تقدمه هذه المجالس من تحقيق نتائج مرغوبة في العملية التعليمية.

- عدم وضوح دور الأحزاب في التأثير المباشر على العملية التعليمية لأعضاء الإدارة المدرسية.

- عدم توافر تشريعات حاكمة ومنظمة لهذا التعاون.

- تضاؤل، بل عدم وضوح، دور للأحزاب داخل المدرسة الثانوية.

- عدم تعاون ولي الأمر مع إدارة المدرسة، إلا فيما يخص الطالب فقط.

- تواضع الدور المقدم من قبل الجمعيات الأهلية.

- ضعف الخدمات المقدمة من قبل كليات التربية.

- الأسئلة المفتوحة:

حيث تمثل السؤال المفتوح في كيفية التغلب على المعوقات التي تحول دون الاستفادة المدرسة من الكيانات والهيئات والمنظمات الخارجية، حيث تمثل أهم هذه المقترحات فيما يلي:

- تخصيص مندوب من المدرسة (مندوب علاقات عامة) يقوم بفتح قنوات اتصال مع الجمعيات الأهلية والأحزاب للاستفادة من خدماتها.

- عمل زيارات للشركات والهيئات الموجودة في البيئة المحيطة يقوم بها المعلمون مع الطلاب لخلق علاقات تبادلية انتفاعية بين الطرفين.
- قيام وسائل الإعلام بحملات توعية لأولياء الأمور وجميع المنظمات والهيئات الموجودة في البيئة الخارجية عن دورها في تحقيق الخطة الإستراتيجية التي تضعها المدرسة.
- عقد لقاءات شهرية بين أعضاء الإدارة المدرسية ومسئولي الأحزاب والجمعيات الأهلية للتغلب على المشكلات التي تعوق عملية التحسين المدرسية.
- ربط المدارس بالوزارة عن طريق شبكة الفيديو كونفرانس لحل مشكلات المدارس.
- تنظيم أوقات البث الفضائي، حتى يتم تحقيق أقصى استفادة ممكنة منه.
- إعطاء المديريات والإدارات التعليمية والإدارة المدرسية مزيدا من السلطات المالية والإدارية.

ثالثا: نتائج استكشاف واقع البيئة الداخلية للمدرسة:

بعد دراسة الواقع النظري والوقوف على نتائج الجانب الميداني للبيئة الخارجية، يمكن التوصل إلي عديد من النتائج الإيجابية التي يمكن الاستفادة منها وتدعيمها لفريق التخطيط الإستراتيجي للمدرسة الثانوية، وبعضها سلبي، والذي يظهر عجز الإدارة المدرسية عن الاستفادة من كافة الإمكانيات المتاحة في هذه البيئة، والذي يمكن إرجاعه بالدرجة الأولى إلى عدم توافر الدعم الكافي من الوزارة والمديريات والإدارات التعليمية للمدارس للاستفادة من هذه المؤسسات والكيانات، ومن هذه النتائج ما يلي:

١- أن الوزارة والمديريات التعليمية تبذل مزيدا من الجهود لتفعيل دور أولياء الأمور من خلال (مجلس الآباء) والذي تم تغيير بمجلس الأمناء والآباء والمعلمين، والاتصال بالجمعيات الأهلية، من خلال إمداد المدارس بأسماء الجمعيات الأهلية الموجودة في البيئة الخارجية، وفتح قنوات اتصال بين المدرسة وهذه البيئة.

٢- لم تستطع الإدارة المدرسية تحقيق أقصى استفادة ممكنة من هذه الجمعيات والخدمات التي تقدمها، والذي ربما يرجع إلى عدم توافر إستراتيجية تعليمية واضحة من قبل الوزارة وهذه الجمعيات، والتي تسمح بتحقيق أقصى استفادة ممكنة من إمكانياتها سواء كانت البشرية أو المادية، بالإضافة إلى ضعف الوعي لدى الإدارة المدرسية بدور هذه الجمعيات وكيفية الاستفادة من الخدمات التي تقدمها.

٣- ضعف الأدوار المقدمة من قبل كليات التربية لتحقيق التنمية المهنية المستدامة للمعلمين وأعضاء الإدارة المدرسية بالمدرسة الثانوية.

٤- ضعف السلطات الإدارية والمالية الممنوحة لأعضاء الإدارة المدرسية، والتي تحد من عمليات التحسين والإدارة الجيدة للمدرسة.

٥- كثرة التحديات التي تقابل المدرسة الثانوية وعدم قدرة المدرسة على مواجهة هذه التحديات، والذي ينتج عنه عدم ملائمة المخرج التعليمي لسوق العمل والتغيرات الجارية فيه.

٦- أن أعضاء الإدارة المدرسية هم الأقدر على تقييم البيئة الداخلية والخارجية، وبالتالي هم الأقدر على تحليلها لتحقيق أقصى استفادة منها.

٧- أن المقابلة الشخصية كشفت عن كثير من الجهود الحالية والمستقبلية التي يمكن أن تقدمها كل من الوزارة والمديريات والإدارات التعليمية والجمعيات الأهلية، وكيف أن أوجه الاستفادة لن تقتصر فقط على النواحي المالية، ولكن يمكن أن تمتد لتدريب المعلمين وتحقيق النمو المهني والشخصي والسلوكي والمعرفي لطلاب المرحلة الثانوية، والمراكز البحثية والجامعات وما يمكن أن تقدمه من دور فاعل في تحقيق التجديد والتطوير للمدرسة الثانوية، من خلال إعداد للكوادر القيادية، وتحقيق التنمية المهنية المرغوبة لديهم، بالإضافة إلى البحوث الإجرائية، والتي سوف يتم من خلالها التصدي للكثير من المشكلات.

رابعا: تحليل الفجوات:

حيث تعبر الفجوة عن الفروق التي تنشأ بين المقارنة التي تتم بين نتائج الواقع، والذي أبرزته تحليل البيئة الخارجية النظرية والميدانية (ما أبرزته الوثائق والتقارير والدراسات ونتائج المقابلة الشخصية والاستبانة)، وبين المتطلبات الفعلية للبيئة الخارجية؛ والتي أبرزتها المرتكزات النظرية التي تم التوصل إليها في الفصل الأول حيث إن تحليل هذه الفجوات يظهر أهم الفرص والتجديدات في بيئة المدرسة الثانوية الخارجية، وكيف أنه يمكن الاستفادة من الفرص المتاحة في تدعيم الخطة الإستراتيجية الموضوعة وتدنية التهديدات المحتملة، ومن هنا فقد تمثلت أهم هذه الفرص والتهديدات فيما يلي:

- الفرص، وتمثلت فيما يلي :

١- دمج مجلس الآباء والأمناء، وإمداده بمزيد من السلطات والاختصاصات.

٢- سعي الوزارة للشراكة مع الجامعات من خلال الاعتماد الأكاديمي للمعلمين (الطلاب).

٣- البرامج التعليمية المبثوثة عبر القنوات الفضائية ودورها في التصدي لظاهرة الدروس الخصوصية.

٤- اهتمام الجمعيات الأهلية بتقديم بعض الخدمات التعليمية للمدارس الثانوية.

٥- زيادة دعم بعض المنظمات الدولية للتعليم الثانوي.

٦- زيادة الطلب الاجتماعي على التعليم الثانوي العام.

٧- الدعم الذي تقدمه الوزارة والمديريات والإدارات التعليمية للمدرسة لمساعدتها على انتظام العملية التعليمية.

-المخاطر (التهديدات)، وتمثلت فيما يلي:

١- ضعف جسور التواصل الفعال بين المدرسة والمنزل.

٢- ضعف الاستفادة من الخدمات التعليمية التي تقدمها الجمعيات الأهلية نتيجة ضآلة المعلومات التي تتيحها الوزارة والمديريات والإدارات التعليمية للمدرسة عن هذه الجمعيات.

٣- ضعف الدور المباشر للأحزاب في التجديد داخل المدرسة الثانوية.

٤- التحديات الاقتصادية وضعف قدرة المدرسة الثانوية مـن تهيئـة عمالـة المعرفـة القـادرة عـلى مواجهة مثل هذه التحديات.

٥- التغيرات التكنولوجية المتسارعة، وبطء اكتساب المعلمين والعاملين الكفايات اللازمة للتكيـف معها.

٦- انفصال المدرسة عن عالم العمل، والناجم عن ضعف تفاعلها وتعاونها مع منظمات الأعمال.

٧- ضعف الاستفادة من الجامعات والمراكز البحثية، نتيجة عدم توافر قنوات اتصال مبـاشرة بـين المدرسة وهذه المنظمات.

* * *

جدول رقم (٣)
استبانة البيئة الخارجية

م	العبـــــارات	درجة الموافقة		
		أوافق	أوافق إلى حد ما	أرفض
١	البيئة الخارجية: أرى أن البرامج التعليمية تقوم بدور فعال في محاربـة الـدروس الخصوصية.			
٢	يساهم رجال الأعمال بدور فاعـل داخـل مدرسـتي مـن خـلال مجالس الأمناء.			
٣	تلعب المنظمات الأهلية دورا كبيرا في تفعيل العملية التعليمية من خلال ما يلي: * معاونة الإدارة المدرسية في العملية الإشرافية والرقابية. * إعداد برامج تدريب للمعلمين. * عقد لقـاءات ونـدوات مـع الطـلاب بغيـة التوجيـه والإرشـاد التربوي. * المساهمات المالية. * اعمال الصيانة والبناء. * توافر الأثاثات. * مساعدة غير القادرين من الطلاب.			
٤	يحرص اولياء الأمور على حضور مجالس الابـاء لمناقشـة مشـكلات مدرستي وإيجاد حلول لها.			
٥	يتلاءم المخرج التعليمي لهذه المرحلة (الطلاب) مع متطلبات سوق العمل الحالية والتغيرات المتسارعة فيه.			
٦	تساعدنا كليات التربية على تحسين الأداء المدرسي من خلال: * منح دراسية لتحسين المستوى الأكاديمي للعاملين. * إعداد برامج تدريبية لنا اثناء الخدمة. * إتاحة الفرصة للمشاركة في المؤتمرات التي تعدها			

م	العبـــــارات	درجة الموافقة		
		أوافق	أوافق إلى حد ما	أرفض
٧	تتعاون معنا الوزارة في تحسين العملية التعليمية من خلال: * إمدادنا بعناوين وأسماء المنظمات غير الحكومية للاستفادة من خدمات التعليم التى تقدمها. * المشاركة في وضع خطط إجرائية تساعد على تنفيذ الرؤية الموضوعة. * إمدادنا بالمقترحات والبرامج التي تعدها الأحزاب للاستفادة منها في عمليات التحسين داخل مدرستى.			
٨	تتعاون معنا المديريات التعليمية في تقديم يد المساعدة لنا من خلال: * تقديم الاستشارات الفنية في المشكلات التى تقابلنا. * سد العجز في المعلمين. * المساعدة على فتح قنوات اتصال بيننا وبين البيئة الخارجية. * إعطاء سلطات كافية للإدارة الجديدة للمدرسة.			
٩	توفر الإدارة التعليمية الدعم الكافي لتفعيل العملية التعليمية داخل مدرستي من خلال: * الحرية والاستقلالية الكافية في النواحى المالية. * المشاركة في صنع واتخاذ القرارات. * علاج نواحي القصور في المدرسة من خلال خطة مشتركة لها.			

* * *

الفصل الرابع
رؤية إستراتيجية مقترحة لتطوير
وتجديد المدرسة

الفصل الرابع
رؤية إستراتيجية مقترحة لتطوير وتجديد المدرسة

مقدمــــــة:

يهدف هذا الفصل إلى وضع رؤية إستراتيجية مقترحة لتحقيق التطوير المرغوب فيه للمدرسة الثانوية العامة، وتنفيذها من خلال اقتراح بعض الحلول الإجرائية لها، متمثلة في مجموعة من الأهداف العامة التي يتفرع من كل واحد منها مجموعة من الأهداف الإستراتيجية، التي وضع لكل منها حزمة من البدائل الإستراتيجية التي تعد ترجمة إجرائية لهذا الهدف الإستراتيجي، حيث يمكن تطبيق هذه الرؤية الإستراتيجية على مصر وأي دول نامية أو عربية؛ حيث تعد هذه الرؤية صورة مصغرة يمكن تطبيقها في أي مجتمع.

و يتناول هذا الفصل المحاور التالية:

المحور الأول: أهم القضايا الإستراتيجية التي تعوق المدرسة عن تنفيذ الرؤية الإستراتيجية الموضوعة:

ويندرج تحت هذا المحور النقاط التالية:

أولا: بناء جدول التحليل الرباعي SWOT.

ثانيا: القضايا الإستراتيجية التي تعوق القيادات المدرسية المبدعة عن تحقيق الرؤية الإستراتيجية للمدرسة.

المحور الثاني: الرؤية الإستراتيجية المقترحة والترجمة الإجرائية لتنفيذها.

ويندرج تحت هذا المحور النقاط التالية:

أولا : رؤية المدرسة لجهود التطوير الذاتية.

ثانيـا: الفترة الزمنية المقترحة لإنجاز هذه الرؤية.

ثالثـا: متطلبات إنجاح هذه الرؤية.

رابعا: الأهداف العامة والأهداف الإستراتيجية وكيفية تحقيقها.

المحور الأول: أهم القضايا الإستراتيجية التي تعوق المدرسة عن تنفيذ الرؤية الإستراتيجية الموضوعة:

أولا: جدول التحليل الرباعي SWOT.

يعتمد بناء جدول التحليل الرباعي على تحكيم عناصر القوة والضعف والفرص والتهديدات التي تم التوصل إليها في نهاية الفصل الثاني والثالث (عناصر القوة "Strength" ويرمز لها بـ S، والضعف Weakness ويرمز لها بـW، والفرص Opportunities، ويرمز لها بـO، والتهديدات Threats والتي يرمز لها بـ T) وذلك من خلال مجموعة الخبراء، حيث يساعد هذا التحكيم على حساب الأوزان المرجحة لهذه العناصر، بهدف إبراز العناصر ذات الأهمية بالنسبة للظاهرة موضوع البحث مع استبعاد العناصر عديمة الأهمية والتأثير.

وبعد حساب الأوزان المرجحة للعناصر السابقة فإنه يتم وضع هذه العناصر في جدول التحليل الرباعي، حيث يهدف هذا التحليل إلى دمج تحليل البيئة الداخلية والخارجية، من خلال فحص التفاعلات الأربعة، والتي يمكن من خلالها إلقاء الضوء على الملامح العامة للرؤية الإستراتيجية والأهداف والبدائل الإستراتيجية المقترحة لتحقيق هذه الرؤية، حيث تتمثل هذه التفاعلات كالآتي[1]:

١- الفرص x نقاط القوة ("MM" Maxi-maxi strategy). (S/O)

٢-الفرص x نقاط الضعف ("Mm" Maxi-mini strategy). (O/W)

٣-التهديدات x نقاط القوة ("mM" Mini -maxi strategy).(T/S)

٤-التهديدات x نقاط الضعف ("mm" Mini -mini strategy).(T/W)

---

(١) **نادية العارف**، الإدارة الإستراتيجية: إدارة الألفية الثالثة، (الإسكندرية: الدار الجامعية،٢٠٠٠/٢٠٠١)، ص ١٦١.

جدول رقم (٤) التحليل الرباعي لعناصر البيئة الداخلية والخارجية

		تقييم البيئة الداخلية	
		نقاط القوة وهي : - توافر المعلمين ذوي التأهيل التربوي الملائم للعملية التعليمية. - وجود وحدة للمعلومات والإحصاء تمكن الإدارة من وضع الرؤية المدرسية. - اهتمام الوزارة في الآونة الأخيرة ببرامج التدريب المقدمة للمعلمين. - اتجاه الوزارة نحو تعيين بعض مديري المدارس بشروط تتلاءم مع مهام قائد المدرسة العصري. - زيادة حصة المدارس من المصروفات المدرسية وتأثيرها الإيجابي على زيادة ميزانيتها. - توافر حزمة من التشريعات الجديدة المحددة لمهام واختصاصات أعضاء الإدارة المدرسية. - توافر بعض الحاسبات الآلية داخل المدرسة . - اتجاه الوزارة نحو دعم اللامركزية بإعطاء الإدارة المدرسية المزيد من السلطات الإدارية. - وضع نظام جديد للحوافز (حافز الأداء المتميز) لجميع العاملين داخل المدرسة، مما يشجعهم على الارتقاء بمستواهم الأكاديمي. - توافر وحدة للتدريب داخل المدرسة لتحقيق التنمية المهنية المستمرة للمعلمين .	نقاط الضعف وهي : - ضعف نظم المعلومات والاتصال على إحداث التميز داخل المدرسة. - القيود الحاكمة لنظم الصرف المالية والتي تحول دون اتخاذ القرارات المناسبة في الوقت المناسب . - ضعف البنية التحتية الملائمة للعمل التقني . - إغفال برامج تدريب الإدارة المدرسية تدريبهم على النواحي المالية. - ضعف الاستفادة من الوحدات المستحدثة داخل المدرسة الثانوية كما كان مرجواً لها. - ضعف المناخ المدرسي المشجع على الإبداع والابتكار داخل المدرسة الثانوية. - ضعف كفاية برامج إعداد وتأهيل المعلمين لمقابلة المهام والأدوار الجديدة .
تقييم البيئة الخارجية	الفرص وهي : - دمج مجلس الآباء والأمناء وإمداده بمزيد من السلطات والاختصاصات. - زيادة الطلب الاجتماعي على التعليم الثانوي العام. - اهتمام الجمعيات الأهلية بتقديم بعض الخدمات التعليمية للمدارس الثانوية. - زيادة دعم بعض المنظمات الدولية للتعليم الثانوي. - الدعم الذي تقدمه الوزارة والمديريات والإدارات التعليمية للمدرسة لمساعدتها على التقدم بالعملية التعليمية.	نقاط قوة يمكن تفعيلها بالتركيز على الفرص المتاحة : ١- توسع الوزارة في إرسال المعلمين وأعضاء الإدارة في دورات تدريبية داخلية وخارجية لرفع مستواهم الأكاديمي،مع تضمين هذه البرامج دورات عن كيفية إعداد الميزانية خاصة في ظل الاتجاه نحو اللامركزية. ٢- شراكة الوزارة مع اليونسكو لتدريب أكبر قدر من المعلمين لتمكينهم من الحصول على شهادة الـ ICDL لإكسابهم المهارات التكنولوجية ، ومحو الأمية الكمبيوترية لديهم. ٣- تفعيل مجلس الآباء والأمناء بجعل العلاقة بينه وبين المدرسة تبادلية تفاعلية من خلال إنشاء مركز للأسرة يعد دورات تدريبية وورش عمل لأولياء الأمور تساعدهم على التعامل مع أبنائهم في هذه المرحلة وتهيئة المناخ الملائم لهم، وفي نفس الوقت يمارس هذا المجلس الرقابة الحقيقية على العملية التعليمية داخل المدرسة والعمل على توفير الموارد على اختلافها . ٤- تأسيس الوزارة مركزاً للتعلم يرسل إليها المعلمين وأعضاء الإدارة المدرسية كل فترة وكذلك المقبلون على الترقية للاطلاع على كل ما هو جديد في مجال عملهم . ٥- تطبيق الوزارة لنظام التراخيص المهنية والتي تدفع بالمعلمين نحو تحقيق التنمية الذاتية المستمرة . ٦- قيام أعضاء مجلس الآباء والأمناء باعتبارهم جهة رقابية بمتابعة أعضاء الإدارة المدرسية للتأكد من حسن ممارسة السلطات الإدارية المخولة إليهم . ٧- إنشاء الوزارة وحدة لتقييم العاملين داخل المدرسة على أن يتم عزل المتقاعسين من خلالها . ٨- قيام بعض القائمين على العمل (أساتذة الجامعات) بالجمعيات الأهلية والمنظمات الدولية بعمل بحوث إجرائية ودراسات جدوى تساعد الإدارة المدرسية على حسن توظيف الموارد المالية وخاصة بعد زيادة حصة المدرسة من المصروفات المدرسية .	نقاط ضعف يمكن تلافيها بتعظيم استغلال الفرص المتاحة : ١- الاستفادة من جهود الجمعيات الأهلية والمنظمات الدولية في مجال تنمية القوى البشرية داخل المدرسة ، وتوفير الإمكانيات والأجهزة في معامل الحاسبات ، ووحدة التدريب والمعلومات . ٢- الاستفادة من القائمين بالعمل في مراكز التطوير التكنولوجي بالوزارة والمديريات والإدارات التعليمية في تدريب القائمين على وحدة المعلومات وتصميم نظم معلومات مختلفة تمكن المدرسة على صنع الاختلاف . ٣- الاستفادة من خدمات الجمعيات الأهلية في تأسيس شبكة معلومات دولية ومحلية تساعد المدرسة على العمل التقني وتمكنهم من الاتصال بالبيئة الخارجية . ٤- تزويد إدارات الجمعيات الأهلية بكل من المديريات والإدارات التعليمية (والقائمين على العمل بوحدة المعلومات) بأدلة بها معلومات عن المنظمات والهيئات في البيئة الخارجية وكيفية الاتصال بها. ٥- الاستفادة من المخصصات المالية لدى مجلس الآباء والأمناء في وضع هيكل جديد للحوافز للمتميزين يساعد على خلق مناخ مشجع على الابتكار. ٦- سن تشريعات وزارية جديدة تزيل القيود الحاكمة للنظام المالي مع إقامة نظام محاسبي يكفل هذه السلطات ويحاسب على التلاعب . ٧- استغلال فرصة زيادة الطلب على التعليم الثانوي بحسن توظيف كافة الإمكانيات المتاحة من معامل كمبيوتر، وإنشاء وحدة تدريب لإكساب الطلاب كافة المهارات الحياتية المطلوبة ، وتدريبهم على استراتيجيات تعلم جديدة بالإضافة إلى إعداد جداول مرنة تفي هذا الغرض .

تقييم البيئة الداخلية

		نقاط القوة وهي : ١- توافر المعلمين ذوي التأهيل التربوي الملائم للعملية التعليمية ٢- وجود وحدة للمعلومات والاحصاء تمكن الإدارة من وضع الرؤية المدرسية . ٣- اهتمام الوزارة في الآونة الأخيرة ببرامج التدريب المقدمة للمعلمين ٤- اتجاه الوزارة نحو تعيين بعض مديري المدارس بشروط تتلاءم مع مهام قائد المدرسة العصري. ٥- زيادة حصة المدارس من المصروفات المدرسية وتأثيرها الإيجابي على زيادة ميزانيتها. ٦- توافر حزمة من التشريعات الجديدة المحددة لمهام واختصاصات أعضاء الإدارة المدرسية. ٧- توافر بعض الحاسبات الآلية داخل المدرسة . ٨- اتجاه الوزارة نحو دعم اللامركزية بإعطاء الإدارة المدرسية المزيد من السلطات الإدارية. ٩- وضع نظام جديد للحوافز (حافز الأداء المتميز) لجميع العاملين داخل المدرسة، مما يشجعهم على الارتقاء بمستواهم الأكاديمي . ١٠- توافر وحدة للتدريب داخل المدرسة لتحقيق التنمية المهنية المستمرة للمعلمين.	نقاط الضعف وهي : ١- ضعف نظم المعلومات والاتصال على احداث التميز داخل المدرسة. ٢- القيود الحاكمة لنظم الصرف المالية والتي تحول دون اتخاذ القرارات المناسبة في الوقت المناسب. ٣- ضعف البنية التحتية الملائمة للعمل التقني. ٤- إغفال برامج تدريب الإدارة المدرسية تدريبهم على النواحي المالية. ٥- ضعف الاستفادة من الوحدات المستحدثة داخل المدرسة الثانوية كما كان مرجواً لها. ٦- ضعف المناخ المدرسي المشجع على الإبداع والابتكار داخل المدرسة الثانوية. ٧- ضعف كفاية برامج إعداد وتأهيل المعلمين لمقابلة المهام والأدوار الجديدة.
تقييم البيئة الخارجية	التهديدات وهي : ١- ضعف الاستفادة من الجامعات والمراكز البحثية نتيجة عدم توافر قنوات اتصال مباشرة بين المدرسة وهذه المنظمات . ٢- التحديات الاقتصادية وضعف قدرة المدرسة الثانوية على تهيئة عمالة المعرفة القادرة على مواجهة مثل هذه التحديات . ٣- ضعف الاستفادة من الخدمات التعليمية التي تقدمها الجمعيات الأهلية نتيجة ضآلة المعلومات التي تتيحها الوزارة والمديريات والإدارات التعليمية للمدرسة عن هذه الجمعيات. ٤- انفصال المدرسة عن عالم العمل والناجم عن ضعف تفاعلها وتعاونها مع منظمات الأعمال . ٥- التغيرات التكنولوجية المتسارعة وبطء اكتساب المعلمين والعاملين الكفايات اللازمة للتكيف معها . ٦- ضعف جسور التواصل الفعال بين المدرسة والمنزل .	تهديدات يمكن تلافيها باستغلال نقاط القوة من خلال ما يلي : ١- قيام الوزارة بعقد شراكة مع الجامعات والمراكز البحثية للاستفادة من خبرة الأساتذة بهذه المنظمات في مجال التدريب لإعداد الكوادر البشرية الموجود داخل المدرسة ، مع تسهيل فتح قنوات اتصال بين المدرسة وهذه المنظمات للاستفادة من خبرة الأساتذة بها وطرح المشكلات والقضايا التي تعوق سير العملية التعليمية وإيجاد بدائل إجرائية لحلها . ٢- استغلال الزيادة في حصة المصروفات المدرسية في توفير أجهزة الحاسب الآلي وتأسيس شبكة اتصال محلية ودولية تتمكن المدرسة من خلالها من مسايرة التغيرات التكنولوجية . ٣- استثمار توسع الوزارة في برامج تدريب العاملين مع تضمين هذه البرامج تدريبهم على الأساليب التكنولوجية الحديثة والتي تجعلهم متكيفين مع التغيرات التكنولوجية . ٤- تأسيس وحدة للعلاقات العامة داخل المدرسة تقوم بعمل مسح بيئي عن الجمعيات و والمنظمات الخارجية بما يحقق أقصى استفادة ممكنة منها مع قيام وحدة المعلومات بإمدادها بكافة البيانات والمعلومات التي تحتاجها وتمكنها من القيام بعملها بكفاءة وفاعلية . ٥- استثمار خبرات المعلمين ذوي التأهيل التربوي في تحفيز الطلاب على الانفتاح على مصادر المعرفة المختلفة من أجل الإسهام في إعداد عمالة المعرفة المطلوبة. ٦- تفعيل وحدة التدريب داخل المدرسة بتضمين بعض المعلمين وأولياء الأمور المتميزين بها بهدف إكساب الطلاب المهارات الحياتية المطلوبة والتي تسهم في تكوين شخصية مواطن الألفية الثالثة ، كما أنها من ناحية أخرى تستقطب أولياء الأمور وتوطد علاقتهم بالمدرسة . ٧- عمل ندوات يحاضر فيها رجال الدين بهدف مناقشة مشكلات أولياء الأمور مع أبنائهم في هذه المرحلة، مما يكون له الأثر الإيجابي في اهتمامهم بالمدرسة وبالعملية التعليمية مرة أخرى.	نقاط ضعف يمكن التغلب عليها بتدنية تأثير التهديدات الخارجية من خلال محاولة القيام بـ : ١- تصميم نظم اتصال ومعلومات داخل المدرسة لمواجهة التغيرات التكنولوجية والاقتصادية الحادثة في البيئة الخارجية . ٢- حسن استثمار الموارد والإمكانيات المتاحة في وحدة التدريب المدرسية للتوسع في تدريب المعلمين على أساليب التدريس المبتكرة والأساليب التكنولوجية الحديثة لجعلهم دعامة يمكن من خلالها مواجهة التغيرات التكنولوجية المتسارعة . ٣- تمكين جميع القوى البشرية داخل المدرسة من أجل تفجير الطاقات الابتكارية والإبداعية لديهم ، والذي ينعكس من جانب آخر على العملية التعليمية ويحقق رضا أولياء الأمور ويجتذبهم مرة أخرى للاهتمام بالمدرسة ومتابعة ما يدور بداخلها. ٤- سن الوزارة تشريعات تقلل من القيود المالية مع المتابعة المستمرة للتأكد من حسن توظيف الإدارة لهذه الموارد . ٥- تأسيس شبكة عمل واتصال محلية ودولية تساعد على تسهيل الاتصال داخل المدرسة وسرعة إنجاز الأعمال من ناحية أخرى ، كما تساعد على الاتصال بالبيئة الخارجية والاستفادة مما تقدمه الجمعيات والمنظمات الخارجية من خدمات تعليمية للمدرسة ، كما أنها تمكن المدرسة من تبادل الخبرات مع المدارس الأخرى مما يمكنها من وضع الرؤية المستقبلية المطلوبة التي تحقق الهدف من التجديد الذاتي . ٦- تزويد المدرسة بالدعم الكافي والذي يمكنها من تأسيس شراكات مع منظمات الأعمال والتي تحقق فرص العمل المرجوة للطلاب كما تساعد الوزارة على تطوير المناهج لتتلاءم مع احتياجات السوق .

ثانيا: القضايا الإستراتيجية التي تعوق القيادات المدرسية المبدعة عن تحقيق الرؤية الإستراتيجية للمدرسة:

بعد القيام بالتحليل الرباعي يمكن الخروج ببعض القضايا الإستراتيجية، حيث تعد هذه القضايا بمثابة التحديات الجوهرية التي يجب أن تستعد لها المنظمة من أجل تحقيق الرؤية الموضوعة [1]، كما تمثل المعوقات الأساسية التي يتم استكشافها إذا ما أرادت المنظمة أن تنجح في تنفيذ أو القيام بتحقيق الرسالة أو الرؤية الموضوعة [2]، ومن هنا يتضح أن القضايا الإستراتيجية تتمثل في المشكلات والتحديات الجوهرية التي تحول دون تحقيق المدرسة التطوير المزعوم، وسوف تستخدم الباحثة في تحديد هذه القضايا الأسلوب المباشر، والذي يستخدم عادة داخل المؤسسات غير الربحية، حيث يتجه المخططون مباشرة بعد إعداد جدول التحليل الرباعي إلى تحديد أهم القضايا الإستراتيجية [3]، وسوف أقتصر على القضايا الإستراتيجية التالية:

١- تدني كفاءة وقدرة العنصر البشري داخل المدرسة الثانوية في مواجهة التحديات الحالية والمستقبلية.

٢- ضعف الاستفادة من الوحدات المستحدثة داخل المدرسة كما كان مخططا لها.

٣- محدودية الموارد المالية اللازمة للوفاء بمتطلبات الخطة الإستراتيجية الموضوعة للمدرسة الثانوية.

٤- غياب البعد التقني والذي يعد أحد أهم ركائز الخطة الإستراتيجية للمدرسة الثانوية.

٥- ضعف البيئة المدرسية القادرة على تفجير الطاقات الإبداعية لدى القوى البشرية داخل المدرسة الثانوية.

٦- انعزال المدرسة الثانوية عن البيئة الخارجية، والذي يحد من فرصتها على استثمار إمكانيات هذه البيئة.

المحور الثاني: الرؤية الإستراتيجية المقترحة والترجمة الإجرائية لتنفيذها:

ويندرج تحت هذا المحور النقاط التالية:

أولا: رؤية المدرسة لجهود التطوير الذاتية.

---

(1) Identify Strategic Issues, http://mapp.naccho.org/strategic_issues.

(2) Strategic Issues,htpp://web.em.doe.gov/straplan/straissu.html.

(٣) **جون م. بريسون، ترجمة محمد عزت عبد الموجود،** التخطيط الإستراتيجي للمؤسسات العامة وغير الربحية، (بيروت: مكتبة لبنان، ٢٠٠٣)، ص ص ١٩٨، ١٩٩.

ثانيا: الفترة الزمنية المقترحة لإنجاز هذه الرؤية.

ثالثا: متطلبات إنجاح الرؤية الإستراتيجية الموضوعة.

رابعا: الأهداف العامة والأهداف الإستراتيجية وكيفية تحقيقها.

أولا: رؤية المدرسة لجهود التطوير الذاتية:

وقد تم وضع هذه الرؤية على ضوء ما تم التوصل إليه في التحليلات السابقة (التحليل البيئي، تحليل الفجوات، التحليل الرباعي)، حيث رسمت هذه الرؤية الملامح الإجرائية التي يمكن من خلالها تحقيق التجديدات والتغيرات المرغوبة للمدرسة الثانوية، في ظل توافر قيادة إبداعية بالمدرسة قادرة على شحذ جميع القوى البشرية نحو تحقيق هذه الرؤية، ومن هنا فقد تمثلت هذه الرؤية فيما يلي:

"بناء مجتمع معرفي من خلال إدارة مدرسية مبدعة قادرة على تهيئة بيئة تربوية تعليمية محفزة على استخدام إستراتيجيات تعلم مبتكرة تحقق النمو المهني والأكاديمي لجميع القوى البشرية داخل المدرسة، ومستخدمة للتقنية الفعالة ومحققة للموارد المالية المدعمة لذلك، وقادرة على إقامة شراكة جادة بين المدرسة وجميع المنظمات والهيئات المعنية في البيئة الخارجية، وذلك من أجل بناء الطالب القادر على التكيف مع التغيرات الحالية والمستقبلية".

وترسم هذه الرؤية ملامح الحلول المقترحة للقضايا الإستراتيجية السابقة، حيث يتضح منها أن هناك جملة دعائم رئيسية ركزت عليها، ومن أولى هذه الدعائم ضرورة وأهمية القيادة الإبداعية في بناء المجتمع المعرفي لما تتمتع به هذه القيادة من قدرات وسمات تجعلها قادرة على بناء هذا المجتمع، والتي منها القدرة على التفكير الإستراتيجي والقدرة على تعظيم الاستفادة من عناصر القوة في البيئة الداخلية وفرص البيئة الخارجية وذلك لتدنية تأثير كل من عناصر الضعف والتهديدات في بيئة المدرسة، والقدرة على تحقيق التميز والاختلاف داخل المدرسة الثانوية، القدرة على وضع الرؤية الإستراتيجية المشتركة للمدرسة، من خلال المجتمع المدرسي وغيرها من السمات والقدرات التي يمكن أن يمتلكها ويتحلى بها أعضاء الإدارة المدرسية المبدعة.

كما أبرزت هذه الرؤية دور الإدارة في تحفيز القوى البشرية داخل المدرسة نحو التخلي عن الممارسات القديمة وتبني ممارسات مبتكرة تحقق لهم النمو الأكاديمي والمهني، هذا

بالإضافة إلى تركيزها كذلك على العمل التقني وأهمية استخدام التكنولوجيا الحديثة لسرعة إنجاز وتحقيق الجودة، سواء في النواحي الإدارية أو التعليمية، وهو ما استوجب التركيز على أهمية امتلاك جميع القوى البشرية داخل المدرسة لمهارات استخدام هذه التكنولوجيا.

وفي سبيل إنجاح ذلك فإن الإدارة المدرسية تسعى لتهيئة بيئة مدرسية مبدعة داعمة لجميع الموجودين ومحفزة على إطلاق كافة القدرات الإبداعية لديهم، كما أنها تسعى كذلك نحو تحقيق المزيد من الوفورات المالية، بالإضافة إلى تحقيق أقصى استفادة من العناصر الخارجية من خلال إقامة شراكات داعمة مع المنظمات والهيئات والكيانات الموجودة في هذه البيئة لتحقيق تكاتف جميع الأطراف المعنية، وهي بذلك يمكن أن تحقق الهدف المرجو من بناء مجتمع معرفي داخل المدرسة الثانوية وهو إعداد الطالب القادر على مواجهة التحديات الحالية والمستقبلية والتكيف معها.

ويمكن توضيح خطوات تحقيق هذه الرؤية من خلال الرسم التوضيحي التالي:

شكل رقم (٤) رسم توضيحي للخطوات الإجرائية المتبعة

من أجل تحقيق الرؤية الإستراتيجية المقترحة للمدرسة

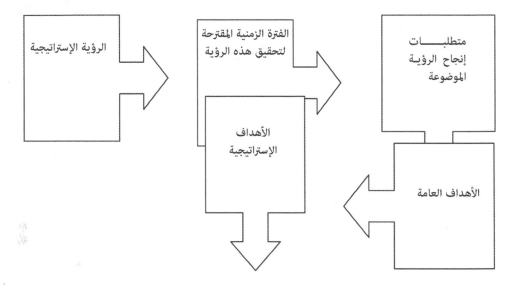

ويتم تحقيق كل هدف من هذه الأهداف بعد المرور بالخطوات التالية:

◆ متطلبات تحقيق الهدف الإستراتيجي.

◆ البدائل الإستراتيجية.

◆ الجهات المسئولة: (حيث تعد الإدارة المدرسية جهة أساسية مسئولة في تنفيذ جميع هذه الأهداف ويشترك معها جهات أخرى مساندة).

◆ جهات الدعم الخارجي.

◆ المؤشرات المستقبلية التي تشير إلى مدى تحقق الهدف الإستراتيجي.

حيث يتضح من الرسم التوضيحي ما يلي:

أولا: الرؤية الموضوعة: وهي أولى هذه الخطوات، وهي تعبر عن الحلم المشروع الـذي تسـعى الإدارة المدرسية وجميع العاملين داخل المدرسة الثانوية نحو تحقيقه.

ثانيا: الفترة الزمنية المقترحة لتحقيق هذه الرؤية: حيث يعد الوقت عنصرا مهما لما تشهده هذه المرحلة من تطورات من جهة، ومن جهة أخرى فإن خريج هذه المرحلة هو مدخل للمرحلة الجامعية أو مخرج لسوق العمل وإن عنصر الوقت هو عنصر مهم لتلبية احتياجات سوق العمل الحالية والمستقبلية.

ثالثا: متطلبات إنجاح الرؤية الموضوعة: وهى تعبر عن الاحتياجات المهمة التي تدعم هذه الرؤية وتساعد على سهولة تحقيقها.

رابعا: الأهداف العامة: وهي تعبر عن مجموعة الأهداف التي تمثل الحلول المقترحة للقضايا الإستراتيجية التي تم التوصل إليها في المحور السابق، حيث تعد هذه الأهداف ترجمة إجرائية للرؤية الموضوعة.

خامسا: الأهداف الإستراتيجية: وهي مجموعة من الأهداف تنبثق من الأهداف العامة حيث تتكامل فيما بينها لتحقيق الهدف العام المنبثقة منه، ولكي يتم تحقيق كل هدف من هذه الأهداف فإنه يستلزم توافر مجموعة من المتطلبات اللازمة لإنجاح مجموعة البدائل الإستراتيجية الموضوعة، كما يتم تحديد الجهات المسئولة على إنجاح هذه البدائل، والتي تقع عليها مسئولية توفير بعض المتطلبات أو سن التشريعات اللازمة، وكذلك يتم تحديد الجهات الخارجية الداعمة والتي يتمثل دعمها فى برامج تدريب - وفورات مالية- برامج توعية وغيرها من أوجه الدعم والذي اتضح بالتفصيل بعد إجراء المقابلة الشخصية، ويتم فى نهاية كل هدف وضع مجموعة من المؤشرات المستقبلية والتي يتم من خلالها الوقوف على مدى تحقق الهدف الإستراتيجي وتنفيذه.

ثانيا: الفترة الزمنية المقترحة لإنجاز هذه الرؤية:

الفترة التي يتم فيها تنفيذ هذه الرؤية من ٥-٧ سنوات تقريبا، وقد تم اختيار هذه الفترة الزمنية المتوسطة لما تشهده هذه المرحلة من اهتمام واسع ومستمر، هذا بالإضافة إلى اهتمام ومطالبة الرأي العام وأصحاب المصالح بالضغط المستمر لإحداث تجديدات بهذه المرحلة حتى تتواكب مع التغيرات الحادثة في المجتمع المحيط، ومن هنا جاءت هذه الفترة غير طويلة، حيث إنه يمكن خلالها معالجة الكثير من السلبيات في هذه المرحلة التعليمية وذلك وفقا للبدائل الإستراتيجية التي سوف يقترحها البحث وهو ما سوف يتم استعراضه في السطور التالية:

ثالثا: متطلبات إنجاح هذه الرؤية الإستراتيجية الموضوعة:

يحتاج تحقيق هذه الرؤية إلى توافر ما يلي:

* قيادة مبدعة واعية بأهمية وضرورة بناء رؤية إستراتيجية، وقادرة على التصدي للكثير من العقبات والتحديات في سبيل تحقيق الرؤية المستقبلية الموضوعية، وقد يكون توافر مثل هذا النمط من القيادة داخل المدرسة الثانوية هو أولى متطلبات إنجاح هذه الرؤية وأكثرها أهمية.

* المساندة والدعم الكامل من الوزارة والمديريات والإدارات التعليمية.

* إعطاء الإدارة المدرسية السلطة الفعلية والتمكين الحقيقي لتنفيذ البدائل الإستراتيجية الموضوعة، وذلك من خلال سن تشريعات وقوانين جديدة توسع من نطاق سلطاتهم.

* قياس النتائج الأولية والأهداف المحققة أولا بأول وإجراء التعديلات اللازمة إذا استوجبت الضرورة ذلك.

* تكوين "لجنة تحسينات مدرسية" مكونة من خبراء ومستشارين من المجتمع المدرسي والعناصر المدرسية المشهود لها بالابتكار والإبداع والتفكير الخلاق، حيث تكلف هذه اللجنة بالقيام بما يلي:

- بحوث إجرائية تتضمن مسح البيئة الداخلية والخارجية للمدرسة الثانوية لاستكشاف إمكانياتها ووضع الخطوات الإجرائية التي يمكن من خلالها تحقيق أقصى ممكنة منها.

- رسم الخطوط المبدئية للرؤية الإستراتيجية المقترحة.

- تحديد الجهات القادرة على تقديم الدعم وعمل اتصالات مع هذه الجهات.

* الاتجاه نحو تطبيق بعض الاتجاهات الإدارية الحديثة داخل المدرسة الثانوية مثل: (اتجاه الحكم الذاتي) في ضوء اتجاه الوزارة نحو اللامركزية.

* وضع نظام محاسبي صارم يحاسب على النتائج الموضوعة ويقابل السلطات الواسعة والاستقلالية التي سوف تعطى للمدرسة الثانوية وإدارتها.

* إعطاء إدارة المدرسة المزيد من الاستقلالية المالية التي تمكنها من حسن استخدام الموارد والإمكانيات المتاحة أفضل استخدام.

* التدريب الفعلي والجاد لأعضاء الإدارة المدرسية والمبني على الاحتياجات الفعلية والحقيقية لهم، والذي يتضمن كذلك تدريبهم على إعداد الميزانية، وعلى الأساليب المختلفة لتنمية الإبداع الإداري لديهم وإستراتيجيات التعلم المختلفة التي تمكنهم من النمو المعرفي والمهني المستمر.

* تنفيذ الرؤية الإستراتيجية على نطاق محدود مبدئيا وقياس مؤشرات نجاحها وإجراء التعديلات المطلوبة للتوسع في تنفيذها.

* وضع خطوط وبروتوكول واضح للشراكة بين الوزارة والجامعات والجمعيات الأهلية ومنظمات الأعمال والوزارات والهيئات الأخرى ذات الصلة المباشرة وغير المباشرة بالمدرسة الثانوية، وذلك حتى يتم تحقيق أقصى استفادة ممكنة من هذه الجهات مع إدخالها دائرة المحاسبية لضمان التزامها.

* إنشاء "لجنة علاقات عامة" داخل المدرسة منبثقة من لجنة المشاركة المجتمعية الموجودة بالوزارة، لكي تقوم بعمل اتصالات محلية بالهيئات والكيانات الموجودة بالبيئة المدرسية والقادرة عن تقديم العون لها لتحقيق الرؤية الموضوعة بنجاح.

* إنشاء وحدة للتطوير التكنولوجي داخل المدرسة يعين فيها خبير تكنولوجي يختص بما يلي:

- محو الأمية الكمبيوترية لجميع العاملين داخل المدرسة الثانوية.

- نشر ثقافة العمل التقني.

- تصميم نظم معلومات مختلفة تمكن المدرسة من التنبؤ والمخاطرة.

- تصميم نظم اتصال فعالة.

رابعا: الأهداف العامة والأهداف الإستراتيجية المحققة للرؤية الموضوعة:

تكمن العديد من الدوافع وراء أهمية وضع مجموعة من الأهداف العامة ينبثق من كل واحد منها مجموعة من الأهداف الإستراتيجية والتي يمكن إجمالها في النقاط التالية:

* مساعدة متخذي القرار لرسم صورة مستقبلية لما يجب أن تكون عليه المدرسة الثانوية.

* وضع ملامح لبدائل إستراتيجية لأهم الأهداف الإستراتيجية التي تترجم القضايا والتحديات الإستراتيجية التي تعوق المدرسة عن تحقيق الرؤية الموضوعة.

* تحديد العناصر البشرية والمادية والمعنوية الواجب توافرها في المدرسة الثانوية لتحقيق التغيرات المرغوبة التي تحقق الرؤية المستقبلية الموضوعة.

* وضع خطوط عريضة لأهم التشريعات الواجب وضعها لتمكين المدرسة وقادتها من تحقيق الرؤية الموضوعة.

* تحديد أهم الجهات الرئيسية المدعمة لتنفيذ الرؤية.

* تقديم نموذج مصغر على مستوى المدرسة يمكن من خلاله لمديري المدارس وباقي أعضاء الإدارة المدرسية الاقتداء به عند وضع مجموعة من الأهداف العامة والإستراتيجية يمكنها من تحقيق الرؤية الإستراتيجية المقترحة التي تعدها.

* تقديم تصور لما يمكن أن تقدمه الجهات والهيئات الخارجية من دعم خارجي يساعد على تحقيق الأهداف الإستراتيجية الموضوعة والمنبثقة من الأهداف العامة.

* تحديد بعض المؤشرات المستقبلية التي يمكن أن تساعد في التعرف على مدى نجاح البرامج في تحقق الأهداف الإستراتيجية الموضوعة.

ومن هنا فسوف يتم تحديد مجموعة من الأهداف العامة والتي تتمثل فيما يلي:

١- تنمية القوى البشرية داخل المدرسة.

٢- تفعيل بعض الوحدات المستحدثة داخل المدرسة.

٣- توفير الموارد المالية اللازمة لتلبية احتياجات الرؤية المستقبلية.

٤- الاهتمام بالبعد التقني داخل المدرسة.

٥- توفير البيئة المدرسية الملائمة للإبداع والابتكار داخل المدرسة.

٦- توسيع قاعدة الشراكة المجتمعية بين المدرسة والهيئات والكيانات الخارجية.

- إنشاء شبكة عمل جيدة تحقق سرعة الاتصالات الداخلية لأعضاء الإدارة المدرسية، وتساعدهم على الوقوف على مقترحات وآراء جميع العاملين داخل المدرسة، حيث يساعد الكم الوافر من هذه الآراء على تنمية الجانب الإبداعي لديهم وتمكنهم من اتخاذ القرارات المبتكرة.

- تمكين أعضاء الإدارة داخل مدارسهم من كافة النواحي الإدارية والمالية، والتي تتيح لهم فرصة استثمار وإطلاق كافة القدرات الابتكارية والإبداعية الكامنة لديهم ولدى جميع العاملين داخل المدرسة، والتي تؤثر بشكل مباشر على كفاءتهم في العمل وكفاءة جميع العاملين.

- توزيع الإدارات التعليمية أدلة إنجازات على المدارس يطلع فيها أعضاء الإدارة المدرسية على خبرات الآخرين في عمليات التجديد ويستفيدوا منها في تحقيق التجديد المستمر داخل مدارسهم.

- تدريب أعضاء الإدارة المدرسية الجدد على بعض الإستراتيجيات المختلفة للتعلم وتنمية الإبداع، وذلك من خلال عمل كل منهم كنائب في وظيفته المستقبلية لمدة تتراوح بين ٦-١٢ شهر، وذلك لتنمية القدرات الإبداعية وتحقيق التنمية المهنية الذاتية المستمرة لهم، على أن يتم تقيمه بعد فترة سنة من توليه منصبة الجديد، ويستبعد من العملية التعليمية القائد غير القادر على التطبيق الفعلي للإستراتيجيات المختلفة التي تم تدريبهم عليها.

- تدريب أعضاء الإدارة المدرسية وتبادل الخبرات، والوقوف على مقترحات المدارس الأخرى المجاورة في عمليات التغيير داخل المدرسة، وذلك من خلال إنترنت تنظيمي تربط المدرسة بالمدارس المجاورة.

- تخصيص القائد جزءا من وقته يتيح له البحث عبر شبكة الإنترنت، حيث يتم إنشاء شبكة إنترنت تعمل من خلال خطوط ADSL والتي تتيح له فرصة التعلم وتحقيق التنمية المهنية الذاتية لديه، كما أنها تساعده على تنمية قدراته الإبداعية.

- قيام أعضاء الإدارة المدرسية باستخدام وحدة التدريب داخل المدرسة لإدارة حلقات ابتكارية بداخلها، وجلسات عصف ذهني تقليدية أو باستخدام التكنولوجيا الحديثة تحقق التنمية المستمرة لهم.

- قيام أعضاء الإدارة المدرسية بعقد لقاءات وندوات بينهم وبين أساتذة الجامعات والمراكز البحثية لتحقيق التنمية المستدامة.

- تكثيف المسئولين بأكاديمية التنمية المهنية دورات تدريبية لأعضاء الإدارة المدرسية، لإطلاعهم على كل ما هو جديد، بالإضافة إلى إمدادهم بخلاصة التوصيات والخبرات التي تمكنهم من القيام بعمليات التحسين داخل مدارسهم.

* **الجهات المسئولة: وتنقسم هذه الجهات إلى:**

- جهات رئيسية: الإدارة المدرسية / الوزارة.

- جهات مساندة: المديريات والإدارات التعليمية ووحدة التطوير التكنولوجي المدرسية.

* **الدعم الخارجي:** ويتمثل في الجامعات، الجمعيات الأهلية، المراكز البحثية.

* **المؤشرات المستقبلية التي يمكن أن تشير إلى مدى تحقق هذا الهدف الإستراتيجي:**

- تغيير الوزارة التشريعات الخاصة باختيار وترقية أعضاء الإدارة المدرسية.

- زيادة دعم المديريات التعليمية بزيادة عدد الدورات التدريبية في مجال الإدارة لهذه الفئة.

- تطبيق الوزارة تشريعات جديدة تتعلق بتبني بعض الاتجاهات الإدارية الحديثة داخل المدرسة الثانوية.

- زيادة عدد المنح الدراسية لأعضاء الإدارة المدرسية، سواء كانت الداخلية أم الخارجية.

- ارتفاع الإحصاءات التي تشير إلى زيادة أعداد أعضاء الإدارة المدرسية المستخدمين للتكنولوجيا الحديثة، سواء لتحقيق نموهم المهني أو في إدارة أعمالهم.

- زيادة كفاءة أعضاء الإدارة المدرسية.

- ارتفاع المؤشرات الإيجابية التي تشير إلى التحسن المستمر في العملية التعليمية.

- زيادة جسور التواصل بين المدرسة وأساتذة الجامعات والمراكز البحثية.

ب- تحسين المستوى الأكاديمي للمعلمين [1]:

* متطلبات تحقيق هذا الهدف تتمثل فيما يلي:

- تحسين وتطوير مناهج كليات التربية؛ ليأتي خريجو هذه الكليات متوافقين مع المعايير المطلوبة في العملية التعليمية.
- عمل مقابلات شخصية للمتقدمين لكليات التربية، وذلك حتى يتم اختيارهم بناء على بعض الأسس والمعايير الواجب توافرها في المعلم التربوي.
- إنشاء وحدة للتقويم داخل المدرسة الثانوية والمشكلة من مجموعة من الخبراء وأعضاء الإدارة المدرسية المشهود لهم بالكفاءة، والتي تقوم بالمحاسبة المستمرة للمعلم على ما تم التوصل إليه من نتائج، بحيث لا تنصب المحاسبة على النتائج النهائية فقط، ولكن كذلك على الأنشطة التي مارسها للتوصل إلى هذه النتائج.
- تجهيز وحدة التدريب داخل المدرسة بالتقنية التكنولوجية.
- تطبيق نظام الرخصة المهنية للمعلم.
- إنشاء الوزارة مراكز للتعلم لتنمية المعلمين.

* **البدائل الإستراتيجية:**

قيام أعضاء الإدارة المدرسية بما يلي:

- عقد بروتوكول شراكة بين المدارس ومركز التطوير التكنولوجي يضمن حصول جميع المعلمين على شهادة "ICDL" لتمكينهم من استخدام وتطبيق تكنولوجيا المعلومات داخل الفصل.
- تدريب المعلمين على كيفية تطبيق بعض الطرق والأساليب الجديدة مثل التعلم الإلكتروني، التعلم التنظيمي داخل وحدة التدريب المدرسية، وذلك لتمكين المعلمين من استخدام إستراتيجيات تدريس وتعلم مبتكرة داخل فصولهم.
- تقييم المعلم كل ثلاث سنوات كشرط لتجديد الرخصة لديه، على أن يتم هذا التقييم بناء على ما حقق من إنجازات، والذي يحفز على التنمية الذاتية المستمرة والتجويد المستمر في العمل.

---

(١) تبنى فكرة هذا الهدف على أن تحسين المستوى الأكاديمي للمعلمين يبدأ من تواجدهم في الجامعات، ويستمر طوال فترة ممارستهم لمهنة التدريس.

- التقييم الدوري (الشهري، الربع سنوي، السنوي) المستمر للمعلمين من خلال وحدة التقويم داخل المدرسة، وذلك للتأكيد على نقاط القوة، ومعالجة نقاط الضعف والسلبيات، على أن يتم عمل المتابعين (سواء من الوزارة أو المديريات أو الإدارات التعليمية) من خلال هذه الوحدة.

- إنشاء "بورتفيليو" لكل معلم يتم تقييمه كل فترة زمنية لا تتجاوز" ٣ سنوات " للاطلاع على ما تم تنفيذه من إنجازات.

- التعاون مع الوزارة لإرسال المعلمين في منح داخلية وخارجية تساعد على رفع مستواهم الأكاديمي والمهني.

- إرسال المعلمين كل ثلاث سنوات إلى مراكز التعلم للتدريب على أحدث الطرق الجديدة والمبتكرة في التدريس، بالإضافة إلى التعرف والتدريب على أحدث التقنيات والوسائل التكنولوجية، والتي تفعل من أساليب وطرق التدريس في الفصل.

* **الجهات المسئولة: وتنقسم هذه الجهات إلى ما يلي:**

- جهات رئيسية: الإدارة المدرسية، وحدة التدريب داخل المدرسة، الوزارة، الجامعات.

- جهات المساندة: المديريات، والإدارات التعليمية.

* **الدعم الخارجي:** ويتمثل في الجامعات والمراكز البحثية.

* **المؤشرات المستقبلية التي يمكن أن تشير إلى مدى تحقق هذا الهدف الإستراتيجي:**

- وضع الجامعات قواعد جديدة للقبول بكليات التربية.

- زيادة عدد الدورات التدريبية التي يحصل عليها المعلمين في الفترة الأخيرة مع تركيز هذه الدورات على تدريب المعلمين على إستراتيجيات تعلم مبتكر تمكنهم من التميز في عملهم.

- تطبيق الوزارة لرخصة مزاولة المهنة، مع مشاركة أعضاء الإدارة المدرسية في التقويم لتجديد الرخصة.

- ارتفاع نتائج تقييم المعلمين.

- زيادة عدد المنح الدراسية للمعلمين.

ج-الارتقاء بمستوى خريجي هذه المرحلة (الطلبة):

♦ **متطلبات تحقيق هذا الهدف:**

تتمثل متطلبات تحقيق هذا الهدف الإستراتيجي فيما يلي:

- تغيير أساليب وطرق التدريس التقليدية ليكون الطالب هو الباحث عن المعرفة وليس المتلقي لها.
- الاهتمام بالأنشطة التربوية كعنصر مكمل للعملية التعليمية، وتوفير مستلزماتها بالمدارس.
- تغيير نظم التقويم والامتحانات الحالية، والاتجاه نحو تطبيق نظام التقويم الشامل.
- إنشاء وحدة للابتكار والإبداع لاكتشاف الموهوبين ورعاية هذه الفئة وتدعيمها.
- تعدد التشعيب؛ بحيث لا يقتصر على شعبتين فقط وهي العلمي والأدبي، ولكن تنقسم إلى العديد من الشعب (١).
- التحام مراحل التعليم جميعا؛ بحيث لا يصبح التجديد والتطوير مرحلة منفصلة في المرحلة الثانوية، ولكن منذ الصغر حتى تكون هذه المرحلة مكملة لما سبق.
- تكاتف جميع الهيئات والمنظمات الخارجية في عمليات التحسين داخل المدرسة.
- تغير المناهج المدرسية بحيث تشتمل على البعد المستقبلي بما يمكن الطلاب من مواجهة التحديات الحالية والمستقبلية.
- تزويد المدارس بالعدد الكافي من أجهزة الكمبيوتر.
- تزويد وحدة التدريب والوحدة المنتجة بالمستلزمات الكافية والتي تجعلها مهيأة للاستخدام الفعّال من قبل الطلاب.

---

(١) شعبة الكيمياء والأحياء لراغبي كليات العلوم والتربية، شعبة الرياضيات لراغبي كليات العلوم والهندسة والتربية والتجارة، شعبة العلوم الحياتية وتشتمل على كيمياء وفيزياء وأحياء لراغبي كليات الطب والصيدلة والعلوم، شعبة الحاسبات لراغبي كليات الحاسبات والهندسة، شعبة اللغات لراغبي الألسن والسياحة والفنادق والآثار، شعبة التاريخ والجغرافيا لراغبي كليات الآداب والتربية والآثار... إلخ.

* البدائل الإستراتيجية:

قيام الإدارة المدرسية بما يلي:

- توزيع الطلاب على الشعب المختلفة، بناء على المعايير والأسس التي تم وضعها، والتي ترجمت إلى اختبارات عملية ومقابلات، بحيث يتم توزيع الطلاب بناء على ميولهم واتجاهاتهم، والتي تتيح الفرصة لتهيئتهم للحياة الجامعية التي يرغبونها.

- تخصيص يوم ريادي في المدرسة لمزاولة الأنشطة المدرسية داخل وخارج المدرسة (في مراكز الشباب).

- إمداد الطلاب بمنح تدريبية في اللغة الإنجليزية والكمبيوتر حتى يتمكنوا من استخدام شبكة الإنترنت بفاعلية.

- تشكيل لجنة مدرسية تختص بإمداد المكتبة المدرسية بالكتب الدراسية، التي تتلاءم مع متطلبات العصر وميول الطلاب، بالإضافة إلى تزويد المكتبة بشبكة الإنترنت لتسهيل مهمة البحث على الطلاب.

- استخدام وحدة التدريب داخل المدرسة لتطبيق بعض الإستراتيجيات التي تمكن الطلاب من اكتساب العديد من المهارات (القيادة، الاتصال متعدد الوسائط، إدارة المسار الوظيفي، قيادة الفريق وغيرها من المهارات)، وذلك من خلال لقاءات وندوات مع خبراء من داخل وخارج المدرسة.

- فتح معمل الكمبيوتر داخل المدرسة لتمكين الطلاب من استخدام أساليب جديدة في التعلم مثل الخبير الإلكتروني والتعلم البحثي والتي تصقل شخصيتهم وتنميها في العديد من الجوانب.

- الاستعانة بالوحدة المنتجة لتطبيق إستراتيجية التعلم الخدمي والتي تكشف عن الميول المهنية لدى الطلاب مع تخصيص أوقات معينة من أوقات الطلاب للتدريب المهني الحقيقي على المهن التي يرغبون في الالتحاق بها، سواء كان هذا التدريب داخلي (في الوحدة المنتجة) أو خارجي في مؤسسات وهيئات ومنظمات خارجية.

- توجيه الرعاية الكاملة للموهوبين من خلال وحدة الابتكار والإبداع المدرسية والتي يديرها متخصصون في اكتشاف هذه الفئة، بحيث يصبح هؤلاء الموهوبون

هم اللبنة الأساسية والأولى في إعداد جيل من العلماء والذي يعد من العناصر الأساسية في رسالة المدرسة الثانوية.

- تكليف لجنة العلاقات العامة داخل المدرسة بعمل مسح للمنظمات الخارجية للوقوف على ما يمكن أن تقدمه للطالب، وذلك حتى يتم تحقيق أقصى استفادة منها، سواء في عقد لقاءات مع قادة هذه المنظمات أو في إتاحة فرص تدريبية للطلاب، أو برامج ترفيهية.
- إقامة ندوات توعية وتوجيه للطلاب يحضرها الأساتذة ورجال الدين.
- إعداد "بورتفيليو" لكل طالب يتم من خلاله تقييمه في كافة الجوانب (المعرفية، الشخصية، المهنية وغيرها من الجوانب).
- تكاتف الإدارة المدرسية مع المعنيين والخبراء في المجتمع المدرسي، مع الاستعانة ببعض الطلاب المتميزين، وذلك لإعداد منهج استثنائي يلقى القبول من الطلاب ويؤكد على الكثير من القيم والأهداف المعنية ويساعد على تفجير طاقاتهم الإبداعية.

* **الجهات المسئولة:**

- جهات رئيسية: الإدارة المدرسية، الوزارة.
- جهات مساندة: وحدة التدريب داخل المدرسة، الوحدة المنتجة، الإدارات التعليمية، مركز تطوير المناهج.

* **الدعم الخارجي:** وزارة الشباب والرياضة، الجمعيات الأهلية.
* **المؤشرات المستقبلية التي يمكن أن تشير إلى مدى تحقق هذا الهدف الإستراتيجي:**

- زيادة أعداد المنح التدريبية للطلاب في مجال الحاسب الآلي واللغات.
- ارتفاع المؤشرات الإيجابية لنتائج التقويم الطلاب.
- الملائمة النسبية للمخرج التعليمي لمتطلبات سوق العمل.
- التعديل الجزئي في المناهج الحالية.
- تطبيق الوزارة بعض إستراتيجيات التعلم المبتكرة، مع المتابعة الجادة والمستمرة من قبل الإدارات التعليمية للتأكد من جدية تطبيق هذه الإستراتيجيات.

- وضع الوزارة خطوطا للشراكة مع المنظمات الخارجية [1].

- زيادة الاهتمام من قبل الإدارة المدرسية بإقامة ندوات دينية.

- إعداد جداول مرنة تتيح للطلاب مزاولة الأنشطة والتدريب المهني في بعض الأوقات.

٢-تفعيل بعض الوحدات المستحدثة داخل المدرسة:

ويندرج تحت هذا الهدف مجموعة من الأهداف الإستراتيجية، والتي تتمثل في:

أ - تفعيل وحدة التدريب داخل المدرسة.

ب - تفعيل وحدة المعلومات والإحصاء.

أ -تفعيل وحدة التدريب داخل المدرسة:

* متطلبات تحقيق هذا الهدف:

- توفير المستلزمات اللازمة لهذه الوحدة.

- توفير الكوادر البشرية القادرة على إنجاحها.

- إعداد برامج وخططا تدريبية للمتدربين، مع تحديد مدى زمني لتنفيذ كل برنامج.

- التقييم الدوري لما يتم إنجازه داخل هذه الوحدة.

- توفير سبل الاتصال بين القائمين بأعمال هذه الوحدة والوحدات المجاورة والخبراء في المنظمات والهيئات الخارجية.

- تحويل الموارد المالية المخصصة للتدريب في المديريات التعليمية إلى هذه الوحدة.

- سن تشريعات تمكن هذه الوحدة من التدريب الحقيقي المعتمد.

* البدائل الإستراتيجية:

قيام أعضاء الإدارة المدرسية بما يلي:

(١) وزارة الإعلام، الشباب والرياضة، الجمعيات الأهلية، منظمات الأعمال.

- تعيين أفراد مشهود لهم بالكفاءة حتى يستطيعوا النهوض بهذه الوحدة، مع خضوع هذه العناصر للتقييم والتدريب المستمر داخل وخارج المدرسة.

- التوسع في إشراك الأطراف المعنية (من أساتذة الجامعات، ومراكز بحثية) في إعداد برامج هذه الوحدة.

- الاستفادة من الأموال المحولة من المديريات التعليمية لتلبية احتياجات ومستلزمات هذه الوحدة.

- فتح قنوات اتصال بين القائمين على هذه الوحدة وأساتذة الجامعات والمراكز البحثية للاستفادة من خبراتهم في مجال التدريب.

- الاستعانة بمركز التدريب بالإدارة التعليمية لمساعدة مسئولي هذه الوحدة في إعداد الخطط التدريبية.

- فتح خطوط اتصال بين هذه الوحدة والوحدات المجاورة لتبادل الخبرات.

- اعتماد الشهادات التدريبية الصادرة من هذه الوحدة من الوزارة بحيث تأخذ في الحسبان عند ترقية الفرد.

* **الجهات المسئولة:** وتنقسم هذه الجهات إلى ما يلي:

- الجهات الرئيسية: الإدارة المدرسية، الوزارة، وحدة التدريب بالمدرسة.

- الجهات المساندة: الإدارات التعليمية و وحدة التدريب بالمديريات التعليمية.

* **الدعم الخارجي:** الجامعات والمراكز البحثية.

* **المؤشرات المستقبلية التي يمكن أن تشير إلى مدى تحقق هذا الهدف الإستراتيجي:**

وتتمثل هذه المؤشرات فيما يلي:

- التحسن التدريجي للمستوى الأكاديمي للقوى البشرية داخل المدرسة.

- التحسن التدريجي لمستوى الأداء الكلي للمدرسة.

- زيادة مشاركة أساتذة الجامعات والمراكز البحثية في إعداد البرامج التدريبية داخل هذه الوحدة.

- ارتفاع كفاءة العمل بهذه الوحدة.

ب -تفعيل وحدة المعلومات والإحصاء.

* متطلبات تحقيق هذا الهدف الإستراتيجي.

- توفير كافة البيانات والإحصاءات عن جميع العناصر البشرية والمادية داخل المدرسة.

- توفير كافة العناصر المادية: من أجهزة كمبيوتر والبرامج المختلفة التي تحتاجها هذه الأجهزة.

- توفير كافة الكفاءات البشرية القادرة على النهوض بهذه الوحدة.

- توفر أدلة لدى الإدارة المدرسية عن الجهات الخارجية التي يمكن أن تشترك في تفعيل هذه الوحدة.

* البدائل الإستراتيجية:

قيام أعضاء الإدارة المدرسية بما يلي:

- الاستعانة بالخبير التكنولوجي بوحدة التطوير التكنولوجي بالمدرسة لتدريب الكوادر البشرية القائمة بعمل هذه الوحدة.

- تكليف هذا الخبير بتصميم نظم المعلومات المختلفة التي تحتاجها هذه الوحدة.

- فتح خطوط اتصال مباشرة بين هذه الوحدة والعاملين بمركز التطوير التكنولوجي بالمديرية للاستفادة من خبراتهم في مجال إعداد البرامج وتدريب القائمين على العمل في هذه الوحدة.

- تكليف لجنة العلاقات العامة بعمل مسح بيئي لشركات ومكاتب الكمبيوتر المحيطة بالبيئة الخارجية، وما يمكن أن تقدمه للمدرسة من خدمات تكنولوجية وبأسعار مخفضة تساعد في تدعيم هذه الوحدة.

- إنشاء شبكة اتصال لا مركزية تساعد القائمين في هذه الوحدة على جمع كافة البيانات والمعلومات عن المجتمع الخارجي والتي تمكنهم من صنع نظم المعلومات المختلفة.

- تأسيس شبكة اتصال جيدة داخل المدرسة تساعد القائمين بهذه الوحدة على جمع كافة البيانات والمعلومات التي يحتاجونها عن كافة الموارد البشرية والمادية الموجودة داخل المدرسة.

* **الجهات المسئولة:** وتتمثل في:

- جهات رئيسية: الإدارة المدرسية، وحدة التطوير التكنولوجي بالمدرسة، وحدة المعلومات والإحصاء ولجنة التحسينات بالمدرسة.
- جهات مساندة: مركز التطوير التكنولوجي بالمديرية.

* **الدعم الخارجي:** مكاتب ومشروعات الكمبيوتر المحيطة بالمدرسة، الجمعيات الأهلية.

* **المؤشرات المستقبلية التي يمكن أن تشير إلى مدى تحقق هذا الهدف الإستراتيجي:**

- تصميم نظم معلومات مختلفة داخل وحدة المعلومات والإحصاء.
- التحديث المستمر للبيانات والمعلومات التي تتضمنها هذه النظم.
- تزايد الدورات التدريبية للقائمين على هذه الوحدة للاطلاع على كافة البرمجيات الحديثة وإمكانية العمل بها وتطبيقها داخل عملهم.
- تعيين خبير إلكتروني من قبل الوزارة مقيم بكل مدرسة يتولى مهام هذه الوحدة ويرفع من كفاءتها.

٣-توفير الموارد المالية اللازمة لتلبية احتياجات الرؤية المستقبلية:

ويندرج تحت هذا الهدف العام هدفان إستراتيجيان وهما:

أ - تحقيق الاستقلالية المالية.

ب- الاستفادة من دعم الجهات الخارجية.

أ - تحقيق الاستقلالية المالية [١]:

* **متطلبات تحقيق هذا الهدف الإستراتيجي:**

- منح الإدارة المدرسية المزيد من السلطات المالية.

(١) حيث تبنى فكرة هذا الهدف على أن إعطاء المدرسة المزيد من السلطات المالية في ظل توافر قيادة إبداعية، يحقق المزيد من الوفورات المالية؛ حيث إنها تسعى لاستثمار كافة الموارد البشرية والمادية المتوافرة داخل المدرسة بما يحقق المزيد من الوفورات المالية بشكل مباشر، والتحسين المستمر في العملية التعليمية بشكل غير مباشر.

- منح المدرسة المخصصات المالية المقررة دون تدخل في توزيع بنود الميزانية من قبل الـوزارة أو المديريات أو الإدارات التعليمية.

- التدريب الجيد للقائمين عـلى إعـداد الميزانيـة، عـلى أن يشـمل هـذا التـدريب أعضاء الإدارة المدرسية.

- إقامة نظام محاسبي صارم يحاسب على النتائج المحققة.

- الحد من الإجراءات المعقدة المتعلقة بنظم صرف الموارد المالية.

* البدائل الإستراتيجية:

إتاحة الفرصة للإدارة المدرسية للقيام بما يلي:

- إعادة توزيع بنود الميزانية لتحقيق أقصى استفادة ممكنة من ميزانية المدرسة.

- ترحيل الوفورات المالية إلى الأعوام التالية.

- عمل كشوفات توضح بنود الميزانية ومخصصات صرفها، مع عرضها على مجلـس الآبـاء والأمنـاء ومجلـس الإدارة المـدرسي كجهـات محاسـبية مـن جانـب، ومـن جانـب آخـر للتعـرف عـلى مقترحاتهم التي يتم على ضوئها إجراء التعديل المناسب في الميزانية لتحقيق أقصى استفادة من الموارد المتاحة داخل المدرسة.

- الاستفادة الكاملة من الموارد المالية المتعلقة بالمصروفات والمجموعات المدرسية دون استقطاع أي جزء منها لصالح المديريات أو الإدارات التعليمية وذلك حتى تتمكن الإدارة المدرسية مـن الوفاء بمستلزمات ومتطلبات الرؤية الموضوعة.

- وضع هيكل جديد للحوافز يربط الحـافز بالأداء، وذلك لتشـجيع التنـافس بـين العـاملين مـن جانب، ومن جانب آخر يحد من الهدر في الميزانية.

* الجهات المسئولة:

- الجهات الرئيسية: إدارة المدرسة، إدارة الشئون المالية بالمدرسة.

- الجهات المساندة: المديريات والإدارات التعليمية

* الدعم الخارجي: الجامعات (أساتذة كليات التجارة).

* المؤشرات المستقبلية التي يمكن أن تشير إلى مدى تحقق هذا الهدف الإستراتيجي:

- إعطاء الإدارة المدرسية السلطة المالية الكاملة على مخصصاتها المالية.

- ارتفاع مؤشرات رضا العاملين عن العمل داخل المدرسة.
- تحسن معدل الأداء الكلي للمدرسة نتيجة ربط الأجر والتحفيز بالأداء/ سد عجز المعلمين والعاملين/ قيام المدرسة بتأسيس بنية تحتية سليمة/ توفير مستلزمات الوحدات المختلفة، وغيرها.
- تزايد الإنجازات التي حققتها الإدارة المدرسية داخل المدرسة.
- تزايد تحقق النتائج المرغوبة والمتوقعة من المدرسة الثانوية.

ب -الاستفادة من دعم الجهات الخارجية (١):

* متطلبات تحقيق هذا الهدف ما يلي:

- تخصيص برامج إعلامية تحث وتغرس الوعي لدى المنظمات الخارجية بأهمية الدعم المالي للمدرسة الثانوية.
- إتاحة الفرصة للمدرسة من أجل عمل شراكات مع المنظمات الخارجية.
- تخفيض الدولة ضرائب العاملين بقطاع التعليم مع توجيه هذا الفرق نحو المدارس مباشرة.
- تدعيم بعض الوزارات والقطاعات لهذه الجهود مثل وزارة المالية والقطاع الخاص والمعاهد القومية المتخصصة.

* **البدائل الإستراتيجية:**

قيام الجهات المسئولة (٢) بدعم الإدارة المدرسية للقيام بما يلي:

- فتح المدرسة فترة مسائية كمركز تعليمي للطلاب، أو للكبار لتعليم دورات للكمبيوتر.
- تأجير ملاعب المدارس لممارسة الرياضة.
- إقامة معارض الوحدة المنتجة.

---

(١) وتبنى فكرة هذا الهدف على أن بعض المنظمات والهيئات تمنح مساعدات مالية مباشرة، وجهات أخرى تؤدي جهودها إلى تحقيق وفورات مالية في الميزانية.
(٢) ويقصد بها الوزارة والإدارات والمديريات التعليمية وجميع المنظمات والهيئات المحيطة بالمدرسة الثانوية.

- عقد بروتوكول شراكة بين المدرسة والبنوك للاستفادة مـن مـنح البنـوك التـي لا تـرد وتوجيهها مباشرة إلى المدارس.

- الاتصال بالمنظمات الدولية للاستفادة من المنح التي تقدمها هذه المنظمات، والتي يتم التعرف عليها عن طريق الأدلة التي توزعها الإدارات والمديريات التعليمية على المـدارس عـن أسـماء هذه المنظمات والمنح التي تقدمها.

- الاتصال المباشر بكليات التربية للاستفادة من منح كليـات التربيـة (الـدبلومات، الماجسـتير، الدكتوراه)، حيث إنها من جهة سوف ترفع المستوى الأكاديمي للعاملين بالمدرسة، ومن جانب آخر سوف تقلل من المصروفات المتعلقة ببند التنمية المهنية في الميزانية.

- تكليـف لجنة العلاقات العامة بالمدرسة بفتح قنـوات اتصال مباشرة بالجمعيـات الأهليـة للاستفادة بما تقدمه من دعم مالي أو فرص تدريب أو برامج ترفيه وتوعية.

- الاستفادة من الموارد المالية الموجهة من وزارة المالية والمعاهد القومية والمدارس الخاصة نحو المدارس الثانوية من أجل القيام بالتجديدات المرغوب فيها.

* الجهات المسئولة:

- الجهات الرئيسية: الإدارة المدرسية، الوزارة.

- الجهات المساندة: الإدارات والمديريات التعليمية، لجنة العلاقات العامة بالمدرسة.

* الدعم الخارجي: البنوك، وزارة المالية، وزارة الإعلام، المنظمات الدولية، التعليم، الجمعيـات الأهلية.

* المؤشرات المستقبلية التي يمكن أن تشير إلى مدى تحقق هذا الهدف الإستراتيجي:

- ارتفاع نسبة المخصصات المالية الموجهة للمدارس.

- تزايد جهود التحسين داخل المدرسة.

- ارتفاع مستوى الإنجاز لجميع العاملين.

- تزايد اهتمام منظمات المجتمع المدني بدعم المدارس.

٤-الاهتمام بالبعد التقني داخل المدرسة:

ويندرج تحت هذا الهدف مجموعة من الأهداف الإستراتيجية، والتي تتمثل فيما يلي:

أ - تصميم نظام معلومات متكامل داخل المدرسة.

ب - بناء نظام اتصالات كفء داخل المدرسة.

ج - تأسيس نظام عمل جيد داخل المدرسة.

أ - تصميم نظام معلومات متكامل داخل المدرسة [١]:

*** متطلبات تحقيق هذا الهدف الإستراتيجي:**

- توفير الكوادر البشرية القادرة على التصميم والتعامل مع النظم المختلفة.
- توفير أجهزة الكمبيوتر اللازمة لتصميم هذه النظم.
- توفير البرامج اللازمة لتصميم نظم المعلومات المختلفة.

*** البدائل الإستراتيجية. نفس البدائل الإستراتيجية المطروحة بوحدة المعلومات والإحصاء:**

*** الجهات المسئولة:**

- الجهات الرئيسية: إدارة المدرسة، وحدة المعلومات والإحصاء، وحدة التطوير التكنولوجي بالمدرسة.
- الجهات المساندة: مركز التطوير التكنولوجي بالمديرية.

* **الدعم الخارجي:** شركات ومكاتب الكمبيوتر في البيئة الخارجية.

*** المؤشرات المستقبلية التي تشير إلى مدى تحقق هذا الهدف الإستراتيجي:**

- ارتفاع مستوى الأداء الكلي للمدرسة.

---

(١) تبنى فكرة هذا الهدف على أن أي مدرسة ساعية لتحقيق رؤية مستقبلية لابد أن تنشئ نظام معلومات مركزي داخل المدرسة ينبثق منه عددا من النظم الفرعية، والتي تتمثل أهمها فيما يلي: نظام معلومات إستراتيجي يساعد على تطبيق الإستراتيجية الموضوعة، نظام معلومات مالي يدعم القرارات المالية، نظام معلومات دعم القرارات يساعد على اتخاذ القرارات المبتكرة، نظم المعلومات الخبيرة لتقديم النصح والحلول للمشاكل الخاصة، نظام معلومات المعرفة من أجل إمداد المنظمة وجميع العاملين بالمعرفة التي يحتاجونها، نظام للتقارير الإدارية من أجل إمداد الإدارة المدرسية بتقارير عن أداء العاملين.

- التنفيذ الناجح للرؤية الإستراتيجية الموضوعة.

- زيادة دعم العاملين بمركز التطوير التكنولوجي بالمديرية للقائمين بوحدة المعلومات والإحصاء، ووحدة التطوير التكنولوجي داخل المدرسة.

- تصميم نظام معلومات كفء داخل المدرسة يزود الإدارة المدرسية باحتياجاتها من المعرفة، القرارات المبتكرة، التنبؤ بالاحتياجات المالية المستقبلية، تقديم حلول للمشاكل غير المتوقعة، تقارير عن أداء العاملين.

ب - بناء نظام اتصالات كفء داخل المدرسة:

* متطلبات تحقيق الهدف الإستراتيجي:

- توفير أجهزة الكمبيوتر اللازمة لبناء هذا النظام.

- توفير شبكة الإنترنت وشبكة عمل Network داخل المدرسة.

- توفير خطوط التليفون داخل المدرسة.

- التدريب الجيد لجميع العاملين داخل المدرسة.

* البدائل الإستراتيجية:

استعانة الإدارة المدرسية بالخبير التكنولوجي بالمدرسة للقيام بما يلي:

- إنشاء شبكة اتصال لا مركزية لتبادل المعلومات داخل وخارج المدرسة.

- تأسيس شبكة عمل Network؛ لتسهيل عملية الاتصال بالموجودين داخل المدرسة.

- عمل بريد إلكتروني لجميع العاملين بالمدرسة لتسهيل مهمة الاتصال بهم وبالبيئة الخارجية.

- تصميم صفحة إنجازات 'Home Page' على الإنترنت تسجل عليها الإنجازات مع كتابة البريد الإليكتروني للمدرسة في هذه الصفحة للتعرف على مقترحات وآراء الآخرين التي تثري بعمليات التجديد داخل المدرسة.

* الجهات المسئولة:

- الجهات الرئيسية: إدارة المدرسة، وحدة التطوير التكنولوجي بالمدرسة.

- الجهات المساندة: مركز التطوير التكنولوجي بالمديرية.

* **الدعم الخارجي:** شركات الكمبيوتر بالبيئة المحيطة، وزارة الاتصالات.

* **المؤشرات المستقبلية التي يمكن أن تشير إلى مدى تحقق هذا الهدف الإستراتيجي:**

- ارتفاع مستوى كفاءة العاملين في استخدام أساليب الاتصال التكنولوجية.
- زيادة انفتاح المدرسة على البيئة الخارجية.
- استفادة المدرسة من المقترحات والآراء المعروضة في إدخال التعديلات الفورية على الرؤية الموضوعة.

ج - تأسيس نظام عمل جيد داخل المدرسة [1]:

* **متطلبات تحقيق هذا الهدف الإستراتيجي:**

- وضع مهام مستقبلية متكاملة لهذه الفرق.
- مشاركة جميع العاملين في صنع القرارات.
- توفير الوسائل والأساليب التكنولوجيا الحديثة لإنجاز العمل بجودة عالية.
- منح هذه الفرق درجة عالية من الاستقلالية.
- تهيئة إدارة المدرسة للمناخ الملائم والمحفز لمشاركة أعضاء هذه الفرق.

* **البدائل الإستراتيجية:**

قيام الإدارة المدرسية بتنظيم وإدارة العمل داخل المدرسة من خلال فرق مستقلة، والتي يتطلب منها ما يلي:

- تعيين قائد يتمتع بدرجة عالية من التحكم في كل فريق.
- تكليف لجنة العلاقات العامة بفتح خطوط اتصال بين المدرسة والإدارات والوزارة لتزويد الفرق بجميع القرارات المنظمة لأعمالها وتوفير احتياجاتها.
- تمكين هذه الفرق من الاتصال بالبيئة الخارجية للحصول على المعلومات الإستراتيجية التي تساعدهم في وضع الرؤية المستقبلية لأعمالهم والتي تكتمل مع الرؤية المدرسية.

(١) ويتم تأسيس هذا النظام استنادا على فرق العمل المدارة ذاتيا.

- الاستعانة بالخبير التكنولوجي لتصميم إنترنت تنظيمي داخل المدرسة يساعد في رفع كفاءة هذه الفرق.

- تمكين المعلمين داخل هذه الفرق من استخدام التكنولوجيا الحديثة في التدريس (الكمبيوتر- الفيديو التعليمي - البث الفضائي).

- تحفيز الطلاب في هذه الفرق من استخدام التكنولوجيا الحديثة في البحث والتعلم والتي تمكنهم من تنمية الجانب المعرفي لديهم.

- استخدام الإدارة المدرسية للتكنولوجيا الحديثة لإدارة أعمالها بكفاءة من جانب، ومن جانب آخر تزويد هذه الفرق بالمعلومات التي تحتاجها عن البيئة الداخلية والخارجية.

* **الجهات المسئولة:**

- جهات رئيسية: إدارة المدرسة.
- جهات مساندة: وحدة العلاقات العامة والتطوير التكنولوجي بالمدرسة والإدارات التعليمية والمديريات.

* **الدعم الخارجي:** شركات الكمبيوتر الموجودة في البيئة الخارجية.

* **المؤشرات المستقبلية التي يمكن أن تشير إلى مدى تحقيق هذا الهدف الإستراتيجي:**

- تحسن مستوى أداء جميع العاملين بالمدرسة.
- ارتفاع معدل الرضا عن العمل.
- استخدام إستراتيجيات تعلم وتدريس مبتكرة.
- تزايد دعم الوزارة والإدارات التعليمية والمديريات لهذه الفرق.

٥-توفير البيئة المدرسية الملائمة للإبداع والابتكار داخل المدرسة:

ويندرج تحت هذا الهدف مجموعة من الأهداف الإستراتيجية تتمثل فيما يلي:

أ – تهيئة المناخ الملائم لإطلاق القدرات الابتكارية والإبداعية لجميع الموجودين داخل المدرسة.

ب- وضع هيكل ونظام جيد لتحفيز العاملين.

ج- الإدارة الجيدة للوقت، والتي تتيح للموجودين ممارسة عملية التعليم والتعلم.

د- المشاركة في اتخاذ القرارات.

أ -تهيئة المناخ الملائم لإطلاق القدرات الابتكارية والإبداعية لجميع الموجودين داخل المدرسة:

* متطلبات تحقيق هذا الهدف الإستراتيجي:

- التقليل من التشريعات الجامدة التي تحد من الإبداع التنظيمي داخل المدرسة.

- العلاقات القوية والمترابطة بين الإدارة المدرسية والمعلمين وجميع الموجودين داخل وخارج المدرسة.

* البدائل الإستراتيجية:

قيام الإدارة المدرسية بما يلي:

- اتخاذ قرارات مدرسية تمكن المعلمين وجميع العاملين مما يتيح لهم الاستقلالية الكافية ويحفزهم على تبني إستراتيجيات مبتكرة لإنجاز أعمالهم.

- عقد ندوات يحضرها أولياء الأمور وبعض المعنيين لمناقشة البرامج الموضوعة والسياسات والإجراءات، والتي يكون لها مردود إيجابي في تكوين مجتمع تعاوني قادر على إنجاح الطلاب.

- عقد دورات مع المعلمين داخل وخارج المدرسة لتبادل المعرفة وزيادة روابط التعاون بينهم.

- وضع برنامج تحفيزي لمقابلة الجهود الابتكارية لجميع العاملين، مما يخلق جوا من المنافسة الفعالة فيما بينهم.

- اتباع سياسة الباب المفتوح لإتاحة الفرصة لجميع الموجودين داخل وخارج المدرسة للتعبير عن آرائهم ومشاعرهم الإيجابية والسلبية تجاه ما يدور داخل المدرسة من أحداث.

* الجهات المسئولة:

- الجهات الرئيسية: إدارة المدرسة.

- الجهات المساندة: الإدارات والمديريات التعليمية.

* **الدعم الخارجي:** أولياء الأمور – أعضاء المجتمع الخارجي.

* **المؤشرات المستقبلية التي تشير إلى مدى تحقق هذا الهدف الإستراتيجي:**

- تطبيق بعض الإستراتيجيات التدريسية الحديثة.
- ارتفاع مستوى الإنجاز الأكاديمي للطلاب.
- ارتفاع معدل رضا الموجودين عن العمل.
- زيادة مشاركة أولياء الأمور في العملية التعليمية.

ب - وضع هيكل ونظام جيد لتحفيز العاملين [(١)]:

* **متطلبات تحقيق هذا الهدف:**

- تغيير هيكل الأجور والحوافز المخصص لجميع العاملين بالمدرسة الثانوية.
- منح الإدارة المدرسية السلطة اللازمة لإعداد الميزانية وتقدير الحوافز.
- إقامة نظام محاسبي للإدارة المدرسية يتم من خلاله التأكد من الموضوعية في تقدير الحوافز وأنها مساوية للجهد المبذول.

* **البدائل الإستراتيجية:**

قيام الإدارة المدرسية بما يلي:

- ربط الحافز بالأداء والنتائج المحققة في ضوء ما يسفر عنه تقييم الفرد.
- تخصيص بند في ميزانية المدرسة للحوافز التشجيعية للمبتكرين والمتميزين.
- تكريم للمعلمين والطلاب وجميع العاملين المتميزين بشهادات تقديرية يكون لها تأثير إيجابي في " البورتفليو " الخاص بكل منهم.
- ربط المكافآت بما يحققه المعلمون والإداريون وجميع العاملين بالمدرسة من تقدم وإنجاز سواء على المستوى الأكاديمي أو المهني.

---

(١) تبنى فكرة هذا الهدف على أن التحفيز المعنوي رغم أهميته في زيادة رضا العاملين عن العمل، إلا أن ما يحصلون عليه من حوافز مادية يكون له كذلك أثر بالغ في تحفيزهم على الابتكار والإبداع في أعمالهم.

* **الجهات المسئولة:**

- الجهة الرئيسة: الإدارة المدرسية ووحدة التقويم بالمدرسة.
- الجهة المساندة: الإدارة والمديريات التعليمية.

* **الدعم الخارجي:**

* **المؤشرات المستقبلية التي تشير إلى مدى تحقق هذا الهدف الإستراتيجي:**

- تطبيق بعض الإستراتيجيات التدريسية الحديثة.
- ارتفاع الإحصاءات التي تشير إلى حصول الكثير من العاملين داخل المدرسة على مؤهلات ممتازة (دبلوم، ماجستير، دكتوراه).
- زيادة النمو المهني للعاملين لسعيهم نحو الحصول على دورات تدريبية في تخصصهم وفي مادة الحاسب الآلي لرفع كفاءتهم في العمل.
- ارتفاع مؤشر النتائج المحققة من وحدة التدريب داخل المدرسة.
- زيادة انتظام العاملين بالمدرسة وحرصهم على تحقيق الأهداف المرجوة.
- التزام الطلاب بالحضور وانتظام العملية التعليمية.

ج-الإدارة الجيدة للوقت بما يتيح للموجودين داخل المدرسة ممارسة عملية التعليم والتعلم:

* **متطلبات تحقيق هذا الهدف الإستراتيجي:**

- منح الإدارة المدرسية السلطة والحرية فى تطبيق التشريعات المتعلقة بتنظيم العمل داخل المدرسة بما يتراءى لها.
- إعداد جداول مرنة تتيح للمعلمين تجريب طرق تدريس مبتكرة وتتيح للطلاب كذلك ممارسة عملية التعليم والتعلم.
- توفير العدد الكافي من المعلمين في كافة التخصصات داخل المدرسة.
- توفير مستلزمات الوحدات الموجودة داخل المدرسة (المعامل/ الوسائط المتعددة / المعلومات والإحصاء / التدريب) بما يحقق أقصى استفادة منها.

البدائل الإستراتيجية:

قيام الإدارة المدرسية بما يلي:

- وضع هياكل عمل صباحية ومسائية للطلاب تمكنهم من التعليم داخل فصولهم صباحا، أما في المساء فإنها تتيح لهم ممارسة الأنشطة والتعلم المتمركز حول المجتمع، والتنمية المهنية.

- وضع برامج تدريسية تساعد على تنمية فرص التعلم المنفرد بالمصروفات " في الفترة المسائية"؛ حيث إنها من جهة تلبي احتياجات الطلاب، ومن جهة أخرى تزيد من الوفورات المالية للمدرسة.

- تحديد وقت زمني يتيح لفرق العمل داخل المدرسة تبادل الزيارات مع المدارس الأخرى.

- إتاحة ساعة في الجدول المدرسي للمعلمين لتبادل الآراء والمقترحات الجديدة في التدريس وتجريبها في الفصول.

- إنشاء صندوق إلكتروني E-Mail Box توضع فيه المعلومات الجديدة مع إتاحة الفرصة للمعلمين من دخوله والاطلاع عليه.

- العمل بنظام اليوم الكامل مع إتاحة الفرصة من خلال يوم ريادي داخل المدرسة لجميع القوى البشرية داخل المدرسة (إدارة، معلمين، طلاب) من التدريب داخل وحدة التدريب، الاطلاع على النظم الموجودة داخل وحدة المعلومات والإحصاء، وكذلك ممارسة الأنشطة داخل الوحدة المنتجة بالنسبة للطلاب.

الجهات المسئولة:

- الجهات الرئيسية: إدارة المدرسة.

- الجهات المساندة: وحدة التطوير التكنولوجي، وحدة التدريب، وحدة المعلومات والإحصاء.

الدعم الخارجي:

المؤشرات المستقبلية التي يمكن أن تشير إلى مدى تحقق هذا الهدف الإستراتيجي:

- ارتفاع المستوى الأكاديمي للطلاب.

- تزايد الوفورات المالية داخل المدرسة.

- تزايد درجة الاستفادة من الوحدات المستحدثة داخل المدرسة.

د - المشاركة في اتخاذ وصنع القرارات:

* متطلبات تحقيق هذا الهدف:

- منح الإدارة المدرسية سلطة صنع واتخاذ القرارات داخل المدرسة.

- إقامة نظام محاسبي تحاسب فيه الإدارة التعليمية المدرسة على القرارات المتخذة ومدى الجدية في تطبيقها وتنفيذها.

* البدائل الإستراتيجية:

قيام الإدارة المدرسية بما يلي:

- إنشاء لجنة داخل المدرسة تعرف " بلجنة صنع القرارات المشتركة " تختص باتخاذ وصنع القرارات التي يشترك فيها جميع المعنيين من إدارة مدرسية/ طلاب/ أولياء أمور/ معلمين/ وأعضاء من المجتمع الخارجي.

- عمل صندوق للمقترحات والشكاوى، يمكن من خلاله التعرف على مقترحات المجتمع المدرسي ابتداء من الطالب ونهاية بولي الأمر وأعضاء المجتمع الخارجي.

- إعداد قائمة ببعض المشكلات الحالية والمتوقعة وعرضها على أعضاء المجتمع المدرسي من خلال مجلس الآباء والأمناء، للتوصل إلى قرارات، بشأن التصدي لها.

- تصميم صفحة مدرسية على الإنترنت Home Page يتم من خلالها عرض المشكلات المدرسية والقرارات التي هم بصدد اتخاذها، للتعرف على مقترحات المجتمع المدرسي بشأن هذه القرارات وآرائهم بشأن القرارات المتخذة.

- إنشاء E-Mail للمدرسة ترسل عبره الآراء والمقترحات التي تم عرضها على الصفحة الخاصة بالمدرسة الـ Home Page.

* الجهات المسئولة:

- الجهات الرئيسية: إدارة المدرسة، لجنة صنع القرارات المشتركة داخل المدرسة.

- الجهات المساندة: وحدة التطوير التكنولوجي بالمدرسة.

* **الدعم الخارجي:** أولياء الأمور وأعضاء المجتمع المدرسي المعنيين بالعملية التعليمية.

* **المؤشرات المستقبلية التي يمكن أن تشير إلى مدى تحقق هذا الهدف الإستراتيجي:**

- حل الكثير من المشكلات المدرسية.
- زيادة مشاركة أولياء الأمور وأعضاء المجتمع المدرسي في اتخاذ وصنع القرارات.
- المصداقية في تطبيق القرارات المتخذة.
- تحسن كفاية العمل وزيادة معدلات جودته.
- زيادة ابتكار وإبداع العاملين فى مكان العمل.
- زيادة رضا العاملين.
- توافر بدائل عديدة وأنظمة ومقترحات للقرارات المختلفة.

٦-توسيع قاعدة الشراكة المجتمعية بين المدرسة والهيئات والكيانات الخارجية [١]:

ويندرج تحت هذا الهدف مجموعة من الأهداف الإستراتيجية، تتمثل فيما يلي:

أ - تفعيل مجالس الأمناء والآباء.

ب - تأسيس شراكات واضحة المعالم بين المدرسة ومنظمات المجتمع الخارجي.

أ - تفعيل مجالس الأمناء والآباء:

* **متطلبات تحقيق هذا الهدف:**

- تفعيل هذا المجلس على ضوء العلاقة التبادلية النفعية لما يمكن أن تقدمه المدرسة لأولياء الأمور وبقية الأعضاء المعنيين (من رجال أعمال والمهتمين بالعملية التعليمية)، وما يمكن أن يقدمه هؤلاء الأعضاء للمدرسة حتى يتم استقطابهم ونهوضهم بهذا المجلس.

---

(١) تبنى فكرة هذا الهدف على أن هناك بعض الكيانات موجودة بالفعل داخل المدرسة ويمكن تفعيلها وتحقيق شراكة قوية معها ومع بعض الكيانات خارج المدرسة وتحتاج إلى بروتوكول يضمن مدى الالتزام من الجانبين لتحقيق الأهداف والنتائج المرجوة منها.

- انتقاء العناصر البشرية الجيدة المشهود لها بالالتزام و الجدية من جانب، وبالمستوى العلمي المرتفع من جانب آخر.

- وضع الإدارة والمديريات التعليمية لنظام محاسبي يحاسب هذا المجلس بصفة دورية وليكن ربع سنوي على النتائج التي حققها.

- إعطاء هذا المجلس السلطة الرقابية الحقيقية سواء كانت إدارية أو مالية، لكي يتدخل بشكل فوري ومباشر من أجل تحقيق التحسين المستمر في العملية التعليمية.

- إنشاء مركز للأسرة داخل المدرسة يشمل الأخصائي الاجتماعي وبعض المعلمين المتميزين.

* البدائل الإستراتيجية:

قيام الإدارة المدرسية بما يلي:

- تكليف القائمين بوحدة التدريب بإعداد برامج تدريبية للآباء عن الكيفية التي يمكن من خلالها التعامل مع أبنائهم في هذه المرحلة العمرية.

- عقد ندوات توعية للآباء عن القيم والمبادئ الواجب غرسها في أبنائهم، ويتم دعوة رجال الدين لإلقائها والتعرف على المشكلات التي تعترض أبنائهم وكيفية التصدي لها.

- عرض كشوفات شهرية للمناقشة في هذا المجلس عما تحقق داخل المدرسة للوقوف على آرائهم ومقترحاتهم، وما يجب أن يتحقق مستقبلا لوضع خطط إجرائية لتحقيقه.

- الاستعانة بالخبير التكنولوجي داخل المدرسة لإعداد برامج تدريبية لمحو الأمية الكمبيوترية لجميع أعضاء المجلس والتي يكون لها مردود إيجابي على أبنائهم.

- عمل زيارات بين مجالس الأمناء والآباء لدى المدارس المختلفة للتعرف على إنجازاتهم وكيفية تحقيقها للاستفادة منها داخل المدرسة.

- تدريب المعلمين على الأساليب العامة والخاصة لجذب انتباه أولياء الأمور والمعنيين بالعملية التعليمية إلى أهمية دورهم في تعليم أبنائهم.

- تقييم الأنشطة التي يسهم بها الآباء والمتطوعين من خلال مركز الأسرة بالمدرسة، كما أن القائمين عليه يقومون بزيارات منزلية لبعض أولياء الأمور غير المتفاعلين مع المدرسة لتدعيم جسور التواصل.

*** الجهات المسئولة:**

- الجهات الرئيسية: الإدارة المدرسية ومجلس الأمناء والآباء والمعلمين بالمدرسة.
- الجهات المساندة: وحدة التدريب ووحدة التطوير التكنولوجي بالمدرسة.

*** الدعم الخارجي:**

- الجمعيات الأهلية وأولياء أمور الطلاب ورجال الأعمال والمعنيين بالعملية التعليمية.

*** المؤشرات المستقبلية التي يمكن أن تشير إلى مدى تحقق هذا الهدف الإستراتيجي:**

- الانضباط والالتزام الملحوظ من قبل الطلاب.
- زيادة مشاركة أولياء الأمور في العملية التعليمية.
- ارتفاع المؤشرات الإيجابية لتحقيق رؤية المدرسة الموضوعة.
- زيادة أعداد مجالس الأمناء المنشأة في المدارس على مستوى محافظات الجمهورية.
- تحسن مستوى الأداء الكلي.
- معالجة الكثير من السلبيات والانحرافات داخل المدرسة الثانوية.
- التوفير الذاتي للعديد من متطلبات الرؤية الإستراتيجية.

ب - تأسيس شراكات واضحة المعالم بين المدرسة ومنظمات المجتمع الخارجي:

*** متطلبات تحقيق هذا الهدف:**

- قيام الوزارة بعمل إستراتيجية واسعة تضم جميع هذه الهيئات والكيانات (سواء كانت جمعيات أهلية/ جامعات/ مراكز بحثية/منظمات أعمال /المساجد/ وسائل إعلام)، والتي يمكن من خلالها عمل تشبيك لجميع ما تقدمه هذه

الهيئات من خدمات مباشرة للمدرسة، وذلك من أجل تحقيق أقصى استفادة ممكنة منها.

- توزيع الوزارة أدلة على المدارس بأسماء هذه المنظمات وكيفية الاتصال بها والخدمات التي تقدمها.

- سن تشريعات تمنح الإدارة المدرسية الحق في إقامة بروتوكول مع هذه المنظمات، مع توفير بعض الوفورات المالية للمدرسة من أجل إنجاح هذه البروتوكولات (حيث إن بعض البروتوكولات تطوعية وبعضها يحتاج إلى تعاقدات مالية).

- توفير نظام محاسبي تحاسب فيه المديريات والإدارات التعليمية الإدارة المدرسية على مدى قدرتها على الانفتاح على البيئة الخارجية من جانب، ومن جانب آخر تحاسبها على حسن توظيف الموارد التي تم الحصول عليها من هذه البيئة سواء كانت مادية أو بشرية.

- نشر الوعي بأهمية الشراكة المجتمعية في تحسين النظم التعليمية من خلال وسائل الإعلام المختلفة.

- قيام الوزارة بتقديم جوائز تشجيعية للجمعيات الأهلية التي تسهم بخدمات مميزة في العملية التعليمية كنوع من التحفيز للجمعيات الأخرى، على أن يتم ذلك من خلال وسائل الإعلام.

* البدائل الإستراتيجية:

قيام أعضاء الإدارة المدرسية بما يلي:

- إجراء بحوث ميدانية تكلف بها " لجنة التحسينات المدرسية " والتي تقوم بعمل بحوث مسحية للهيئات والمنظمات الخارجية وما يمكن أن تقدمه من خدمات، سواء كانت مادية أو بشرية وكيفية الاستفادة منها.

- تعيين مسئول داخل لجنة العلاقات العامة بالمدرسة يكلف بالاتصال بهذه الهيئات، على أن تتوافر لديه الكثير من القدرات وأهمها: التفاوض، التعامل مع الآخرين.

- فتح خطوط اتصال مفتوحة بشكل مباشر بين المدرسة وهذه المنظمات.

* الجهات المسئولة:

- الجهات الرئيسية: إدارة المدرسة، لجنة التحسينات المدرسية ولجنة العلاقات العامة.

- الجهات المساندة: المديريات والإدارات التعليمية.

* الدعم الخارجي: جميع المنظمات الموجودة خارج المدرسة.

* المؤشرات المستقبلية التي يمكن أن تشير إلى مدى تحقق هذا الهدف الإستراتيجي.

- زيادة انفتاح المدرسة على البيئة الخارجية.

- تحقيق المدرسة للرؤية الموضوعة.

- زيادة الوفورات المالية داخل المدرسة.

- تحقيق المدرسة الكثير من الإصلاحات بداخلها.

- تحسين مستوى الأداء المتوقع من الوحدات المستحدثة نتيجة توفير مستلزماتها.

- مقابلة خريجي هذه المرحلة لمتطلبات سوق العمل.

خلاصة الفصل:

جاء هذا الفصل ترجمة إجرائية لجميع الفصول السابقة، من خلال رسم ملامح رؤية إستراتيجية مقترحة للمدرسة، حيث بدء بالرؤية المتوقعة وانتهى بالأهداف العامة والتي انبثق منها مجموعة من الأهداف الإستراتيجية، ورسمت حلولا إجرائية من خلال مجموعة من البدائل الإستراتيجية، والتي تعد تلبية لمتطلبات هذه الرؤية، سواء كانت متطلبات داخلية تتعلق بالعناصر البشرية أو المادية أو المعنوية، أو متطلبات تتعلق بالبيئة الخارجية؛ حيث تعد هذه الرؤية بمثابة نموذج إجرائي تحتذي به العديد من الدول العربية والنامية عند إجراء التخطيط الإستراتيجي.

* * *

قائمة المراجع

أولا: المراجع العربية:

- **إبراهيم سلطان**، نظم المعلومات الإدارية: مدخل إداري، (الإسكندرية: الدار الجامعية،٢٠٠٠).
- **إجلال عبد المنعم حافظ وآخرون**، أساسيات إدارة الأعمال، (القاهرة: الدار الهندسية، ٢٠٠٢).
- **إجلال عبد المنعم**، الإدارة: الأصول والأسس العلمية، (القاهرة دار الحريري، ٢٠٠٣).
- **أحمد إبراهيم أحمد**، العلاقات الإنسانية في المؤسسة التعليمية، (الإسكندرية، دار الوفاء، ١٩٩٩).
- **أحمد إبراهيم أحمد**، القصور الإداري في المدارس: الواقع والعلاج، (القاهرة: دار الفكر العربي، ٢٠٠٠).
- **أحمد إبراهيم أحمد**، نظم التعليم في جمهورية مصر ـ العربية: دراسات في التربية المقارنة ونظم التعليم: منظور إداري، من كتاب "الدروس الخصوصية: ظاهرة.. حقيقة.. مرض" دراسة ميدانية، (الإسكندرية، مكتبة المعارف الحديثة، ٢٠٠٠/٢٠٠١).
- **أحمد إبراهيم أحمد**، الإدارة المدرسية في الألفية الثالثة، (الإسكندرية: المعارف الحديثة، ٢٠٠٢).
- **أحمد سيد مصطفى**، إدارة السلوك التنظيمي، (القاهرة: بدون، ١٩٩٩).
- **أحمد عبادة**، الحلول الابتكارية للمشكلات:النظرية والتطبيق، (القاهرة: آمون، ٢٠٠٠).
- **أحمد كامل الرشيدي**، مشكلات الإدارة المدرسية في الألفية الثالثة،(القاهرة: دار البحيري، ٢٠٠٠).
- **إيمان محمد الغراب**، التعلم الإلكتروني: مدخل إلى التدريب غير التقليدي، (القاهرة: المنظمة العربية للتنمية الإدارية، ٢٠٠٣).
- **أيمن محمد الخولي**، أصول التعليم: رؤى مستقبلية لتطوير التعليم في القرن الحادي والعشرين في جمهورية مصر العربية، (بيروت: دار الراتب الجامعية، ٢٠٠٠).
- **بيومي محمد ضحاوي**، قضايا تربوية مدخل إلى العلوم التربوية، (القاهرة: دار الفكر العربي، ١٩٩٩/٢٠٠٠).
- **توفيق محمد عبد المحسن**، مراقبة الجودة: مدخل إدارة الجودة الشاملة وأيزو ٩٠٠٠، (القاهرة: دار الفكر العربي، ٢٠٠١/٢٠٠٢).

- **ثريا حسين حمدان**، التفوق الإداري: وكيفية اكتساب المهارات الأساسية، (القاهرة: مطابع الأهرام التجارية، ١٩٩٩).
- **ثيودور ليفيث**، ترجمة نيفين غراب، الإدارة الحديثة، (القاهرة: الدار الدولية للنشر والتوزيع، ١٩٩٤).
- **جاري ديسلر**، ترجمة محمد سيد أحمد عبد المتعال وعبد المحسن عبد المحسن جودة، إدارة الموارد البشرية، (الرياض: دار المريخ،٢٠٠٣).
- **جمال الدين محمد المرسي**، ثابت عبد الرحمن، السلوك التنظيمي، (الإسكندرية: الدار الجامعية، ٢٠٠١/٢٠٠٠).
- **جون م. برايسون، ترجمة محمد عزت عبد الموجود**، التخطيط الإستراتيجي للمؤسسات العامة وغير الربحية، (بيروت: مكتبة لبنان، ٢٠٠٣).
- **حسين عبد الحميد أحمد رشوان**، العلم والبحث العلمي: دراسة في مناهج العلوم، (الإسكندرية: المكتب الجامعي الحديث، ٢٠٠٤).
- **حسين كامل بهاء الدين**، الوطنية في عالم بلا هوية، (القاهرة، دار المعارف، ٢٠٠٠).
- **حسين كامل بهاء الدين**، التعليم والمستقبل، (القاهرة: دار المعارف، ١٩٩٧).
- **خيري الجزيري**، أساسيات السلوك الإنساني في التنظيم، (القاهرة: دار الثقافة العربية، ٢٠٠٢).
- **رائدة خليل سالم**، المدرسة والمجتمع، (عمان: دار صفاء، ٢٠٠٦).
- **رجاء محمود أبو علام**، مناهج البحث في العلوم النفسية والتربوية، (القاهرة: دار النشر للجامعات، ١٩٩٨).
- **رفعت عبد الحليم القاعوري**، إدارة الإبداع التنظيمي، (القاهرة:المنظمة العربية للتنمية الإدارية، ٢٠٠٥).
- **سعيد يس عامر**، الإدارة وتحديات التغيير، (القاهرة: مركز وايد سيرفس للاستشارات والتطوير الإداري، ٢٠٠١).
- **سيد الهواري**، المدير الفعال للقرن الـ ٢١: الفعالية الشخصية والفعالية الإدارية، (القاهرة: دار الجيل، ٢٠٠٠).
- **سيد الهواري**، منظمة القرن الـ٢١، (القاهرة، دار الجيل، ١٩٩٩).
- **صلاح أحمد مراد**، الأساليب الإحصائية: في العلوم النفسية والتربوية والاجتماعية، (القاهرة: مكتبة الأنجلو المصرية، ٢٠٠٠).
- **عايدة سيد خطاب**، الإدارة الإستراتيجية للموارد البشرية، (القاهرة: كليوباترا، ١٩٩٩).

- **عبد الحميد عبد الفتاح المغربي**، السلوك التنظيمي: سلوك الأفراد والجماعات في المنظمات، (المنصورة: ب ن، ٢٠٠٤).
- **عبد العزيز صالح بن حبتور**، الإدارة العامة المقارنة، (عمان: الشروق،٢٠٠٠).
- **عطية حسين الأفندي**، تمكين العاملين: مدخل للتحسين والتطوير المستمر، (القاهرة: المنظمة العربية للتنمية الإدارية، ٢٠٠٣).
- **عطية حسين الأفندي**، مبادئ الإدارة، (القاهرة: دار الكتب، ٢٠٠٢).
- **عطية حسين الأفندي**، اتجاهات جديدة فى الإدارة: بين النظرية والتطبيق، (القاهرة: ب ن، ١٩٩٤).
- **علاء عبد الرازق السالمي**، نظم إدارة المعلومات، (القاهرة: المنظمة العربية للتنمية الإدارية، ٢٠٠٣).
- **علي السلمي**، إدارة الموارد البشرية الإستراتيجية، (القاهرة: دار غريب، ٢٠٠١).
- **علي خليل مصطفى أبو العينين**، تأملات في علوم التربية: كيف نفهمها؟، (القاهرة: الدار الهندسية، ٢٠٠٤/٢٠٠٣).
- **علي محمد عبد الوهاب**، فرسان الإدارة،(القاهرة: الشركة العربية للإعلام العلمي "شعاع"، ١٩٩٥).
- **الغريب زاهر إسماعيل**، تكنولوجيا المعلومات وتحديث التعليم، (القاهرة: عالم الكتب، ٢٠٠١).
- **فؤاد أبو حطب وآمال صادق**، مناهج البحث وطرق التحليل الإحصائي في العلوم النفسية والتربوية والاجتماعية، (القاهرة: مكتبة الأنجلو المصرية، ١٩٩١).
- **فؤاد القاضي وسعيد يس عامر**، الإدارة وآفاق المستقبل، (القاهرة: مركز وايد سيرفس، ١٩٩٨).
- **فايز مراد مينا**، التعليم في مصر- الواقع والمستقبل حتى عام ٢٠٢٠، (القاهرة: مكتبة الأنجلو المصرية، ٢٠٠١).
- **كامل جاد**، التعليم الثانوي في مصر في مطلع القرن الحادي والعشرين، (القاهرة: دار قباء، ٢٠٠٢).
- **كمال عبد الحميد زيتون**، منهجية البحث التربوي والنفسي من المنظور الكمي والكيفي، (القاهرة: عالم الكتب، ٢٠٠٤).
- **مجدي عزيز إبراهيم**، رؤى مستقبلية في تحديث منظومة التعليم، (القاهرة: الأنجلو المصرية، ٢٠٠١).
- **محمد أحمد عبد الجواد**، كيف تنمي مهارات الابتكار والإبداع الفكري في ذاتك. أفرادك. مؤسستك، (طنطا: دار النشر للثقافة والعلوم، ٢٠٠٠).

- **محمد شفيق**، الخطوات المنهجية لإعداد البحوث الاجتماعية، (الإسكندرية: المكتب الجامعي الحديث، ٢٠٠٢).
- **محمد عبد الفتاح الصيرفي**، الإدارة الرائدة، (عمان: دار صفاء، ٢٠٠٣).
- **محمد فوزي عبد المقصود**، الإبداع في التربية العربية: المعوقات وآليات المواجهة، (القاهرة: مطابع الأهرام التجارية، ١٩٩٩).
- **محمد مالك محمد ومحمود أحمد شوق**، معلم القرن الحادي والعشرين: اختياره وإعداده وتنميته في ضوء التوجهات الإسلامية، (القاهرة: دار الفكر العربي، ٢٠٠١).
- **محمد متولي غنيمة**، تمويل التعليم والبحث العلمي العربي المعاصر: نموذج مقترح لقياس العلاقة بين التعليم الثانوي بشقيه العام والفني والنمو الاقتصادي للحد من الهدر في ميزانيات الإنفاق التعليمي، (القاهرة: الدار المصرية اللبنانية، ٢٠٠٢).
- **محمد منير مرسي**، الإدارة التعليمية أصولها وتطبيقاتها، (القاهرة: عالم الكتب، ١٩٩٨)
- **مصطفى محمود أبو بكر**، الموارد البشرية مدخل لتحقيق ميزة تنافسية، (الإسكندرية: الدار الجامعية، ٢٠٠٤/٢٠٠٣).
- **مها عبد الباقي الجويلي**، تنظيم التعليم على ضوء ثورة المعلومات: دراسات تربوية في القرن الحادي والعشرين، (الإسكندرية، دار الوفاء،٢٠٠١).
- **موسى اللوزي**، التطوير التنظيمي: أساسيات ومفاهيم حديثة، (القاهرة: دار وائل للنشر،٢٠٠٣).
- **ميخائيل مولان وأندي هارجريفر**، ترجمة عايدة أبو غريب، النمو المهني للمعلم والتغيير التربوي، (القاهرة: المركز القومي للبحوث التربوية والتنمية، ٢٠٠٠/١٩٩٩).
- **نادية العارف**، الإدارة الإستراتيجية: إدارة الألفية الثالثة، (الإسكندرية: الدار الجامعية، ٢٠٠١/٢٠٠٠).
- **هادي مشعان ربيع**، المدير المدرسي الناجح، (عمان: دار صفاء، ٢٠٠٦).
- **وضيئة محمد أبو سعدة وآخرون**، العولمة وانعكاساتها على التعليم: من كتاب قراءات حول بعض القضايا التربوية المعاصرة، (القاهرة: الدار الهندسية، ٢٠٠٣/٢٠٠٢).
- **يعقوب أحمد الشراح**، التربية وأزمة التنمية البشرية، (الرياض: مكتب التربية العربي لـدول الخليج، ٢٠٠٢).
- **أحلام عبد الغفار**، "اختيار وإعداد مدير المدرسة الثانوية العامة وتدريبه"، مجلة التربية (بنها)، ١٩٩٩.

- **أحمد عبد العزيز، فتحي كامل زيادي،** "بعض الآثار الناتجة عن تطبيق التشريعات الجديدة للثانوية العامة في مصر كما يدركها المعلمون والطلاب"، مجلة التربية، السنة السادسة، العدد الثامن، يناير ٢٠٠٣.

- **عرفات عبد العزيز،** "سمات المعلم وأدواره في مجتمع الغد" صحيفة التربية" رابطة التربية الحديثة"، السنة الرابعة والخمسون، العدد الرابع، مايو ٢٠٠٣.

- **غازي عنيزان الرشيدي،** "دور الوالدين في متابعة دراسة أبنائهم"، مجلة التربية (الزقازيق)، العدد ٢٤، مايو ٢٠٠٣.

- **فتحي درويش عشيبة، علي عبد الرؤوف نصار،** " دور المدرسة الثانوية العامة في إعداد الطلاب لمجتمع المعلوماتية" الواقع وسبل التفعيل"، التربية " الزقازيق"، عدد ٤٥ سبتمبر ٢٠٠٣.

- **محمد سيف الدين،** " مصر وتحديات المستقبل- قطاع التعليم وتحدياته"، المجلة المصرية للتنمية والتخطيط " المعهد القومي للتخطيط"، المجلد العاشر- العدد الثاني، ديسمبر ٢٠٠٢.

- **مراد صالح مراد،** " تمويل التعليم العام في مصر في ضوء تجارب بعض الدول المتقدمة"، مجلة التربية والتنمية " المكتب الاستشاري للخدمات التربوية"، السنة الثامنة، العدد ٢٠، مايو ٢٠٠٠.

- **نادية جمال الدين،** التعليم بين الطموحات القومية والمقاومة المجتمعية، مجلة التربية والتعليم "وزارة التربية والتعليم / المركز القومي للبحوث التربوية والتنمية "، العدد السابع والعشرون، شتاء ٢٠٠٣.

- **نهلة عبد القادر،** " التعلم التنظيمي مدخلا لتحويل المدرسة المصرية إلى منظمة تعلم"، مجلة التربية والتنمية " المكتب الاستشاري للخدمات التربوية"، السنة الثامنة، العدد ١٩، مارس ٢٠٠٠.

- **وداد محمد الجودر،** " نظم المعلومات في العملية التربوية"، مجلة التربية (البحرين)، السنة السادسة، العدد السابع، يناير ٢٠٠٣.

- **يوسف صلاح الدين قطب،** "التربية للتنمية البشرية هي الدور الرئيسي للمدرسة"، مجلة صحيفة التربية" رابطة التربية الحديثة "، السنة التاسعة والعشرين، العدد الثالث، مارس ١٩٩٨.

- **أميمة عبد العزيز القاسمي،** "مفهوم الإبداع وتنميته"، من بحوث مؤتمر القيادة الإبداعية والتجديد في ظل النزاهة والشفافية، المنعقد في المنظمة العربية للتنمية الإدارية، في الفترة من ٢٨-٣١ أكتوبر، بيروت، المنظمة العربية للتنمية الإدارية، ٢٠٠٢.

- **بيومي محمد ضحاوي**، مدراء المدارس في مصر ـ وسلطنة عمان في ضوء الخبرة الأمريكية ونماذج الفكر الإداري المعاصر، من بحوث مؤتمر إدارة التعليم في الوطن العربي في عالم متغير، المنعقد في كلية التربية جامعة عين شمس، في الفترة من ٢٢-٢٤ يناير، القاهرة، جامعة عين شمس، ١٩٩٤.

- **الحزب الوطني الديمقراطي**،"الفكر الجديد وأولويات الإصلاح،من بحوث المؤتمر السنوي للتعليم، المنعقد في الحزب الوطني الديمقراطي، ٢٠٠٤، القاهرة.

- **دلال حلمس**، " مستقبل التربية العربية لموجهة التحديات الداخلية والخارجية"، من بحوث مؤتمر التربية العربية وتحديات المستقبل، المنعقد في كلية التربية جامعة الفيوم، في الفترة من ٩-١٠ مارس٢٠٠٤، الفيوم، كلية التربية جامعة الفيوم، ٢٠٠٤.

- **نادية جمال الدين ورسمي عبد الملك**، "التعليم والمشاركة المجتمعية في مصر ـ المفهوم، الواقع، طموحات المستقبل"، من بحوث المؤتمر العربي الإقليمي، المنعقد في منظمة اليونسيف، يونيو٢٠٠٤، القاهرة، وزارة التربية والتعليم ومنظمة اليونسيف، ٢٠٠٤.

- **وزارة التربية والتعليم**، ندوة المدرسة المنتجة، (القاهرة: ديوان عام الوزارة، ٢٠٠١).

- **رئاسة الجمهورية**، قانون التعليم رقم (١٣٩) لسنة ١٩٨١، (القاهرة: مكتب الوزير، ١٩٨١).

- **رئاسة الجمهورية**، قانون رقم (٨٤) لسنة ٢٠٠٢ بشأن إقامة الجمعيات والمؤسسات الأهلية، (القاهرة: مطبعة الوزارة، ٢٠٠٢).

- **رئاسة الجمهورية**، قرار جمهوري رقم ٥٢٣ لسنة ١٩٨١ بشأن إنشاء المجلس الأعلى للتعليم قبل الجامعي، (القاهرة: مطبعة الوزارة، ١٩٨١).

- **مجلس الوزراء**، قرار رئيس مجلس الوزراء رقم (٧٣٤) لسنة ٢٠٠٥ في شأن قواعد وإجراءات منح حافز أداء متميز للعاملين المدنيين بالدولة للحاصلين على درجة الدكتوراه وما يعادلها ودرجة الماجستير وما يعادلها،(القاهرة: مجلس الوزراء، ٢٠٠٥).

- **مديرية التربية والتعليم**، برنامج الحاسب الآلي للقيادات التعليمية، (القاهرة: مركز التطوير التكنولوجي، ٢٠٠٤).

- **وزارة التربية والتعليم**، إحصاءات بأعداد أعضاء الإدارة المدرسية للعام الدراسي ٢٠٠٤/٢٠٠٥، (القاهرة: مركز الإحصاء والمعلومات، ٢٠٠٤/٢٠٠٥).

- **وزارة التربية والتعليم**، قرار وزاري رقم (٢٢٦) بتاريخ ٢٠٠٥/٨/٢٤ بشأن تحديد الرسوم والغرامات والاشتراكات ومقابل الخدمات التي تحصل من طلبة وطالبات المدارس بمختلف مراحل التعليم للعام الدراسي ٢٠٠٥/٢٠٠٦ ، (القاهرة:مكتب الوزير، ٢٠٠٥).

- **وزارة التربية والتعليم**، قرار وزاري رقم (٢٥٣) بتاريخ ٢٠٠٥/٩/٦ بشأن الضوابط والمعايير الخاصة باختيار مديري المدارس الثانوية العامة، (القاهرة: مكتب الوزير، ٢٠٠٥).
- **وزارة التربية والتعليم**، قرار وزاري رقم (٢٥٥) بتاريخ ٢٠٠٥/٩/١٠ بتطبيق نظام التقويم التربوي الشامل على الصفوف الثلاثة الأولى من الحلقة الأولى من التعليم الأساسي، (القاهرة: مكتب الوزير، ٢٠٠٥).
- **وزارة التربية والتعليم**، قرار وزاري رقم (٣٣٤) بتاريخ ٢٠٠٦/٩/١٤ بشأن مجلس الأمناء والآباء والمعلمين، (القاهرة: مكتب الوزير،٢٠٠٦).
- **وزارة التربية والتعليم**، هيئة التدريس موزعين حسب المؤهلات بالتعليم الثانوي العام، (القاهرة: الإدارة العامة للإحصاء والحاسب الآلي، ٢٠٠٥/٢٠٠٤).
- **وزارة التربية والتعليم**، استمارة تخطيط برنامج تدريبي محلي لعام ٢٠٠٥/٢٠٠٤، بشأن المرشحين للترقية لوظيفة إدارة مدرسية وما في مستواها من التعليم العام، (القاهرة: الإدارة المركزية للتدريب/إدارة الخطة والبرامج والترقيات، ٢٠٠٤).
- **وزارة التربية والتعليم**، الخطة الوطنية للتعليم للجميع ٢٠٠٥/٢٠٠٢،٢٠١٦/٢٠٠٣، (القاهرة: المركز القومي للبحوث التربوية/ اليونسكو، ٢٠٠٣).
- **وزارة التربية والتعليم**، قانون رقم (١٦٠) لسنة ١٩٩٧ بتعديل بعض أحكام قانون التعليم الصادر بالقانون رقم (١٣) لسنة ١٩٨١، (القاهرة: مطبعة الوزارة، ١٩٩٧).
- **وزارة التربية والتعليم**، قرار وزاري رقم (١٨١) بتاريخ ١٩٩٣/٨/١ بشأن الحوافز الإضافية لجميع العاملين، (القاهرة: مكتب الوزير، ١٩٩٣).
- **وزارة التربية والتعليم**، قرار وزاري رقم (٢١٣) لسنة ١٩٨٧، (القاهرة: مكتب الوزير، ١٩٨٧).
- **وزارة التربية والتعليم**، قرار وزاري رقم (٢٥٠) بتاريخ ٢٠٠٥/٩/٦ بشأن تحديد معدلات وظائف الإدارة المدرسية بالمراحل التعليمية المختلفة بالمديريات والإدارات التعليمية، (القاهرة: مكتب الوزير، ٢٠٠٥).
- **وزارة التربية والتعليم**، قرار وزاري رقم (٢٥٤) بتاريخ ٢٠٠٠/١٠/١٩ بشأن تشكيل وتحديد اختصاصات وحدة التدريب، (القاهرة: مكتب الوزير، ٢٠٠٠).
- **وزارة التربية والتعليم**، قرار وزاري رقم (٢٦٩) بتاريخ ٢٠٠٣/١١/٥ بشأن تزويد المكتبات المدرسية بالمواد المطبوعة وغير المطبوعة والأجهزة، (القاهرة: مكتب الوزير، ٢٠٠٣).

- **وزارة التربية والتعليم**، قرار وزاري رقم (٢٧٦) بتاريخ ٢٠٠٣/١١/٢٢ بشأن إعادة تشكيل لجنة اختيار كتب المكتبات المدرسية، (القاهرة: مكتب الوزير، ٢٠٠٣).
- **وزارة التربية والتعليم**، قرار وزاري رقم (٤٨) بتاريخ ٢٠٠٢/٣/١٦، (القاهرة: مكتب الوزير، ٢٠٠٢).
- **وزارة التربية والتعليم**، قرار وزاري رقم (٩٠) بتاريخ ٢٠٠١/١٠/١٨، (القاهرة: مكتب الوزير، ٢٠٠١).
- **وزارة التربية والتعليم**، قرار وزاري رقم (٩٩) بتاريخ ٢٠٠٢/٨/٦ بشأن إنشاء المدارس بجميع المراحل التعليمية المختلفة وحدة المعلومات والإحصاء، (القاهرة: مكتب الوزير، ٢٠٠٢).
- **وزارة التربية والتعليم**، مبارك والتعليم المصري في مجتمع المعرفة، (القاهرة: قطاع الكتب، ٢٠٠٣).
- **وزارة التربية والتعليم**، مقترح باللائحة المالية لمشروع المدرسة كوحدة منتجة، (القاهرة: مكتب الوزير، ٢٠٠١).
- **وزارة التربية والتعليم**، نسبة الالتحاق من الإعدادي إلى مرحلة الثانوي العام في الفترة من ٢٠٠٠/٩٩ إلى ٢٠٠٤/٢٠٠٣، (القاهرة: الإدارة العامة للمعلومات والحاسب الآلي، ٢٠٠٤).
- **وزارة التربية والتعليم**: النقلة النوعية في المشروع القومي للتعليم، (القاهرة: قطاع الكتب، ٢٠٠٢).
- **وزارة التربية والتعليم**، مبارك والتعليم: ٢٠ عاما من عطاء رئيس مستنير، (القاهرة: قطاع الكتب، ٢٠٠١).
- **وزارة التربية والتعليم**، مبارك والتعليم: النقلة النوعية للجودة، (القاهرة: مطابع روز اليوسف، ٢٠٠٢).
- **وزارة التربية والتعليم** ، إنجازات وزارة التربية والتعليم في ضوء وثائق سياسات الحزب الوطني في التعليم: تقرير رقم (٦)، (القاهرة: وزارة التربية والتعليم، ٢٠٠٤).
- **رئاسة الجمهورية**، تقرير المجلس القومي للتعليم والبحث العلمي والتكنولوجي، الدورة التاسعة والعشرون، (القاهرة: المجالس القومية المتخصصة، ٢٠٠٢/٢٠٠١).
- **رئاسة الجمهورية**، تقرير المجلس القومي للتعليم والبحث العلمي والتكنولوجي، الدورة الثلاثون، (القاهرة: المجالس القومية المتخصصة، ٢٠٠٣/٢٠٠٢).
- **رئاسة الجمهورية** ، تقرير المجلس القومي للتعليم والبحث العلمي والتكنولوجي، الدورة الخامسة والعشرون، (القاهرة: المجالس القومية المتخصصة، ٢٠٠٠/١٩٩٩)

- **رئاسة الجمهورية**، تقرير المجلس القومي للتعليم والبحث العلمي والتكنولوجي، الـدورة الثامنـة والعشرون، (القاهرة: المجالس القومية المتخصصة، ٢٠٠٠/٢٠٠١).
- **سعاد بسيوني عبد النبي**، تطوير نظام تدريب القـادة التربـويين بجمهوريـة مصر- العربيـة في ضـوء بعض الخبرات المعاصرة، (القاهرة: وزارة التربية والتعليم/ البنك الدولي، ١٩٩٨).
- **سعيد جميل سليمان**، تحقيـق التميـز للتعلـيم الثـانوي العـام استرشـادا بالصـعوبات التـي تواجـه خريجيه في دراستهم الجامعية، (القاهرة: المركز القومي للبحوث التربوية والتنمية، ٢٠٠١).
- **عايدة أبو غريب**، تطوير مناهج المرحلـة الثانويـة العامـة في ضـوء المسـتجدات المحليـة والعالميـة، (القاهرة: المركز القومي للبحوث التربوية والتنمية، ١٩٩٨).
- **عبد العزيز عبد الهادي من بحث فيليب إسكاروس ولورنس بسطا ذكـري**، اتجاهـات الـرأي العـام نحو قضايا تطوير التعليم الثانوي في مصر- (القـاهرة: المركـز القـومي للبحـوث التربويـة والتنميـة، ٢٠٠٢).

* * *

ثانيا: المراجع الأجنبية:

- **A, Obrien James**, Management Information Systems: Managing Information Technology In The Business Enterprise , (Boston:Mc Grow Hill,2004).

- **A.,Boal, Carol**, "A Three Way Partnership With Families", Principal, Vol. 83, No.3, Jan/Feb 2004

- **Amabile, Teresa M.**, " How To Kill Creativity ", Harvard Business Review, Vol. 76, No.5, Sept, - Oct. 1998

- **Andy Hargreves**, "Renewal In Age Of Paradox ", Educational Leadership, Vol. 52, Issue 7, April 1995.

- **Baush, Patricia A.**,"School-Community Partnership:Leadership And Renewal", Peabody Journal Of Education, Vol.67, Issue 2, 2001.

- **Binkert , Bannie**, Contemporary Business Communication, (Boston: Houghton Mifflin Company, 1998).

- **Bob, Jeffrey And Woods Peter**, The Creative School, (London: Routledge Flamer, 2003).

- **Brost ,Paul**, "Shared Decision For Better Schools", Principal Leadership, Vol.1,No.3,Nov.2000

- **Bruce Loyce And Emily Calhoun**, "School Renewal: An Inquiry Not Formula", Educational Leadership, Vol. 52, Issue 7, 1995.

- **Calhoun, Emily**, How To Use Action Research In Self-Renewing School, (Saint Simons: The Association For Supervision And Curriculum Development, 1994).

- **Casavant, Marc D. And Sabre Cherkoweski**, "Effective Leadership: Brining Mentoring And Creativity To The Principal ship ", NASSP Bulletin, Vol. 85, No. 624, Apr. 2001.

- **Center for Enhanced learning & Teaching**, School-Based-Training For Student, (Australia: Center For Enhanced Learning & Teaching, 2002).

- **California State Department OF Finance**, Strategic Planning , (California: California State Department OF Finance, 2000).

- **Chen, Dora W.**, "Exploring The Precursors To Teacher Empowerment: Evolving Thoughts",The Delta-Kappagamma- Bulletin, Vol. 69, No.1, Fall 2002.

- **Christenson, Sandra-L.**, "The Family-School Partnership: An Opportunity To Promote The Learning Competence Of All Students", The School Psychology Review, Vol. 33, No.1, 2004.

- **Clark, Catherine**, Exploring Alternative For School-Based-Funding, (Texas: Texas Center For Educational Research, 1998).

- **Coled, Donna, James Tonlin And Patricia Renick**, " School Renewal: Analysis And Finding From A School University Partnership ", Education, Vol. 119, Issue 4, Summer 1999

- **Csapo, Nancy**, "Certification Of Computer Literacy ",T.H.E Journal , Vol. 30, Issue 1, Aug 2002.

- **D, Bell Edwin**, To Create Self –Renewing Schools , (Carolina: Department Of Educational Leadership School Of Education , 1996) .

- **D, Mumford M. & Simonton D K.**, "Creativity In Workplace: People, Problems And Structures", Journal Of Creative Behavior, Vol. 31, No. 4, 1997.

- **Dalin, Per**, School Development: Theories and strategies, (New York: Imtec, 1998).

- **David, Malone And Others**, "Perspective Transformation: Effects Of A Service Learning Tutoring Experience On Prospective Teachers", Teacher Education Quarterly, Vol.29, No.1, Winter 2002.

- **Davis ,Joan & Sandra M. Wilson**, "Principal's Efforts To Empower Teacher: Effects On Teacher Motivation And Job Satisfaction And Stress", The Clearing House, Vol. 73, No6, July/Aug 2000.

- **Desslerm, Gary** Human Resource Management, (Florida: Prentice Hall International, Inc., 2000).

- **Dorota Ekiert Grabowska**, "Creative Approach To School Management", International Creativity Network, Vol. 4, No. 2, 1996.

- **Edgar, Bugene B.**, "Democratic Dispositions And Cultural Competency: Ingredients For School Renewal", Remedial And Special Education, Vol. 23, No.4, July/Aug 2002

- **Epanchin, Betty-C. And Karen Colucci**, "The Professional Development School Without Walls", Remedial And Special Education, Vol. 23, No. 6, Nov/Dec 2002.

- **Eric, Schaps**, "Building Community From Within", Principal, Vol. 80, No.1, Sept. 2000.

- **Farrace, Bob**, "Renewing Teaching Profession", Principal Leadership, Vol. 3, No.1, Sept. 2002.

- **Fiske, Edward and Helen F. Ladd**, When School Compete, (Washington: Brokings Institution Press, 2000).

- **G, Serapiojr Manuel**. Management Information Systems, The Concise Blackwell Encyclopedia of Management, (Massachusetts:Blackwell Publisher Ltd. 1998).

- **Gaurtee, Dauid**, "Knowledge Management And Creativity ", Journal Of Knowledge Management, Vol. 2, No. 1,September 1998

- **Goevtz, Margated and Allan Odden**, School- Based-Financing, (California: Crown Press, Inc., 1999)

- **Gwang-Chol Chang**, Strategic Planning in Education:Some Concepts and Steps, (Georgia: UNESCO,2006).

- **Haag ,Stephen And Others**, Management Information Systems For The Information Age, (San Francisco: Irwin/Mcgraw-Hill, 1998).

- **Hawker, Sara**, Compact Oxford English Dictionary, (New York: Oxford University Press, 2005).

- **Herry, Edmunt And Mike Moon**, Oxford:A Dictionary Of Human Resource Management , (London: Oxford University press ,2001).

- **Holloway, John H.**, "The World In The Classroom: What Do Student Know"?, Educational leadership, Vol. 60 ,No.2, October 2002.

- **Holt, Dan-G. & Colleen Willard**, "Let's Get Racal: Students Solving Authentic Corporate Problems", Phi Delta Kappan, vol. 82, No.3, Nov. 2000.

- **Hoy, Wayne K.**, "The Development Of The Organizational Climate For High School", High School Journal, Vol. 86, Issue 2, Dec 2002/Jan 2003.

- **J, Lynn and Ronald Brandt**, A lexicon of learning: what educators mean when they say, (Alexandria: Association for supervision and curriculum Development, 1997).

- **Jane, Smith**, Empowering People, (London: Kogan Page, 2000).

- **Jane, Tunseth And Craig Nowicki**, The Promise Of Partnerships, Principal Leadership (High School Ed), Vol. 4, No.4, Dec. 2003.

- **Jeanie, Goertz**, "Creativity: An Essential Component For Effective Leadership In Today's Schools ", Roeper Review, Vol. 22, Issue 3, Apr. 2000.

- **Johns Gary and Alan M.Saks**, Organizational Behavior, (Toronto: Harpercollins Inc., 2001).

- **Jones, Cathy Areu**, "When Teacher's Computer Literacy Doesn't Go For Enough", Education Digest, Vol. 67, Issue 2, Oct. 2001.

- **Ken,Schroeder**, "High –Tech Teacher", The Education Digest, Vol. 68, No. 6, Feb. 2003.

- **Khight, Abowitz And Others**, "The Tensions Of Urban School Renewal In Era Of Reform", The Educational Form, Vol. 64, No.4, Summer 2000.

- **Lyle Sumek Associates** ,Executive Summary: Strategic Plan 2006 – 2011/Mayor, City Council and Executive Team/West Sacramento, (Lyle Sumek Associates, Inc: California, 2006).

- **L, Daft Richard And Raymond A. Noe**, Organizational Behavior, (San Diego: Harcourt, Inc., 2001).

- **L, Stewart Greg And Others**, Teamwork And Group Dynamics, (Singapore: John Wiley & Sons, Inc., 1999).

- **Laudon, Kenneth & Jane P. Laudon**, Management Information Systems, (New Jersey: Prentice Hall, 2001).

- **Iowa Department of Education**, Service learning, (Iowa: Iowa Department of Education, 2004).

- **M., Margaret and others**, "The Power Of Owning Technology", Educational leadership, Vol. 57, No. 8, May 2000.

- **Marie, Manthey,** "The Leadership: A Creative Presence ". Creative Nursing, Vol. 8, Issue 4, 2002.

- **Marsh ,David and others**, The New American High School, (California: Corwin Press, INC., 1999).

- **Mayers, Camille N. & Donna L.Schnarr.**"Getting It Together Effective Strategies For University/School Partherships",Education, Vol.124. No.1. Fall 2003

- **Mccade, Joseph M.**, "Technology Education And Computer Literacy", Technology Teacher, Vol. 61, Issue 2, Oct. 2001.

- **Mebane, Dorothy J. and John P. Galassi**, "Variables Affecting Collaborative Research And Learning In A Professional Development School Partnership", The Journal Of Educational Research (Washington) ,V. 96, No.5, May/June 2003.

- **Milanowsk, Anthony**, "School-Based Performance Award Programs And Teacher Motivation", Education Finance, Vol. 25, No. 4. Spring 2004.

- **Moses, Kurt D.**, "The Role Of E-Learning In Training And Development," Journal Of Technologies For Advancement Of Knowledge And Learning, May/June 2001.

- **Naiman, Lina**, Business in a creative activity, (New York: Lia Naiman associates inc., 2003).

- **National Association of State Board of Education**, "School- Based- Financing", Policy Update, Vol. 11, No.7, 2002.

- **National Clearinghouse For Comprehensive School Reform**, The

Catalog Of School Reform Models: Integrated Thematic Instruction, (Washington: National Clearinghouse Comprehensive School Reform, 2003).

- **Newcomb, Amelia** "Peter Senge On Organizational Learning", School Administrator, Vol. 60, No. 5, May 2003.

- **Nicholson, Nigel,** The Blackwell Encyclopedia Of Management, (**Cambridge: Blakwall Ltd., 1997).**

- **OI.,Chem Jie,** "Using Computer Technology To Bridge School And Community", Phi Delta Kappan, Vol. 85, Issue 3, Nov. 2003

- **Oplarka ,Izhar,** "Building A typology Of Self-Renewal", The Qualitative Report, Vol. 6, No.4, December, 2001.

- **Oplatka, Izhar,**"The Process Of Self-Renewal Among Head Teacher In Mid- Career", Educational Administration, Vol. 39, No. 1,2001.

- **Owens, Marsha,** "School Climate: The Missing Piece Of The School Safety Puzzle", Inside School Safety, Vol.4, No. 11, March 2000.

- **P. Vecchio Robert,** Organizational Behavior, (San Diego: Harcourt Inc. 2000).

- **Paese, Paul C.,** "Impact Of Professional Development Schools Pre-Service Through Education", Action In Teacher Education, Vol. 25, No.1, Spring 2003 .

- **Palmer, Dally And Margaret Weaver,** Information Management, (Oxford: Butter Woruth, 1998).

- **Pearsall, Judy,** The New Oxford Dictionary, (New York: Oxford University Press, 2001).

- **Peterson, Reece L.,**"Creating School Climates That Prevent School Violence", Preventing School Failure, Vol. 44, Issue 3, spring 2000

- **Picus, Lawrence and Allan R. Odden,** School Finance: A Policy Perspective, (San Francisco: Mecraw Hill, 2000).

- **Prather ,Charles W. and Mark G. Turrell,** "Involved Everyone In The Innovation Process", Research Technology Management, Vol. 46, Issue 5, Oct. 2002.

- **R, Carter Gene,** Is It Good For The Kids? (Alexandria: Association For Supervision And Curriculum Development, 2002).

- **R, Tracey,** The Human Resource Glossary, (New York:Amacom,1991).

- **Rafferty, Timoty J.,** "School Climate And Teacher Attitudes Toward Upward Communication In Secondary School", American Secondary Education, Vol. 31, No.2, Spring 2003.

- **Rakovski, Boris And Others,** Encyclopedia Of Wikipedia (Ed) (Michoel A. West And James L. Farr, 2004).

- **Reltzug, Ulrich C. & Leonard C. Burrello,** "How Can Principals: Build Self-Renewing Schools", Educational Leadership, Vol. 52, No. 7, April 1995.

- **Ribson, Wedy,** Strategic Management And Information Systems, (London: PIT Man, 1997).

- **Ritter, N.,** Teaching Interdisciplinary Thematic Units In Language Arts, (Washington, U.S Department Of Education, 1999).

- **Robert, Christopher And Others** , "Empowerment And Continuous Improvement" ,Journal Of Applied Psychology, Vol.85,No.5,2000.

- **S, Scratchley Lina and A.Ralph Hakstian** , "The Measurement and Prediction Of Managerial Creativity" , Creativity Research Journal , Vol.13,No.3&4, 2000-2001.

- **Scottish Council For Research**, Towards More School Based Training, (Scottish: Research And Intelligence Unit, N.Y).

- **Seider, Susan**, Professional Development Schools, Network, (N.C: Central Connecticut State University, 2003).

- **STRATEGIC PLANNING OVERVIEW**, Various components from Alliance for Non Profit Management,2008.

- **Siegel, Dorothy**, Performance-Driven Budgeting, (New York: ERIC Clearing House On Educational Management, 2003).

- **Simon, Laurent**, "Managing Creative Projects: An Empirical Synthesis Of Activities",International Journal Of Project Management , 13 September, 2006

- **Soanes, Catherine**, Oxford Compact English Dictionary , (London: Oxford University press ,2000).

- **Statt, David**, The Concise Dictionary Of Business Management ,(New York:Rout,1999).

- **Statt, David**, The Concise Dictionary of Management, (New York Rout Ledge, 1991).

- **Steele, Sherril**, Telementoring: Help For Student In Just A Mouse Click A Way, (New York: Education World. IAC, 2001).

- **Talbert, Tony L.**, "Come To The Edge: Embracing Teacher Empowerment For The 21 St Century" ,Action In Teacher Education, Vol.25, No.2,Summer 2003.

- **The Board of Trustees of Kern Community College District**, Strategic Plan,2006

- **Taylor, Pamela. G.**, "Service Learning As Postmodern Art And Pedagogy", Studies In Art Education, Vol. 43, No.2, winter 2002.

- **Ten, Steven And Others**, Key Management Models, (Tokyo: FT Prentice Hall, 2003).

- **Texas Education Agency**, "Thematic Learning", Dropout Prevention Newsletter Column, Vol.1 Issue 3, April-May 2003.

- **Toledo, Luis H.**, "Genius, Creativity and Leadership", Journal of investigative Surgery, Vol. 15, No. 10, 2002.

- **Tremen, Fatih**, "Creative School And Administration", Educational Sciences, Vol.3,No. 1, May 2003.

- **U.S Department of Education**, Expert Telementoring Of Student, (California: U.S Department Of Education, 2000).

- **U.S Department Of Education**, Recruiting Support Personal As Partners In Teaching, (Florida: Us. Department Of Education, 2000).

- **U.S Department Of Education**, Thematic Instruction, (California: U.S Department Of Education, 2000).

- **U.S. Department Of Education**, Advanced Placement Courses Online, (California: U.S Department Of Education, 2000).

- **Vann, Allan S.**, "Shared Decision-Making Committees: Power Without Power", The Education Digest, Vol. 65, No.6, Feb. 2000.

- **Viadero, Debra**, "School-Based-Budgeting Linked To Test-Score Gains", Education Week, Vol. 21, Issue 43, 2002.

- **W, Cook Curtis and Philip l. Hunsaker**, Management and organizational Behavior, (Milan: MC Hraw-Hill Companies Inc, 2001).

- **W., Keefe Janes and Jenkins Johnm.**, "Personalized instruction", Phi Delta Kappan, vol. 83, no.6, Feb. 2002.

- **Ware, Kathleen And Others**, "Creating Funding Equity Through Student-Based Budgeting", Phi Delta Kappan, Vol. 85, No.2, Oct. 2003.

- **Wendy, Schwartz**, The Impact Of Professional Development O The Education Of Urban Students, (New York: U.S Development Of Education ,2000).

- **Zwass, Vladimir**, Foundations Of Information Systems, (San Francisco: Mcgraw-Hill, 1998).

- *Internet web sites*:

- http://www.gapent.com

- http://www.orau.gov/pbm/links/sp-guide.pdf

- http://doa.louisiana.gov/opb/pub/MW_Intro.pdf

- http:// www.aechive.official-documents.co.uk/document/dfee/sgfs/

- delfgov.htm1999.

- http:// www.geocities. com/ athens/5503/creat. htm.

- http: // www. cobb. k 12. ga. us.

- http:// www fsus.fsu.edu/m2000/ kst. html.

- http:// www. buildingbrands/com.goodthinking/13. business creativity. shtml.

- http:// www.anybook 4less.com/detail/039331295x. html.

- http:// www.fsus. fsu. edu/m2000/telemento. ring2_files/frame.htm.

- http:// www.zrc.sazu.si/lgs/swotconferenca.pdf.

- http://.uthscsa.edu/educprog/deondsc.html.

- http://cell usthk/stud/stud01_005.htm.

- http://ww.ici2.umn.edu/because/reasearch.tecom.html.

- http://www. care.hawaii.gov.articles.

- http://www. creative advantage,com/fc.kit.htm.

- http://www. creativity work. com.

- http://www. e- learning center.co. uk/eclipse/resource/ cpc.e-learning.doc.

- http://www. emmerling. com/v2/session_brainstorming. html.

- http://www. fhoton.com.

- http://doa.louisiana.gov/opb/pub/MW_Intro.pdf.

- http://www.kccd.edu/Chancellor/Strategic%20Planning/Strategic%20Plan/Approved%20Strategic%20Plan %20Dated%209-7-06.pdf

- http://www. fsus.fsu.edu/m 2000/telementoringsum. htm

- http://www. highschoolrenewal.org/summty.htm.

- http://www. highschoolrenewal.org/tl.htm.

- http://www. horizon.unc.edu/projects/hsj/hickman.asp.

- http://www. school renewal. org/strategies/i. support-af-htm.

- http://www. spritwalk reader self-renewal/~jahn w. gardner. htm.

- http://www. teacher. net/cgi_bin/banner/redirect.cgi.

- http://www. telementor.org.

- http://www.achievemax.com/newsletter/00issue/creativity_for_successhtm.

- http://www.adeanet.org/wgnfe/publications/padlos/decen.html.

- http://www.aes.ucdavis.edu/outreach/univout/ programs/mentor.html.

- http://www.bfat.com/violence. html.
- http://www.buildingbrands.com/goodthinking/b_businesscreativity shtml.
- http://www.celt.hk/stud/stuudo1_006. htm.
- http://www.celt.ust.hk/stud/stud01_004. htm.
- http://www.coe.fsu.edu/student_teaching/pds.htm.
- http://www.coe.wayne. edu/community building/wsc.html.
- http://www.ed.gov/eric_digest/ed 420897. htm.
- http://www.e-papyrus.com/personal/orglrn.html.
- http://www.findarticles.com/articles/mi_m0jsd/is_9_58/ai_79006755.
- http://www.goal qpc. com/whatwateach/research / 7cr. html
- http://www.ict.ead.org/infocenter/pdfs/therole.pdf.
- http://www.idra.org/newsltter/2002/nov/rosana. htm.
- http://www.indiana.edu/~educlead/partnership.html.
- http://www.ineps.vilafrancavirtual.org/ineps0.htm.
- http://www.inn/mdules.php?
- http://www.mcrel.org/topics/noteworthy/pages/noteworthy/ susane.asp.
- http://www.mmm.eng.com.ac.uk/people/ahr/dstoos/choosing starch.htm.
- http://www.mmsec.com/creative.est.htm.
- http://www.mycoted. com/creativity/rawlinson. php.
- http://www.mycoted.com/creativity/ techniques/quality,php.
- http://www.mycoted.com/creativity/techniques/use experts. php.
- http://www.ncate.org/newsbrfs/pds-f01.htm.
- http://www.nces.ed.gov/survey/frss/pblication_ns/1999943/5. asp.
- http://www.ou.edu/org/one/university. htm.
- http://www.sdcs.k12.ca.us/hsrenewal/
- http://www.sdcs.k12.ca.us/hsrenewal/alt_adu.html.
- http://www.sdcs.k12.ca.us/hsrenewal/challenge.html.
- http://www.sdcs.k12.ca.us/hsrenewal/community.html.
- http://www.sdcs.k12.ca.us/hsrenewal/freestanding.html.
- http://www.sdcs.k12.ca.us/hsrenewal/sm_schools.html.
- http://www.state. vt.us/edu/new/pdf/doc/hsom/ hsom-02. pdf.
- http://www.state.tn.us/education/servicesstandars/cirservicesframe.ht.
- http://www.state.vt.us/educ/new/pdfdoc/pubs/hsom/hoom_02. pdf.
- http://www.tea.state.tx.us/dpchse/docs/news letter 0603, pdf.
- http://www.tin.nhs.uk/sys_upl/templates/dblleft_disp. p? pdig= 1377 & tid=75
- http://www.todaysteacher. com/thematic-teaching.htm.
- http://www.wsap.uwyo.edu/pds/
- http://wwwrsec.org.uk/train/courses/4.htm.
- http://www.muycoted.com/creativity/techniques/ stratchoice. php.
- http://www.ctb.ku.edu/tools/en/sub_section_main_1049.htm
- http://www.netmba.com/strategy/swot/.
- http://mapp.naccho.org/strategic_issues.
- htpp://web.em.doe.gov/straplan/straissu.html.

فهرس الموضوعات

الموضوع	الصفحة

الفصل الثالث

استكشاف واقع بيئة المدرسة الخارجية

الموضوع | **الصفحة**

الفصل الرابع

رؤية إستراتيجية مقترحة لتطوير وتجديد المدرسة

قائمة بالأشكال

قائمة الجداول

* * *

وذلك من خلال إنشاء وحدة تدريب داخل المدرسة تسمى "بوحدة التدريب داخل المدرسة" وذلك بموجب القرار الوزاري رقم (٢٥٤) بتاريخ ٢٠٠٠/١٠/١٩ حيث تحددت اختصاصات هـذه الوحدة فيما يلي [١]:

- تصميم وعقد البرامج التدريبية للعاملين على مستوى المدرسة.

- تقديم المشورة الفنية لهم.

- نقل خبرات المبعوثين.

- رفع كفاءة العاملين على مستوى المدرسة بتقديم النماذج المستخدمة لطرق التدريس.

ويتضح مما سبق مدى حرص الوزارة على تحقيق التنمية المستمرة للمعلمين مـن خـلال إنشاء هذه الوحدة داخل المدرسة، والتي يتم من خلالها تقديم نماذج يمكن من خلالها رفع كفاءتهم، وقد استتبع هذا القرار قرار آخر أضاف بعض المهام الأخرى إلى هذه الوحدة وهي كما يلي [٢]:

- تخطيط وإعداد وتنفيذ البرامج التدريبية للعاملين بالمدرسة.

- تبادل وتنمية المهارات الفنية بين العاملين بالمدرسة.

- الاستفادة من خبرات المبعوثين ونقل إبداعاتهم وأفكارهم وما تعلموه إلى زملائهم بالمدرسة.

- المتابعة الفنية لما تم تنفيذه بهذه الوحدة.

ونرى من القرار السابق أن أهم نقطة فيه هي المتابعة الفنية والتي يمكن من خلالها تحقيق التحسين المستمر والتجويد في أداء جميع العاملين والمشتركين في هـذه الوحـدة، ومـن خـلال أهميـة التقويم ودوره في تحقيق التحسين المستمر في الأداء على مستوى المدرسة ككل فقـد تـم تغيير مهمـة وحدة التدريب لتصبح "وحدة التدريب والتقويم بالمدرسة" وتضاف المهام التالية إليها [٣]:

(١) **وزارة التربية والتعليم**، قرار وزاري رقم (٢٥٤) بتاريخ ٢٠٠٠/١٠/١٩ بشـأن تشكيل وتحديد اختصاصات وحدة التـدريب، (القاهرة: مكتب الوزير، ٢٠٠٠).
(٢) **وزارة التربية والتعليم**، قرار وزاري رقم (٩٠) بتاريخ ٢٠٠١/١٠/١٨، (القاهرة: مكتب الوزير، ٢٠٠١).
(٣) **وزارة التربية والتعليم**، قرار وزاري رقم (٤٨) بتاريخ ٢٠٠٢/٣/١٦، (القاهرة: مكتب الوزير، ٢٠٠٢).

- قصور إمكانيات المدرسة عن تقديم الخدمة التربوية بمفهومها العلمي الدقيق.

- نظام الامتحانات المتبع حاليا وتأثيره السلبي على الخدمة التربوية بالمدرسة[1].

وبذلك يتضح لنا أن هناك عدم اهتمام بالخدمة التربوية، والذي يرجع بالدرجة الأولى إلى ضعف توافر القيادات المدرسية الإبداعية والواعية بأهمية هذه الأنشطة ودورها المكمل للمنهج المدرسي، بالإضافة إلى دورها الرائع في جعل المدرسة بيئة تعلم شيقة وجاذبة للطلاب ودورها الفعال في تهذيب سلوكياتهم وأخلاقهم.

وبنظرة تحليلية **لمحور العناصر البشرية داخل المدرسة الثانوية** يتضح لنا ضعف القدرات الإبداعية للإدارة المدرسية، والتي تمكنها من تحقيق التجديد والتطوير لها وللمنظومة البشرية الموجودة داخل المدرسة، بالإضافة إلى أنها بمواصفاتهم الحالية لن تستطيع لعب الدور الحيوي والكبير في الاندماج مع البيئة الخارجية أو الوفاء بمتطلبات البيئة الداخلية، أما بالنسبة للمعلمين فإن هناك كثير من المعوقات التي تحد من قدرتهم على القيام بالتنمية الذاتية لمهاراتهم ومعلوماتهم، والذي تلعب الإدارة المدرسية كذلك دورا فيه، من خلال ضعف قدراتهم على الاستثمار الأمثل للإمكانيات المتوافرة داخل المدرسة لمعالجة بعض نقاط الضعف لدى المعلمين وهو ما سوف يتضح في المحور التالي، كما لا تقدم الإدارة المدرسية الدعم الكافي لهؤلاء الطلاب لمعالجة بعض جوانب القصور، من خلال اهتمامها بالأنشطة التربوية، وتحفيز المعلمين على استخدام إستراتيجيات تدريس مبتكرة وتحفيز الطلاب على استخدام إستراتيجيات تعلم جديدة يمكن أن تعالج هذه الجوانب مما يعوقهم عن التنمية الذاتية لمعارفهم.

٣- العناصر المادية:

وتتمثل العناصر المادية في مجموعات الوحدات والتجهيزات الموجودة داخل المدرسة، ونظم الاتصال والمعلومات، والموارد المالية، بالإضافة إلى أساليب وطرائق العمل والتقنية المستخدمة لأداء الأعمال.

أ-الوحدات والتجهيزات الموجودة داخل المدرسة ويتمثل بعضها فيما يلي:

(١) وحدة التدريب:

اتجهت الوزارة إلى مساعدة المعلمين وجعل التنمية المهنية جزءا من حياتهم اليومية،

───────────────

(٣) رئاسة الجمهورية، تقرير المجلس القومي للتعليم والبحث العلمي والتكنولوجي، الدورة الثلاثون، (القاهرة: المجالس القومية المتخصصة، ٢٠٠٢/٢٠٠٣)، ص ص ٢٥-٢٦.

- عدم توافر الخبرات اللازمة لتطبيق الجوانب التقويمية بكفاءة، وإهمال تقويم المكتبة، الكتب الدراسية، المعامل والأجهزة، الانضباط المدرسي.

- افتقار بعض مشرفي الوحدات لمهارات التدريب وأساليب وضع خطط التدريب.

- العجز في المعامل والمعدات والأجهزة خاصة الحاسبات الآلية وكذلك المراجع بالمكتبات المدرسية مما يعوق تنفيذ هذه الوحدات لمهامها.

وبذلك يتضح أن هذه الوحدة يكتنفها عديد من جوانب القصور تجعلها غير قادرة على الوفاء بالمهام المخصصة لديها، كما أن عدم توافر قيادة واعية داخل المدرسة بأهمية التنمية المهنية للمعلمين قد تزيد الأمر صعوبة في تفعيل دور هذه الوحدة، والوفاء باحتياجاتها، وإشراك أعضاء المجتمع الخارجي، والذي يمكن أن يساهم في تفعيلها وتبادل الخبرات، مما قد يثريها ويزيد من كفاءتها، كما يمكن أن تستخدم هذه الوحدة ليس فقط لتحقيق التجديد الذاتي للمعلمين ولكن للطلاب أيضا، إلا أن هذا كله يتوقف على مدى توافر إدارة مدرسية تمتلك القدرات والمهارات التي تمكنها من ذلك، والتي أثبت المحور الأول عن تدني هذه القدرات لديهم.

(٢) الوحدة المنتجة.

تم تشكيل الوحدة المنتجة بالمدارس بناء على ما أفرزته الجلسات التحضيرية لمؤتمر تطوير التعليم الثانوي، حيث أصدرت وزارة التربية والتعليم مقترحا باللائحة المالية تحدد فيها أعضاء مجلس إدارة الوحدة المنتجة والمشكل من مدير المدرسة رئيسا، والناظر نائبا للرئيس، والوكيل المختص بالوحدة، وعدد مناسب من ذوي الخبرة في المنتج للاشتراك في التنفيذ، وعدد مناسب من الطلاب ذوي الاستعدادات والكفاءات الخاصة، وسكرتير المدرسة كمسئول مالي، وأمين الصندوق، وأمين توريدات المدرسة كمسئول عن قيد العهد المتعلقة بالمشروع، بالإضافة إلى تحديد البنود التي يتم من خلالها الحصول على الموارد المالية [١].

ويعود هذا المشروع على المدرسة بالعديد من الفوائد التربوية والاجتماعية والاقتصادية، ولعل من أبرز هذه الفوائد ما يلي [٢]:

---

(١) **وزارة التربية والتعليم**، مقترح باللائحة المالية لمشروع المدرسة كوحدة منتجة، (القاهرة: مكتب الوزير، ٢٠٠١).
(٢) **وزارة التربية والتعليم**، ندوة المدرسة المنتجة، (القاهرة: ديوان عام الوزارة، ٢٠٠١).

- تقويم جميع أنواع التدريب.
- تقويم كافة نواحي العملية التعليمية لتشتمل على:
  * تقويم التلاميذ.
  * تقويم البرامج التعليمية.
  * تقويم أداء المؤسسة التعليمية (المدارس).

ويتضح مما سبق تعدد مهام واختصاصات هذه الوحدة والفوائد العديدة التي تعود على المعلم بصفة خاصة والمدرسة بصفة عامة من ورائها لما يلعبه التدريب من دور فعال في الحياة المهنية للمعلمين وإكسابهم كافة الخبرات الجديدة التي تصقلهم بالمزيد من المعارف وتعطي لهم ثقة مهنية تساعدهم على التقدم والنجاح.

وبرغم ذلك، فإن هذا القرار يتطلب قبل تطبيقه عديدا من التجهيزات، سواء كانت بشرية أو مادية والتي من المفترض أن تؤدي إلى نجاح وفاعلية هذه الوحدة،

حيث اكتنف هذه الوحدة العديد من جوانب القصور، منها ما يلي[(١)]:

- عدم توافر مقر دائم للوحدات داخل المدارس.
- ضعف المشاركة الجادة والفعلية للمعلمين في أعمال هذه الوحدات.
- عدم توافر الأعداد الكافية من المبعوثين.
- عدم ملائمة الوقت لعقد التدريب.
- عدم وضوح مفهوم التقويم لدى المتدربين، وقلة الدورات التدريبية التي يحضرها مشرفو الوحدات وقلة خبرتهم في مجال التقويم.

(١) في هذا الصدد يراجع ما يلي:

- **محمد محمد حسن الحبشي**، الدور التربوي للمدرسة كوحدة تدريبية وتقويمية في ضوء الأهداف الموضوعة وخبرات بعض الدول الأجنبية المتقدمة، (القاهرة: المركز القومي للبحوث التربوية والتنمية، ٢٠٠٣)، ص ١٧٠، ٢١٩.
- **عبد العزيز عبد الهادي من بحث فيليب إسكاروس ولورنس بسطا ذكري**، اتجاهات الرأي العام نحو قضايا تطوير التعليم الثانوي في مصر، (القاهرة: المركز القومي للبحوث التربوية والتنمية، ٢٠٠٢)، ص ٥٨.